성별 정체성 논쟁은 현대 사회의 인간 이해를 휘감고 있는 소용돌이와 같은 이슈라고 할 수 있다. 트랜스젠더, 동성애, 소수자 문제에 접근하는 온갖 낯선 개념들이 속속 등장하고, 그런 개념들의 배후에는 치열한 문제 제기와 논리들이 포진되어 있다. 이 이슈는 단순히 윤리적·정신 건강적 차원에 머무르지 않고, 공적이며 정치적인 차원으로 부상하고 있다. 하지만 이 문제에 대한 기독교적 대응은 그 복잡성에 대한 이해나 고려 없이 도덕성이나 장애의 렌즈만으로 정죄하거나 개탄하는 수준에 머무르는 것이 현실이다. 기독교 공동체는 당연히 성경적 윤리의 지침을 수호할 사명을 지니고 있다. 그러나 우리는 현대인들이 왜 이토록 다양한 성별 정체성에서 자아감과 연결을 찾는지를 파악해야만 기독교 진리를 적절하게 증언할 수 있다. 이 책의 저자들은 새로운 성별 정체성에 수반되는 다양한 진단과 논리들을 상세하고 차분하게 설명한다. 그러면서도 성경에 충실한 정통주의 관점 아래서 성별 정체성을 이해하는 통합적이고 유연한 자세를 제시한다. 아마도 이 책에 담긴 논의를 소화하려면 다소 긴 호흡이 필요할 것이다. 이 책에서 설명하는 용어와 개념들이 한국 기독교 현장에서는 생소할 수 있다. 그러나 이 주제의 논쟁은 바로 우리 눈앞에서 곧 펼쳐질 정해진 미래다. 이 책은 그 임박한 미래를 대비하게 한다.

김선일 웨스트민스터신학대학원대학교 실천신학 교수

2015년 6월 26일에 미국 연방 대법원은 동성 결혼이 헌법에서 보장받는 권리라는 판결을 내린 바 있다. 남성과 여성의 합법적인 결합만을 결혼이라 생각하지 않는 세상이 도래했다. 남자의 남성성과 여자의 여성성은 창조 질서에 따른 것이 아닌가? 성경의 인간 창조 기사는 서술적인가 아니면 규범적인가? 남성과 여성 외 다른 성이 있을 수 있는가? 트랜스젠더는 무엇인가?

　이 책은 생물학적·사회학적·신학적으로 뜨거운 이슈인 (트랜스)젠더에 관한 전문적인 동시에 대중적인 크리스천 안내서다. 저자들은 성의 혁명 이후로 최근 들어 폭발적으로 사회의 이슈가 된, 특별히 청소년들에게 더욱 민감한 성별 정체성에 관한 논의를 차분하면서도 일관성 있게 소개한다. 저자들은 트랜스젠더를 도덕성, 장애, 다양성이라는 세 가지 렌즈로 살피면서 각각에 대한 그리스도인의 입장을 세 가지 범주(극보수주의, 정통주의, 자유주의)로 나눠 문제에 대한 이해를 돕는다. 이를 바탕으로 독자들은 선

판단을 보류하고 끝까지 저자들의 주장을 살펴볼 필요가 있다.

성별 정체성 관련 이슈는 이미 서구에서 학문적으로도 상당히 논의가 진행되어온 주제다. 하지만 한국에서는 아직도 피상적이며 선동적 차원에 머무르고 있다. 이 책의 번역을 통해 전 세계적으로 첨예한 대립과 관심을 불러온 젠더주의, 트랜스젠더, 성별 정체성 문제의 보편성과 심각성이 널리 알려지길 바란다. 이 책은 처음에는 딱딱하고 전문적인 내용을 다루지만, 뒤로 갈수록 균형 잡힌 신학적, 목회 상담학적 조언을 제시한다. MZ 세대의 부모들, 교회의 청소년들을 신앙으로 돌보는 목회자들, 젊은 신학도들에게 일독을 권한다. 원하든 원치 않든 한국교회도 이 문제에 관한 생각을 정리할 때가 되었다.

류호준 백석대학교 신학대학원 은퇴 교수

우리는 새롭게 부상하고 있는 변화무쌍한 성별 정체성에 대한 바람직한 반응과 문화적인 이해에 급격한 변화가 나타나는 상황을 목도하고 있다. 이 책은 이런 현상에 대한 풍부한 정보 및 사려 깊은 기독교적 분석을 제시함으로써 열정적이고도 도전적으로 사역을 권면한다. 야하우스와 새더스키는 독자들이 더 나은 신학적인 근거를 기반으로 그 문제를 실제적이고 효율적으로 다룰 수 있게 동기를 부여하는 광범위한 지식과 폭넓은 경험을 갖고 있다.

스탠튼 L. 존스 휘튼 칼리지 명예 교수, 『자녀들에게 들려주는 성 이야기(고등학생을 위하여)』 공동 저자

야하우스와 새더스키는 기독교, 심리학, 문화가 교차하는 분야에 대한 탐구를 두려워하지 않으며 그 분야를 조화롭게 결합하고자 한다. 나는 이런 형태의 기독교에 찬사를 보내고 싶다. 나는 이 책의 모든 페이지를 읽었고, 저자가 지닌 고통의 개념에 동의하지는 않지만 그 문제는 사소한 것에 불과하다. 또한 나는 몇 번이고 계속해서 저자의 생각에 동의하며 고개를 끄덕이고 있는 자신을 발견했다. 저자들이 여러 신학적 입장(극보수, 정통파, 자유주의)을 구분하고 이런 **입장과 자세**들이 젠더 관련 질문을 던지는 **제스처**에 미치는 영향에 대해 설명한 것을 매우 높이 평가하며, 이 책을 사역자, 부모, 성별에 대한 문제를 탐색하는 젊은이들에게 추천한다.

카린 르무르 남성에서 여성으로 전환한 트랜스 여성이자 예수의 말씀과 삶을 따르는 신자

줄리아와 마크는 아름답고 복잡한 주제에 대해 우리에게 필요한 책을 썼다. 모든 페이지에 은혜와 지혜가 가득하다. 두 저자는 트랜스젠더와 관련된 문제에 대해 말할 수 있는 학문적 자격을 갖췄을 뿐 아니라, 이 책의 주제가 되는 바로 그 사람들의 이야기를 경청하고 그들을 사랑하는 데 많은 시간을 보냈다.

프리스턴 스프링클 Embodied: Transgender Identities, the Church, and What the Bible Has to Say 저자

페이지가 술술 넘어가는 책이라고 해도 과장이 아니다. 야하우스와 새더스키는 독자들이 던질 법한 질문을 간파하고, 그 질문의 역사적·신학적 의미를 신중하게 탐구한다. 그러면서도 실제적인 고통을 지닌 채 예수님을 사랑하고 신앙을 지키려는 열망에 비추어 현실을 이해하고자 노력하는 사람들에 대해 글을 쓰고 있다는 사실을 결코 잊지 않는다. 모든 이가 이 책을 좋아하지는 않을 것이다. 그러나 야하우스와 새더스키가 주는 도전은 어린이와 젊은이를 비롯해 성별 정체성 문제를 경험하고 당사자를 만나는 믿음의 사람들이 그 문제의 복잡성과 진지하게 씨름한 결과 그들에게 하나님의 백성이 사랑받는 자라는 생각을 갖게 함으로써 부모, 목사, 의료 종사자, 교육자로서 어려운 문제를 제대로 다룰 줄 아는 사람으로 알려지게 할 것이다.

셜리 V. 후그스트라 기독교 칼리지 & 대학교 위원회 위원장

야하우스와 새더스키는 오늘날 시급한 문제인 트랜스젠더와 새롭게 부상하는 성별 정체성 문제를 다룬다. 그들은 기독교 심리학자로서 기독교의 통찰력과 정확한 과학적 지식을 통합하여 빠르게 변화하는 사회적 관점에 대한 정통하고도 업데이트된 최첨단의 이해를 제공한다. 현재의 정치 문화적 담론에는 비판적 접근을 할 수 있는 여지가 거의 없지만, 두 저자는 용기 있게 지혜와 조언을 제공한다. 그들은 올바른 신학적 지식이 항상 비규범적 성별 정체성을 지닌 사람들을 어떻게 섬길 수 있는지에 대한 지식으로 귀결되는 것은 아니라고 주장하면서, 그리스도인이 신학을 올바르게 이해하는 것 이상으로 나아가야 한다고 도전한다. 또한 여러 가지 예를 통해 그리스도인들이 단순히 멀리서 다른 사람을 가르치거나 훈계하는 데 머물기보다는 타인과 동행해야 한다고 권면한다. 그들은 자비로우신 하나님과의 만남을 새롭게 할 수 있게끔 하나님의 사랑을 구

체화하는 사역을 개발하는 과정에 독자들을 초대한다. 나 역시 사랑하는 사람들을 그리스도께 맡길 수 있으며 트랜스젠더와 젠더 익스팬시브에 관해 지속적으로 질문하고 배우고 생각할 수 있다는 것을 더욱 확신하게 됨에 따라 믿음을 굳건히 할 수 있었다.

제넬 패리스 메시아 칼리지 교수

젠더 이론을 둘러싼 많은 갈등과 의제로 인해 이데올로기의 숲속에서 진리를 구별하기가 매우 어려워진다. 하지만 그 숲에는 사랑과 이해를 필요로 하는 존엄성을 지닌 인간이 존재한다. 야하우스와 새더스키는 진리를 찾고 매우 민감한 분야에서 인간을 이해하고 사역하는 데 필요한 긍휼 어린 접근법을 개발하기 위해 헌신해왔다. 두 사람은 전문가로서의 성실성, 다년간의 연구, 풍부한 임상 경험에 기초한 심리학에 대한 탁월한 지식을 바탕으로 우리에게 신뢰할 수 있는 풍부한 정보를 제공한다. 동시에 깊은 기독교 신앙을 기반으로 내면화한 예수 그리스도의 긍휼을 통해 이 진리를 우리에게 전한다.

보니파스 힉스 신부, OSB, Institute for Ministry Formation, 세인트 빈센트 신학교

Emerging Gender Identities

Understanding the Diverse Experiences of Today's Youth

Mark Yarhouse and Julia Sadusky

젊은이들의 성별 위화감을 어떻게 도울 수 있는가?

트랜스젠더 경험 이해하기

Emerging Gender Identities

트랜스 남성

시스젠더

젠더퀴어

트랜스 여성

바이젠더

에이젠더

젠더플루이드

마크 야하우스, 줄리아 새더스키 지음
홍수연 옮김

새물결플러스

목차

글 상자 목록

서문

우리가 이 서문을 쓰려고 앉아있을 때 주목할 만한 뉴스가 우리 눈에 들어왔다. 메리엄-웹스터사는 웹사이트에서 전례 없는 양의 온라인 검색을 통해 그 의미를 파악한 후 2019년 올해의 단어로 "그들"(they)이라는 대명사를 선정했다. 다양한 성별 정체성(gender identity)이 새롭게 부상하는 상황에서 "그들"은 때때로 자신의 정체성을 남성도 여성도 아닌 젠더 논바이너리(gender nonbinary)라고 밝힌 사람들이 선호하는 인칭 대명사가 되었다. 아마도 이 단어는 이 책과 이런 사실 간의 직접적인 관련성을 드러내준다고 할 수 있을 것이다.

새로운 성별 정체성에 관한 책을 쓰는 데 겪는 가장 큰 어려움 중 하나는 우리가 속해 있는 사회와 우리가 일하는 심리학 분야를 비롯해 레즈비언, 게이, 양성애자, 트랜스젠더 및 퀴어(LGBTQ+) 연구에서 우리가 가진 전문성이 점점 더 다양한 성별(gender) 및 성적 취향(sexuality)을 반영해야 하는 방향으로 빠르게 변화하고 확장되고 있다는 것이다. 당신이 이 책을 읽을 때쯤엔 우리가 여기서 논의했던 것보다 더 다양한 단어와 인칭 대명사 및 돌봄에 대한 접근 방식이 논의되고 있음을 알아차리게 될 것이다. 성별 정체성 분야의 연구는 빠른 속도로 진행되고 있는 것처럼 보인다. 마치 좋아하는 드라마를 4배속이나 10배속으로 재생하면서 줄거리를 따라가는 것 같은 느낌이다. 당신은 마음이 쓰이는 등장 인물에게 무슨 일이 일어나고 있는지 이해하기 위해 속도를 늦추고 싶은 마음이 들지도 모른다.

　이는 우리가 다양한 성별 정체성과 트랜스젠더의 경험을 더 잘 이해하고 그 문제를 다루기 위해 노력하는 것과 비슷한 시도다. 신학과 성경 주석은 우리에게 매우 중요하지만, 이 책은 신학과 성경에 대한 우리의 이해가 이런 질문과 씨름하는 사람들과 어우러져 살면서 그들을 돌보고 섬기는 다양한 접근법에 어떤 영향을 미치는지에 초점을 맞춘다. 심리학에 기반을 둔 기초적인 이해와 실제적인 성찰을 기대했던 분들에게 이 책이 그들이 직면한 복잡한 문제와 씨름하는 데 도움이 되길 바란다. 우리는 오늘날 젊은이들을 도울 수 있는 모든 단계에 대해 상세하고 구체적인 지침을 제공하려는 것이 아니다. 그런 접근법은 경솔한 해답과 지나친 단순화를 초래할 수 있다고 본다. 대신 우리는 젊은이들이 성별 정체성을 탐색할 때 어떻게 그들의 곁에서 힘이 될 수 있는지에 대해 더욱 깊고 폭넓은 이해를 갖게 되길 바란다.

　일부 독자들은 우리가 때때로 그랬던 것처럼 그리스도인이 이런 대화를 시작하는 것이 너무 하찮고 시기도 늦은 것이 아닌지 염려할지도 모른다. 우리는 임상의로서 의료 서비스를 제공하는 것이 지상에서 10킬로미터 떨어진 상공에서 비행기 엔진을 수리하는 일과 비슷하다고 말한다. 그런 급박한 상황에서는 비행기를 착륙시켜 정비 격납고에 넣어 놓고 엔진을 점검할 시간이 없다는 뜻이다. 하지만 우리는 어쨌든 이 일을 시작했고, 지금까지 성별 정체성 문제를 탐구하고 있거나 앞으로 성별 정체성 문제를 탐색하게 될 여러분이 최선을 다해 의미 있는 정보를 받아들임으로써 사랑하는 사람들을 이해하려는 노력이 결실을 맺을 수 있기를 바란다.

　교회가 이 문제에 기여할 만한 것이 전혀 없다고 느끼는 사람들도 있을 것이다. 성별 정체성을 둘러싸고 벌어지는 현재의 논의에 대한 우려는

별 근거가 없다는 전제하에 이 문제에 접근하는 사람도 있다. 하지만 우리는 우리가 다양한 성별 정체성을 이해하기 위해 노력하듯이 당신도 비종교인과 그리스도인을 가리지 않고 많은 사람의 헌신에 대해 더 큰 공감대를 형성할 수 있기를 바란다.

어떤 사람들은 교회가 이미 트랜스젠더들에게 많은 해를 끼쳤기 때문에 이 문제에 전혀 관여해서는 안 된다고 생각할 수도 있다. 우리는 준비가 제대로 안 된 사람들이 그런 복잡한 일에 관여했을 때 발생했던 사건에 대한 슬픔과 앞으로 발생 가능한 일에 대한 두려움에 공감한다. 그래서 이 책이 다양한 성별 정체성을 탐색하는 사람들의 경험에 관해 유용한 정보를 제공하고, 현실에 존재하는 진정한 도전에 대한 인식을 제고하며, 독서 과정에서 자기 자신을 발견하는 그리스도인의 공감을 불러일으킬 수 있기를 희망한다. 이런 정보가 부모, 사랑하는 사람, 목사, 청소년 목회자, 평신도 그리스도인의 손에 쥐어져서, 젊은이들이 성별 정체성 문제를 탐색한다는 이유만으로 그리스도나 가정 내 관계에서 소외감을 느끼지 않도록 교회 공동체를 준비시키는 데 도움이 될 수 있기를 바란다.

이 책은 다양한 성별 정체성에 관한 연구가 급속하게 확대되는 현실을 관찰한 결과물이다. 이런 빠른 확산 속도로 인해 많은 가족이 어려움을 겪었고 의미 있는 사역을 추구하는 교회는 도전에 직면하게 되었다. 지난 2015년에 마크는 『성별 위화감 이해하기』(*Understanding Gender Dysphoria*)라는 책을 통해 성별 위화감이라는 개념을 설명했다. 우리는 새롭게 등장한 성별 정체성을 성별 위화감(gender dysphoria)과 구분하고 지난 5년 동안 임상 환경에서 변화된 내용을 업데이트하는 한편, 이런 논의에 참여하고자 하는 그리스도인의 선택의 폭을 넓히기 위해 이 책을 썼다. 현재 진행되고 있는 논의를 진심으로 이해하고자 하는 사람들이 이 책을 통해 명확한 이해를 갖게 되길 바란다. 물론 이 책이 성별 정체성과 신앙에 대한 모든 질문에 해답을 제공할 수는 없겠지만, 그럼에도 우리는 여기서 역사적인 기독교 인류학과 조화를 이루는 기독교 특유의 원칙을 제시하려고 한다.

이 책이 나올 수 있게 도움을 주신 많은 분들께 진심으로 감사를 표하고 싶다. 연구, 임상, 감독, 상담, 훈련에 시간을 할애해준 Sexual and Gender Identity Institute(전[前] Institute for the Study of Sexual Identity) 소속의 학생들에게 감사드린다. 또한 여러 전문가와 전문 클리닉에 감사를 전하고 싶다. 그들과 함께한 상담을 비롯해 복도에서 나눈 대화들은 변화하는 환경과 씨름하던 우리에게 많은 영감을 주었다.

무엇보다도 이 책을 통해 우리가 지난 5년간 만난 용감한 사람들과 그 가족들에게 경의를 표하고 싶다. 성별 정체성과 신앙을 통합하는 과정에서 직면하게 되는 어려움에 눈을 뜨게 해준, 여러분의 연약함과 신뢰에 감사를 드린다. 우리는 하나님의 백성이라는 제약으로 인해 여러분이 겪은 어려움을 듣고 비통함을 느꼈다. 이 책은 여러분의 신앙 공동체가 여러분과 더 잘 동행할 수 있게끔 돕는 하나의 노력이라고 생각한다. 자신이 그리스도의 교회에 속해 있지 않다고 느끼는 분이 있다면, 그리스도께서 여러분 각 사람을 매우 깊이 사랑하신다는 진리를 확실히 붙들 수 있기를 기도한다.

1부
중요한 구분 짓기

1장
트랜스젠더 경험과 새로운 성별 정체성

엘리(Ellie)는 부모와 함께 상담을 하러 왔다. 그녀는 이 상담에서 뭘 기대해야 할지 잘 몰랐다. 우리가 만난 많은 10대들처럼 그녀도 방어적이었다. 그녀는 자신의 부모에게 들었던 것과 같은 말을 우리한테도 들을 것이라고 예상하면서, 자신이 단지 관심을 끌거나 반항하기 위해 트랜스젠더라고 밝히는 것이 아님을 증명할 준비를 단단히 하고 왔다. 그녀는 프라이드 퍼레이드(성소수자들의 자긍심 고취와 권리 인정을 위한 행진)의 선두에 선 트랜스젠더 활동가라기보다는, 그저 자신을 "트랜스"(trans)라고 밝혔다.

그녀가 전형적인 여성의 옷을 입지 않고 그런 류의 관심사와 특징을 보이지 않는다는 이유로 우리가 그녀를 "나쁜 그리스도인"이라고 비난하지 않을 것이라는 점을 깨닫자 그녀는 비로소 긴장을 풀었다. 그리고 그제야 자신의 이야기를 시작했다. 16살이었던 엘리는 우리가 만난 다른 10대 청소년과 마찬가지로 또래들로부터 받는 압력, 대학 입시 문제, 형제자매와의 갈등을 어떻게 다루고 내가 누구인가라는 질문에 어찌 답해야 하는지 등과 같은 스트레스 요인에 시달리고 있었다. 그녀는 취미, 열정, 삶에 대한 목표가 있었다. 언젠가 아이를 입양해서 자신의 양부모가 그랬던 것처럼 그 아이에게 희망찬 미래를 선물하고 싶었다. 그런데 이 모든 것은 둘째치고 엘리는 자신의 몸에 대해 편안함을 느끼지 못했다.

엘리는 자신의 몸에 대해 느끼는 불편함에 어떻게 반응해야 하는지 확신할 수 없었다. 지금은 출생 시 지정받은 이름과 여성 인칭 대명사를 사용하고 있었다. 하지만 엘리는 몸을 바꾸는 것에 관해 어떤 결정도 내릴 준비가 되어 있지 않았을 뿐만 아니라, 자신의 삶, 교회, 심지어 가정 내에서 맡은 여성으로서의 역할에 자기 모습이 반영되어 있는 것 같지 않았다. 또래 친구들에게 자신의 경험에 관해 털어놓고 그와 유사한 경험을 가진 사람들을 만나기 전까지는 완전히 외톨이라고 느꼈다. 이 또래 친구들은 공동체, 유대감, 소속감을 느끼게 해주었다. 이런 소속감은 그녀가 속해 있던 청소년 모임에서 느꼈던 고립감과는 대조적이었다. 엘리가 몇 달 동안 교회의 청소년 모임에 참석하지 않자 그녀의 부모는 크게 실망했다. 그녀는 좀 더 어렸을 때는 청소년 모임을 좋아했지만 지금은 다른 여자아이들과 자신이 "너무 다르다"는 느낌을 받는다. 엘리는 자신이 왜 "보통 여자아이들의 틀"에 잘 맞지 않는지를 이해하지 못했고 "여자애처럼 행동하려고 애쓰는 일"에 지쳐버렸다.

엘리의 부모는 우리가 만난 다른 많은 부모들처럼 괴로워했다. 만딸을 이해하려는 그들의 긴 여정에서 우리는 마지막 수단인 동시에 절박한 종착역이었다. 한때 "소녀다운" 것을 사랑했던 딸이 어떻게 "소녀"라는 꼬리표뿐 아니라 삶의 중심이 되는 "성경적 기초"까지 거부하는 것 같은 일이 일어나게 되었단 말인가? 그들의 딸은 교회에 가는 것을 좋아하지 않았고 간다고 해도 마지못해 갔을 것이다. 그들은 딸의 신앙 상태를 걱정했고 그녀가 "망상을 믿음"으로써 지옥에 가게 될까 봐 걱정했다. 그들의 집에서 일어나는 모든 상호 작용은 불안정해 보였고 오해로 가득 차 있었다.

상담을 하다가 어느 순간부터 엘리는 자신이 어쩌다 "트랜스"라는 결론에 도달하게 되었는지를 묻는 질문에 대답하기 시작했다. 하지만 잠시 후에 그녀의 어머니는 창세기를 인용하면서 딸의 말을 끊었다. "하나님이 너를 여자로 만드셨단다. 너는 왜 네 삶을 향한 하나님의 뜻을 거부하는 거니? 우리가 사랑했던 그 착한 소녀는 도대체 어디로 간 거니?" 대화는 결국 제대로 진행되지 못했다. 엘리는 입을 닫았고 어머니는 더욱 좌절했다. 아버지는 이미 오래전부터 귀를 닫은 듯 조용히 앉아 있었다. 이 방법은 효과가 없었다. 이제는 효과 있는 방법을 찾아야만 했다.

트랜스젠더 현상과 자신을 트랜스*, 젠더플루이드(genderfluid), 젠더퀴어(genderqueer), 남성도 여성도 아닌 에이젠더(agender)라고 밝히는 청소년과 이야기할 일이 생기면, 그리스도인들은 이런 이유에 대한 접근법을 개발하거나 더 넓은 문화에 기독교적 증언을 할 수 있는 방법을 떠올리는 건 고사하고 어떻게 대응해야 할지도 모르는 경우가 허다하다. 이 책에서 우리는 엘리와 같은 많은 젊은이들이 정체성과 공동체 의식을 갖기 위해 의존하는 성별 정체성이라는 새로운 이슈를 설명하고, 이와 관련하여 오늘날 젊은이들이 겪는 정신 건강 문제(성별 위화감 같은 진단 가능한 정신 건강 상태)를 독자들이 이해하고 구분할 수 있는 방법을 제시하고자 한다.

우리는 또한 그리스도인들이 이 책을 통해 오늘날 우리 문화에서 가장 도전적인 주제 가운데 하나인 성별 및 젠더 관련 문제에 비판적으로 접근하는 방식을 배우길 바란다. 엘리 같은 개인의 이야기뿐만 아니라 성별에 대한 매우 다른 이야기를 접할 때 어느 한 그룹에 속한 사람들의 실제 경험을 부정하지 않으면서도 서로 다른 다양한 성별 표현 가운데서 성별 위화감을 분석해내기 위한 지침이 필요하다. 우리는 기독교 세계관을 통해 성별 이론의 여러 측면을 비판적으로 다룰 수 있도록 준비되어야 하므로 성별 정체성에 대한 개인적인 문제와 이론적 대화를 구분할 수 있는 지혜도 필요하다. 이 책은 1) 성별 정체성 문제를 탐색하는 젊은이들을 돌보고 그들과 그 여정을 함께하기 위한 실용적인 지침과, 2) 급변하는 문화적 맥락에서 이런 문제가 어떻게 발생하게 되었는지에 대한 통찰을 제공한다.

전통적인 성별 부조화(Gender Incongruence)에서 벗어나다

2015년에 마크는 『성별 위화감 이해하기』(*Understanding Gender Dysphoria*)라는 저서에서 많은 그리스도인을 대상으로 성별 위화감과 트랜스젠더 경험에 관해 소개했다. 성별 위화감은 한 개인의 생물학적 성별(biological sex)과 성별 정체성의 불일치와 관련된 고통을 가리킨다. 트랜스젠더는 한 개인의 생물학적 성별에 규범적으로 부합하지 않는 성별 정체성을 다양하게 경험하는 것을 지칭하는 포괄적 용어다. 마크는 성별 위화감에 관한 경험은 실제로 존재하며, 비록 여러 다른 이름으로 알려지긴 했지만 이와 비슷한 것이 역사와 인류의 다양한 문화 전반에 걸쳐 존재해왔다고 주장했다. 사회는 이런 불쾌감을 죄, 병리, 범죄, 하나님의 선물 등의 개념으로 다양하게 분류해왔다.

최근 몇 년간 서구 사회에서는 이런 경험을 정신 건강과 도덕 측면에서 바라보던 태도에서 벗어나 독립적인 인간 집단과 문화를 표현하는 행태로 봐야 한다는 주목할 만한 변화가 일어났다. 이런 극적인 변화는 교회가 앞으로 나아가야 할 방향에 큰 도전을 주고 있다. 하지만 이 변화가 이야기의 끝이 아니다.

세대 차이와 문화 변동

미국의 유명 앵커 케이티 쿠릭(Katie Couric)은 "**젠더 혁명**"(*The Gender Revolution*)이라는 흥미로운 다큐멘터리 말미에 르니 리처즈(Renee Richards)와 하리 네프(Hari Nef)를 한자리에 불러 젠더에 관한 대화를 나눈다.[1] 아직도 리차드 래스킨(Richard Raskin)이라는 이름의 남자로 자신의 젊은 시절을 회상하고 있는 트랜스젠더 여성 리처즈는 1975년에 전환(transition, 트랜스젠더가 자신의 성별 정체성에 맞게 사회적 성별을 변화시키는 과정으로 외모 변화, 수술 등과 같은 신체적 변화 및 법적 성별 정정 등이 포함된다)을 했다. 그녀는 프로 테니스 선수였고 US 오픈에 출전한 최초의 트랜스젠더 여성이었다. 쿠릭이 인터뷰할 당시 그녀는 82세였다. 같은 시점에 23세였던 네프는 글로벌 모델이자 "트랜스페어런트"(*Transparent*)라는 텔레비전 쇼에 출연하는 유명인이다. 네프는 자신을 트랜스(trans)라고 밝혔다. 그들의 대화는 최근 몇 년 동안 드러난 성별 정체성에 대한 사고와 경험의 변화를 잘 보여준다.

둘은 1975년에 있었던 리처즈의 전환과 성별 정체성을 대단치 않은 것으로 생각하려고 애쓰는 그녀의 태도에 대해 논의하며, 리처즈의 접근 방식과 오늘날 네프나 다른 사람들이 취하는 매우 다른 접근 방식을 비교한다. 그들은 이런 접근 방식의 차이가 사회적 수용뿐만 아니라 성별의 고정성에 대한 지배적인 태도 변화의 결과라고 인식하고 있다. 진행자인 쿠릭은 네프가 성별을 "유동적"이고 "진화할 수 있는" 것으로 보고 있음을 지적한다. 그러자 리처즈는 의심스럽다는 듯이 "[네프는] 성별을 유동적인

---

[1] *Gender Revolution: A Journey with Katie Couric*, 2017년 2월 6일 방송, National Geographic, http://natgeotv.com/ca/gender-revolution.

것으로 보지 않는 것 같아요"라고 대답한다. 네프는 시선을 다른 곳으로 돌리며 미소를 짓고 뒤를 돌아보더니 이렇게 말한다. "글쎄요. 나는 유동적이라고 생각해요."

쿠릭은 리처즈와 함께한 시간을 되돌아보면서 자신이 들은 내용을 요약하고, 리처즈가 성별을 이분법적으로 보고 있다고 지적한다. 리처즈도 이에 동의한다. "나는 남자로서 40년 동안 매우 행복한 삶을 살았고 여자로서도 40년 동안 매우 행복한 삶을 살고 있습니다. 하지만 그렇다고 해서 내가 젠더플루이드(genderfluid)라는 뜻은 아닙니다."

네프는 성별과 사회에 대해 놀랍도록 다른 관점을 제시한다. "우리가 살고 있는 사회는 분명 이분법적인 사회지만, 나는 절대적으로 성별이 정해져 있는 사람은 없다고 생각합니다.… '남성'과 '여성'은 그저 한 모금의 담배 연기와 같습니다. 자신에게 맞는 것이 있다면 그걸 받아들이면 되고, 그렇지 않은 부분이 있다면 그걸 버리면 됩니다."

리처즈는 성별에 대한 생각을 밝히면서 자신의 삶에서 이분법에 대한 의존이 무엇을 의미하는지를 다음과 같이 설명한다. "나는 분홍색과 파란색을 초월할 수 있는 사람이 아닙니다. 나에게 이분법이라는 개념은 내가 생각하는 세상을 표현하는 것이며 삶에서 양념 같은 활력소입니다. 우리를 계속 앞으로 나아가게 만드는 원동력이죠. 저는 그것이 매력적이라고 생각하고 좋아합니다. 그 두 가지 사이에 존재하는 사람들이 있다는 것을 알고 있습니다. 또한 그런 사람이 존재할 가능성이 많다는 것도 인식하고 있으며, 그건 괜찮습니다. 하지만 우리는 기본적으로 두 개의 X 염색체 또는 하나의 X와 Y 염색체를 갖고 태어나며, 이를 되돌릴 수는 없습니다."

네프는 염색체에 관한 현실을 인정하면서도 이분법에 대한 리처즈의 긍정적인 견해와 그것이 리처즈의 삶에 미치는 영향에 관해서는 이의를 제기한다.

음, 염색체를 되돌릴 수는 없죠. 하지만 이분법적인 측면에서 말하자면, 당신
은 지금 이분법이 편하고 이분법을 좋아한다고 말하고 있는 거예요. 하지만
이분법이 당신의 삶에 큰 고통을 주지 않았나요? 만약 이분법이 존재하지 않
았다면, 당신이 강제로 "커밍아웃" 당하는 일이 벌어지고 그렇게 많은 비밀이
드러나게 되었을까요?…만약 이 세상에 남자, 여자, 남자아이, 여자아이, 분홍
색, 파랑색 같은 그런 "분명한 구분"이 없었다면 말이에요. 제가 볼 때 그건 일
종의 페티시(fetish) 같은 집착인데, 그런 게 존재하지 않았다면 당신의 인생
이 좀 더 수월하지 않았을까요?

리처즈는 대답한다. "그렇다면 그것은 진정한 삶이 아니었을 겁니다." 쿠
릭이 성별과 사회에 관해 진심으로 원하는 것이 무엇인지 묻자 네프는 이
렇게 답한다. "나는 성별에 대해 별 관심을 두지 않는 미래를 원해요.…나
는 지긋지긋할 정도로 성별에 대해 가혹하게 구는 공동체, 사회, 전 세계가
이 문제에 평온한 반응을 보이게 되길 원합니다."

이 대화는 트랜스젠더 사이에서도 성별, 젠더, 사회를 바라보는 관점
의 차이가 존재하는 현실을 보여준다. 리처즈와 네프는 둘 사이의 의견 불
일치가 이런 이슈를 바라보는 "세대 차이"를 반영할 수 있다는 데 동의한
다.

이런 세대 차이는 최근 수십 년간 성별 정체성에 대한 인식과 경험에
상당한 변화가 있었음을 의미한다. 세대별로 성별이나 젠더에 관해 다르게
생각하는데 이는 각 세대가 나이가 다를 뿐 아니라 성장해온 시대가 그것
에 대해 매우 다르게 말해왔기 때문이다. 따라서 리처즈와 네프 사이의 이

런 대화는 단순히 사회 안에서 성별과 젠더에 대한 세대별 경험을 향해 의문을 제기하는 데 그치지 않는다. 이는 시간이 지남에 따라 의료 및 정신 건강을 다루는 기관이 성별과 젠더를 이해해온 방식과도 반드시 연관되어 있다. 트랜스젠더의 역사에서 중요한 역할을 맡아온 이 기관들이 우리의 다음 관심사다.

새로운 성별 정체성 관련 주요 용어

Ze/zir: "그/그의 및 그녀/그녀의"를 대신하는 대안적 기능을 할 수 있는 성별 중립적인 명칭을 선호하는 일부 사람들이 사용하는 대명사다.

그들(They/them): "ze/zir"보다 더 친숙한 비이분법적 인칭 대명사를 선호하는 사람들이 사용 가능한 인칭 대명사로, 단수로 사용될 수 있으며 역사적으로도 종종 단수로 사용되었다.

매스큘린 오브 센터(Masculine-of-center): 한 개인이 남성으로서의 성별 정체성을 채택했는지의 여부와 상관없이 자신의 경험을 여성적이기보다는 좀 더 남성적인 것으로 표현하는 사람을 뜻한다.

매스큘린 프리젠팅(Masculine-presenting): 한 사람이 자신을 좀 더 남성적으로 표현한 방법을 묘사한 것으로 정체성 명칭은 아니다.

바이젠더(Bigender): 한 사람의 성별 정체성이 남성과 여성의 조합으로 이루어졌을 때 사용된다.

스텔스(Stealth): 자신은 트랜스젠더로 생각하지만 다른 사람이 시스젠더로 생각하는 경우를 뜻한다.

시스젠더 또는 시스(Cisgender or cis): 성별 정체성과 출생 성별이 일치하는 사람들을 묘사할 때 쓰인다.

안드로지너스(Androgynous): 어떤 사람의 모습이나 외모가 남자나 여자로 쉽게 식별되지 않고 성별 표현은 남성과 여성의 조합이거나 중립적일 때 사용된다.

에이젠더(Agender): 개인의 성별 정체성에 대한 내적인 경험이 없거나 특정한 성별 정체성에 대한 느낌이 없을 때 사용된다. 성별 중립(gender neutrois)이라고도 한다.

제3의 젠더(Third-gender): 남성 또는 여성이 아닌 다른 성별 정체성을 말한다.

젠더 다이버스(Gender diverse): 성별 정체성에 대한 사회적 기대를 따르지 않는 사람들을 가리키는 일반적인 용어다.

젠더 변이(Gender variant): 성별 정체성이나 성별 표현에 대한 문화적 기대에 부합하지 않는 사람을 말한다.

젠더 비순응(Gender nonconforming): 성별 표현이나 남성성과 여성성의 모델에 대한 사회적 기대를 따르지 않는 사람을 말한다.

젠더 익스팬시브(Gender expansive): 남성/여성 둘로 나누는 이분법에서 벗어나 다양한 방식으로 자신의 성별 정체성을 표현하거나 인식하는 젊은이를 뜻한다.

젠더 크리에이티브(Gender creative): 사회 문화적 기대가 생물학적 성에 기초할 때, 이런 기대와는 다른 다양한 방식으로 자신의 성별을 표현하거나 인식하는 아동에게 일반적으로 사용된다.

젠더퀴어(Genderqueer): 성별 정체성이 남성 또는 여성이 아니고 그 두 성별 사이의 어느 지점에 존재하거나 다양한 성별이 조합된 사람을 말한다.

젠더플루이드(Genderfluid): 자신의 성별 정체성을 (어느 정도의 변화와 함께) 유동적으로 경험하고 다양한 방식으로 인식하거나 표현할 수 있는 사람을 묘사하는 용어로, 그들은 이런 변화가 성별 표현에 대한 사회적 기대치에 부합하거나 벗어나는지에 상관하지 않는다.

투-스피릿(Two-spirit): 일부 아메리카 원주민이 양성의 경험을 가진 것으로 간주되는 사람들을 묘사하기 위해 사용한 명칭이다.

트랜스 남성(Female-to-male, FTM/F2M): 출생 시의 성별이 여성이지만 자신을 남성으로 인식하여 자신이 선호하는 성별 정체성 표현을 위해 성별 확인(또는 성별 재지정[sex reassignment]) 수술을 한 트랜스 섹슈얼을 말한다.

트랜스 여성(Male-to-female, MTF/M2F): 출생 시의 성별이 남성이지만 자신을 여성으로 인식하고 선호하는 성별 정체성을 표현하기 위해 성별 확인(또는 성별 재지정[sex reassignment]) 수술을 한 트랜스섹슈얼을 말한다.

트랜스(Trans): 트랜스젠더의 약어로서 출생 당시 지정된 성별과 자신의 성별 정체성이 일치하지 않을 경우 자신의 성별 정체성을 표현하는 다양한 방법을 가리키는 포괄적인 용어다.

트랜스*: 트랜스젠더를 넘어 성별 정체성 및/또는 성별 표현이 출생 시의 성별 및/또는 그들의 출생 성별에 기초한 문화적 기대와 다른 사람을 설명하려는 의도적이며 광범위하고 포괄적인 용어다. 1996년에 만들어진 것으로 알려져 있다.[a]

트랜스맨(Transman or trans man): 스스로를 남성으로 인식하는 생물학적 여성이 사용하는 정체성 라벨이다. 어떤 사람들은 트랜스 맨(trans man)을 선호하는데, 이는 트랜스라는 단어가 맨을 수식하는 형용사임을 강조하기 때문이다.

트랜스베스타이트(Transvestite): 성적 쾌락이 동기가 되어 반대 성별의 복장을 입는 사람들을 묘사하는 데 사용하는 단어다. 이 용어는 마그누스 히르슈펠트가 1910년에 만든 것으로 알려져 있으며 정신 병리학과 연관되어 사용된다는 이유로 많은 트랜스젠더가 이 용어를 기피했다.

트랜스섹슈얼(Transsexual): (호르몬이나 수술 같은) 의학적 조치를 통해 여성화하거나 남성화함으로써 1차 및/또는 2차 성징을 바꾸거나 이미 바꾼 사람을 말한다. 트랜스섹슈얼은 전형적으로 항상 크로스젠더 정체성(cross-gender identity)을 채택한다. 이 용어는 1949년에 만들어진 것으로 알려져 있으며, 의학적인 담론과 유럽에서 더 흔하게 사용된다. 미국의 많은 트랜스젠더는 이 단어가 정신 병리학과 연관되어 있기 때문에 불쾌하거나 모욕적이라고 생각한다.

트랜스우먼(Transwoman or trans woman): 자신을 여성으로 인식하는 생물학적 남성이 사용하는 정체성 명칭이다. 어떤 사람들은 트랜스 우먼(trans woman)을 선호하는데, 이는 트랜스라는 단어가 우먼을 수식하는 형용사임을 강조하기 때문이다.

트랜스젠더: 출생 성별에 해당하는 성별 정체성과는 다른 성별 정체성을 경험하고 표현하며 살아가는 여러 방식을 가리키는 포괄적인 용어다. 1971년에 만들어진 용어로 알려져 있으며 때로 트랜스라는 줄임말로 쓰인다.

팜므(Femme): 일부 사람들이 자신을 더 여성스럽게 느낀다는 것을 전달하기 위해 사용하는 정체성 명칭 또는 그것을 설명하는 말이다.

팬젠더(Pangender): 가능한 많은 성별 표현을 끌어들여 자신의 성별 정체성을 확립하는 것을 말한다.

페미닌 오브 센터(Feminine-of-center): 한 개인이 여성으로서의 성별 정체성을 채택했는지와 상관없이 자신의 경험을 남성적이기보다는 좀 더 여성적인 것으로 표현한다.

페미닌 프리젠팅(Feminine-presenting): 한 사람이 자신을 좀 더 여성적으로 표현하는 방법을 가리키는 것으로 정체성 명칭은 아니다.

a. Susan Stryker, *Transgender History: The Roots of Today's Revolution*, 2nd ed. (New York: Seal Press, 2017), 10-11. 『트랜스젠더의 역사』(이매진 역간). 스트라이커에 따르면 "이 용어는 데이터베이스와 인터넷 검색에서 유래한 것으로서 여기서 이 기호는 와일드카드 연산자 기능을 수행했다. 즉 별표가 포함된 검색어는 검색하려는 특정 문자열과 다른 모든 문자열을 찾아준다.… 트랜스젠더 대신 트랜스*로 검색하는 것은 이제 당신이 성별의 경계를 뛰어넘는 행동에 뿌리를 둔 많은 다양한 경험과 정체성을 포괄하고자 노력하고 있음을 드러내는 행위다." 다음도 보라. Stephen Whittle, "A Brief History of Transgender Issues," *Guardian*, June 2, 2010, https://www.theguardian.com/lifeandstyle/2010/jun/02/brief-history-transgender-issues.

트랜스젠더의 역사

트랜스젠더(Transgender)는 한 사람이 생물학적 성에 부합하는 성별 정체성과는 다른 성별 정체성을 경험하고 표현하며 그런 정체성을 갖고 살아가는 많은 방법을 일컫는 포괄적 용어다. 포괄적 용어인 **트랜스젠더**는 광범위한 경험을 포함하며, 어떤 경험이 이에 속하는지에 대한 합의가 항상 존재하는 것은 아니다. 트랜스젠더에 대한 더 포괄적인 설명에는 의료적 조치가 있거나 혹은 없는 상태로 크로스젠더(cross-gender) 정체성을 채택한 사람, 크로스드레싱(이성의 복장, 즉 생물학적 성별이 남성인 사람이 여성의 복장을, 생물학적 성별이 여성인 사람이 남성의 복장을 하는 행위)에 부합하는 다른 성별로 자신을 인식하거나 또는 그런 인식 없이 크로스드레싱 행위를 하는 사람, 성적 흥분에 동기 부여가 되어 크로스드레싱에 참여하는 사람, 남성/여성이라는 두 성별 중간의 어느 지점에 존재한다고 인식하는 사람, 남성/여성의 성별 밖에 존재한다고 인식하는 사람 등 기타 여러 사람을 포함한다.

역사적으로 우리가 현재 트랜스젠더라고 부르는 행위와 자기 표현을 향한 대중의 반응은 때때로 동성 간 성적 행위 및 그와 관련된 범죄에 대한 법적 처벌과 밀접한 연관이 있었다. 영국에서는 1533년에 의회가 버거리법(Buggery Act)을 통과시키면서 동성애 행위가 불법화되었고, 1885년에는 형법 개정법(Criminal Law Amendment Act)에 따라 증인의 유무와 관계없이 사적 행위를 불법으로 간주할 수 있게 되었다.[2] 스티븐 위틀에 따르면 대중이 보기에 크로스드레싱(cross-dressing)을 하는 사람들은 동성애라는 하위문화와 연관되어 있었기 때문에 쉽게 법의 표적이 되었다.[3] 또한 LGBTQ+ 이론가이자 역사학자인 수잔 스트라이커(Susan Stryker)의 언급에 따르면 미국에서는 1690년대 초에 매사추세츠 베이 식민지에서 크로스드레싱을 금지하는 법이 통과되었다.

사회가 규범에서 벗어난 성별 행위(gender behaviors)에 대응하는 법을 만들기 시작하면서, 자신의 성별 정체성에 대해 의문을 가진 사람들은 의료 기관이나 정신과를 찾았다. "이런 법이 생겨남에 따라 트랜스젠더들은

---

2 Steven Dryden, "A Short History of LGBT Rights in the UK," British Library, accessed December 3, 2019, https://www.bl.uk/lgbtq-histories/articles/a-short-history-of-lgbt-rights-in-the-uk.

3 Stephen Whittle, "A Brief History of Transgender Issues," *Guardian*, June 2, 2010, https://www.theguardian.com/lifeandstyle/2010/jun/02/brief-history-transgender-issues. 다음도 보라. Susan Stryker, *Transgender History: The Roots of Today's Revolution*, 2nd ed. (New York: Seal Press, 2017), 46.

자신을 치료할 수 있는 의사를 찾았고, 이로 인해 완전히 새로운 의학 분야인 성과학(sexology)이 발전하기 시작했다."[4]

스티븐 위틀에 따르면 "트랜스 개인의 성적 충동에 특별한 관심을 보인 최초의 성과학자는 비엔나의 정신의학 교수인 [리하르트 폰] 크라프트에빙([Richard von] Krafft-Ebbing, 1840-1902)으로 추정된다. 1877년에 나온 그의 저서 『광기와 성』(*Psychopathia Sexualis*)은 그의 사후에도 계속 출간되었다. 크라프트 에빙은 환자의 행동과 개인 이력에 대한 명확한 분류를 제시하기 위해 끊임없이 노력했다."[5] 문화 전반에 걸친 "성 역할"(sex roles)에 대한 마가렛 미드(Margaret Mead)의 연구 역시 중요한 결과물로서, 이는 "인류학적 상상력으로 성(sex)에 대한 사회적으로 학습된 심리학적 구성 요소라는 개념을 도입하여 1950년대에 등장한 성별(gender)이라는 후기 개념의 토대를 마련했다."[6]

초기 현대 의학 및 정신의학 사상 중 일부는 그런 경험을 설명하기 위해 "트랜스섹슈얼"과 "트랜스베스틱" 같은 용어를 사용했다. 다음은 이에 대한 설명이다.

크라프트 에빙과 [마그누스] 히르슈펠트([Magnus] Hirschfeld) 같은 초기 성과학자의 연구를 통해 트랜스섹슈얼리티는 연구, 토론, 치료를 필요로 하는 현상으로 인식되었다. 1920-30년대의 의료 서비스는 매우 열악했지만 트랜스섹슈얼들은 여전히 그들을 도와줄 의사를 찾았다. 펠릭스 에이브러햄(Felix

---

4   Whittle, "A Brief History of Transgender Issues."
5   Whittle, "A Brief History of Transgender Issues."
6   Tey Meadow, *Trans Kids: Being Gendered in the Twenty-First Century* (Oakland: University of California Press, 2018), 17.

Abraham) 박사는 히르슈펠트의 악명 높은 클리닉에서 첫 성전환 수술을 집도했다. 1926년에는 트랜스 남성에게 유방 절제술을, 1930년에는 자신의 하인인 도라에게 음경 절제술을, 1931년에는 덴마크의 화가 릴리 엘베에게 질 성형술을 시행했다. 수술은 쉽지 않았고 릴리는 합병증 때문에 수술 후 2년도 채 지나지 않은 시점에 사망했다.[7]

내분비학자인 해리 벤자민은 "남자의 몸속에 갇힌 여자"라고 자신이 묘사한 현상을 관찰했고, 이것을 **트랜스섹슈얼리즘**(성전환증, transsexualism)이라고 언급했다.[8] 1966년에 벤자민은 트랜스젠더의 경험을 담은 『트랜스섹슈얼 현상』(The Transsexual Phenomenon)[9]이라는 획기적인 책을 출간하면서, 트랜스젠더의 경험이 줄어들지 않을 것이라고 발표했다. 벤자민은 "근본적으로 개인의 성별 정체성은 바꿀 수 없으며, 의사의 책임은 트랜스젠더 자신이 스스로 인식하고 있는 성별 안에서 더 풍부하고 행복한 삶을 살 수 있도록 돕는 것"이라고 주장했다.[10]

　벤자민의 평가는 성별 정체성 갈등에 대한 "의학적인 패러다임"을 서

7　Whittle, "A Brief History of Transgender Issues." 이 보고서는 성별 정체성 문제를 탐색하는 사람들에 대한 비교적 최근의 치료 역사에 추가적인 중요한 사건들을 언급하고 있다. "마이클 (과거에는 로라) 딜런(Michael Dillon)은 전쟁 중에 영국에서 성별 재지정(gender reassignment) 치료를 받았다. 그는 1940년대 후반에 심지어 성형외과 의사인 해롤드 길레스 경(Sir Harold Gilles)이 만든 성기를 지니고 있었는데, 나중에 해롤드 길레스 경은 화상 피해자 치료로 유명해졌다. 마이클 딜런은 1958년 「선데이 익스프레스」에 의해 트랜스젠더라는 사실이 드러날 때까지 선박주치의로 훈련을 받고 일했다. 그는 영국을 떠나 인도로 이주했고 1962년에 사망할 때까지 불교 승려 겸 작가로 활동했다."

8　Jun Koh, "The History of the Concept of Gender Identity Disorder" [in Japanese], *Seishin Shinkeigaku Zasshi* 114, no. 6 (2012): 673.

9　Harry Benjamin, *The Transsexual Phenomenon: A Scientific Report on Transsexualism and Sex Conversion in the Human Male and Female* (New York: Julian, 1966).

10　Stryker, *Transgender History*, 96.

구의 사회 문화적 맥락에 도입하는 역할을 했다.[11] 오늘날의 트랜스젠더 지지자들에 따르면 "대학을 기반으로 진행되는 이 새로운 과학 연구" 프로그램은 성별에 대한 이분법적 관점으로 가득 차 있다. "따라서 트랜스섹슈얼의료 서비스는 전통적인 성별 구분을 유지하려는 사회의 보수적인 노력과 연관이 있으며 이에 따라 인간의 성별 이분법에 문제를 일으키지 않는 범위 내에서 성전환이 마지못해서 허용되었다."[12]

1980년에 성별 정체성 장애(gender identity disorder)는 『정신질환의 진단 및 통계 편람 3판』(Diagnostic and Statistical Manual of Mental Disorders, 이하 DSM-3)에 새롭게 등재되었다.[13] 이 새로운 분류는 유년기에 발생한 성별 정체성 장애에만 처음 적용되었으며, 트랜스섹슈얼리즘(성전환증)은 청소년과 성인에게 사용된 용어였다. 그 후 성별 정체성 장애는 1987년 개정판(DSM-3-R)과 1994년에 나온 『정신질환의 진단 및 통계 편람 4판』(Diagnostic and Statistical Manual of Mental Disorders, 이하 DSM-4)에서 한층 더 세분화되었다. "청소년기와 성인기의 성별 정체성 장애, 논트랜스섹슈얼(nontranssexual) 유형"의 범주가 DSM-3-R에 새롭게 소개되었다가 DSM-4에서는 삭제되었다.[14] DSM-4에서는 유년기 성별 정체성 장애와 성전환증이 성별 정체성 장애라는 단일 진단명으로 통합되었다.[15]

---

11 Stryker, *Transgender History*, 97.
12 Stryker, *Transgender History*, 118.
13 American Psychiatric Association, *Diagnostic and Statistical Manual of Mental Disorders: DSM-III* (Arlington, VA: American Psychiatric Association, 1980).
14 American Psychiatric Association, *Diagnostic and Statistical Manual of Mental Disorders: DSM-III-R* (Arlington, VA: American Psychiatric Association, 1987); American Psychiatric Association, *Diagnostic and Statistical Manual of Mental Disorders: DSM-IV* (Arlington, VA: American Psychiatric Association, 1994); 다음도 보라. Koh, "The History of the Concept of Gender Identity Disorder."
15 Jack Drescher, "Queer Diagnoses: Parallels and Contrasts in the History of Homosexuality,

트랜스젠더 커뮤니티의 일부 구성원들은 이런 진단을 통해 자신들의 경험이 병리학적으로 해석되는 것을 비난했지만, 이런 진단명이 의료 서비스에 대한 접근을 용이하게 만드는 데 필요한 타협이라고 본 사람들도 있었다.[16] 2013년에 발간된 『정신질환의 진단 및 통계 편람 5판』(Diagnostic and Statistical Manual of Mental Disasters, 이하 DSM-5)에서는 성별 위화감을 하나의 의학적 진단명으로 도입했는데, 이는 크로스젠더 정체성 자체가 장애라는 점에 초점을 둔 것이 아니라 성별 정체성과 생물학적 성별 사이의 불일치를 보고한 일부 사람들이 경험한 고통에 중점을 둔 것이었다.[17] 이 진단 역시 일부 트랜스젠더 지지자들에 의해 의료 서비스를 받기 위한 또 다른 하나의 타협으로 간주되었다.[18] 이런 반복되는 과정에서 만약 어떤 사람이 실제 수술로 자신의 고충을 해결했다면, 수술 이후에 자신이 이전에 받았던 성별 위화감 진단을 삭제할 수 있었다.

어쨌든 논의의 목적상 우리는 성별 위화감 진단의 도입이 성별 불일치(gender incongruence), 젠더 변이(gender variance) 및 젠더 비순응(gender nonconformity) 등의 다양한 경험을 병리화하지 않는 데도 기여했다는 점에 주목해야 한다. DSM-5는 한 개인이 "다른 성별"(따라서 여전히 이분법적 개념을 지지함) 또는 "한 개인에게 지정된 성별과 다른 일부 대안적인 성별"(따

Gender Variance, and the Diagnostic and Statistical Manual," *Archives of Sexual Behavior* 39 (2010): 427-60.

16   Stryker, *Transgender History*, 139.

17   American Psychiatric Association, *Diagnostic and Statistical Manual of Mental Disorders: DSM-5* (Arlington, VA: American Psychiatric Association, 2013).

18   Roy Richard Grinker, "Being Trans Is Not a Mental Disorder: When Will the American Psychiatric Association Finally Stop Treating It Like It Is?," *New York Times*, December 6, 2018, https://www.nytimes.com/2018/12/06/opinion/trans-gender-dysphoria-mental-disorder.html.

라서 남성/여성 이분법을 초월하거나 그 밖에 존재하는 성별 정체성에 대한 여지를 남김)로 자신의 정체성을 인식할 수 있다고 인정하며, 그렇기 때문에 정신질환으로 진단하지 않는다.[19] 또한 새롭게 도입된 진단 범주는 출생 시 모호한 생식기를 갖고 태어난 어린이의 성별을 "지정"하려는 목적으로 외과 수술을 통해 이를 개조했던 간성(intersex) 상태를 설명하기 위해 이전에 의학계에서 사용되었던 언어를 채택했다. DSM-5에서도 성별 위화감을 경험한 사람들이 출생 시 "지정받은 성별"을 설명하기 위해 이와 동일한 "지정"이라는 언어를 사용했다.[20]

비록 진화하는 성별 정체성 역사에 관련된 인물을 모두 다루기는 불가능하지만, 여기서는 몇몇 중요한 연구자와 임상의를 집중 조명하려 한다. 로버트 스톨러(Robert Stoller)는 전문 문헌을 통해 "남성 또는 여성이라는 성별 범주에 속하는 한 개인의 지속적인 내적 소속감"으로 정의되는 성별 정체성의 개념을 발전시킨 공로를 인정받았다.[21] 존 머니(John Money)는 성별 정체성을 "성별 역할(gender role)의 사적인 경험"으로, 성별 역할은 "성별 정체성의 공적 표현"으로 보았다.[22] 또한 그는 성별 정체성이 어린 나이에 발달하며 나이가 들어감에 따라 변화할 가능성은 낮다고 주장했다. 해리 벤자민 같은 몇몇 주요 인물들은 크로스젠더 정체성 경험의 원인을 대체로 생물학적인 것으로 이해한 반면, 스톨러 및 다른 인물들은 발육 이론을 제시했다. 리처드 그린(Richard Green)은 머니와 스톨러 밑에서 공부했고, 가장 초기의 트랜스젠더 정체성(당시에는 트랜스섹슈얼리즘[성전환증]이라

---

19   American Psychiatric Association, *DSM-5*, 452.
20   Julie Greenberg, "Legal Aspects of Gender Assignment," *Endocrinologist* 13, no. 3 (2003): 277-86; American Psychiatric Association, *DSM-5*, 452.
21   Meadow, *Trans Kids*, 17-18; Drescher, "Queer Diagnoses," 439.
22   Drescher, "Queer Diagnoses," 438.

고 불림)의 정신의학적 개념화에 영향을 미쳤다.[23]

1980-90년대에 레이 블랜차드와 그의 동료들에 의해 수행된 임상 연구 중 일부는 성별 정체성 장애를 진단받은 사람들의 성적 지향과 관련된 임상적 차이점에 초점을 맞췄다.[24] 예를 들어 생물학적으로 남성이지만 여성으로 성별을 밝혔는데 남성에게 성적 매력을 느낀 전력이 있으면, 이들은 전형적인 트랜스섹슈얼(성전환) 경험을 가진 것으로 간주되었으며 "남성의 몸에 갇힌 여성" 즉 **남성애자**(androphilic, 또는 동성애자)로 묘사되었다. 이와 대조적으로 블랜차드는 생물학적 남성이 남성에게 성적 매력을 느낀 적은 없지만 자신을 여성으로 생각함으로써 성적 흥분을 느끼는 경우에는 그를 **자기여성애**(autogynephilic) 트랜스섹슈얼이라고 묘사했다. 자기여성애는 일종의 성적 흥분을 일으키는 페티시(fetish)로 이해되었고, 성별 확인 (과거에는 "성별 재지정"[sex reassignment]으로 알려져 있었음) 수술에 대한 큰 불만과 관련이 있었다. 또한 블랜차드는 흔치 않은 트랜스섹슈얼리티에 대해서도 기록했는데, 이는 모두 성적 지향과 관련된 것이었다.

성적 지향에 기반한 유형론을 지지하는 주장도 있지만, 일부 트랜스젠

---

23 Drescher, "Queer Diagnoses," 438.
24 Ray Blanchard, "Nonhomosexual Gender Dysphoria," *Journal of Sex Research* 24, no. 1 (1988): 188-93; 다음도 보라. Blanchard, "The Concept of Autogynephilia and the Typology of Male Gender Dysphoria," *Journal of Nervous and Mental Disease* 177, no. 10 (1989): 616-23; Blanchard, "The Classification and Labeling of Nonhomosexual Gender Dysphorias," *Archives of Sexual Behavior* 18, no. 4 (1989): 315-34; Blanchard, "Early History of the Concept of Autogynephilia," *Archives of Sexual Behavior* 34, no. 4 (2005): 439-46; Blanchard, "Clinical Observations and Systematic Studies of Autogynephilia," *Journal of Sex & Marital Therapy* 17, no. 4 (1991): 235-51; Ray Blanchard, Leonard Clemmensen, Betty Steiner, "Heterosexual and Homosexual Gender Dysphoria," *Archives of Sexual Behavior* 16, no. 2 (1987): 139-52.

더 지지자들은 이런 유형 분류를 노골적으로 비판했다.[25] 특히 그들은 트랜스젠더 정체성에 대한 일부 설명이 성별 정체성 그 자체의 경험이라기보다는 페티시에 가깝다는 생각을 거부했다. 찰스 모저 같은 학자들도 이런 유형 분류를 비판했다.[26] 오늘날 DSM-5에서는 임상의들에게 트랜스젠더 정체성의 하위 유형을 설명하기 위해 성적 지향보다는 발현 연령(이른 발현, 늦은 발현)을 확인하라는 지침을 제시한다.

트랜스젠더 정체성에 관한 연구와 평가 분야의 이런 주요 발전은 중요한 문화적 변화와 함께 이루어졌다. 앞서 살펴본 바와 같이 초기에 비전통적인 성별 정체성 표현에 가혹한 처벌을 내리는 법적인 패러다임에서 벗어나 치료가 필요한 질환으로 간주하는 정신의학적인 패러다임을 지향하는 변화가 있었다. 이런 정신의학적 정체성은 시간이 지나면서 정치적 정체성으로 바뀌었고 이것이 결국 공개적 정체성이 되었다. 제인 무립에 따르면 정신의학적 정체성에서 정치적 정체성으로의 전환은 현재 우리가 트랜스젠더 공동체라 부르는 것을, 이전에 트랜스젠더 경험을 설명하기 위해 사용되었던 의학적·정신과적 진단 언어 및 분류로부터 거리를 두려는 의도적인 노력이었다.[27]

---

25 Anne A. Lawrence, "Sexual Orientation versus Age of Onset as Bases for Typologies (Subtypes) for Gender Identity Disorder in Adolescents and Adults," *Archives of Sexual Behavior* 39 (2010): 514-45; 다음도 보라. Lynn Conway, "Rogue Theories of Transsexualism: By Seeing a Collection of Such Theories Side-By-Side, We Grasp the Strangeness of Them All," *Lynn Conway*, June 18, 2006, http://ai.eecs.umich.edu/people/conway/TS/Rogue%20Theories/Rogue%20Theories.html.

26 Charles Moser, "Blanchard's Autogynephilia Theory: A Critique," *Journal of Homosexuality* 50, no. 6 (2010): 790-809.

27 Zein Murib, "Transgender: Examining an Emerging Political Identity Using Three Political Processes," *Politics, Groups, and Identities* 3, no. 3 (2015): 381-97; 우리는 다음 문헌에서 축약된 역사적 설명을 소개했다. Mark Yarhouse and Julia Sadusky, "The Complexities

이런 변화는 어떻게 이루어졌을까? 20세기 초 정신의학계는 생물학적 성별(biological sex), 성별 정체성(gender identity), 섹슈얼리티를 구별함으로써 징벌적인 법적 패러다임에서 의학적 패러다임으로 전환되는 변화를 촉진시켰다. 첫 번째 용어인 생물학적 성별은 "염색체, 유전자, 호르몬, 신체적으로 나타나는 징후와 같이 육체적으로 혹은 유전적으로 나타나는 특성"을 언급한 것이다. 이런 특징은 개인의 **성별 정체성** 경험으로부터 구분되었고, 이제는 "남성성과 여성성에 대한 내적 인식, 그것과 관련된 사회적 역할을 묘사한 용어가 되었다."[28] 무립이 지적했듯이 **섹슈얼리티**라는 용어 또한 이런 개념들과 구별되었으며, 이는 "욕망, 매력, 이와 관련된 행동들"을 언급하는 용어가 되었다.[29] 생물학적 성별, 성별 정체성 및 섹슈얼리티에 대한 이런 분석은 생물학적 성별과 성별 정체성 사이의 일치성 결여를 설명할 수 있는 언어를 제공하는 데 도움을 주었다. 하지만 이런 언어들을 통해 개발된 개념들은 성별 불일치 경험에 대한 정신의학적 이해를 반영한 것이었기 때문에, 트랜스젠더 커뮤니티를 구성하게 될 일부 구성원들로부터 비판을 받았다.

성별 정체성 불일치에 대한 정신의학 및 의료적 개념화를 비판한 사람들은 자신들의 경험에 관한 지배적인 내러티브에 도전하기 위해 새로운 정치적 정체성을 찾아 나섰다. 무립은 일부 운동가들이 억압의 원천을 밝혀냄으로써 (정신의학적 분류와는 대조적인) 정치적 정체성을 키우고자 시도했는데, 이로 인해 광범위하고 포괄적 정체성 아래 다양한 경험을 가진 사

---

of Gender Identity: Toward a More Nuanced Approach to the Transgender Experience," in *Understanding Transgender Identities: Four Views*, ed. James K. Beilby and Paul R. Eddy, 101-30 (Grand Rapids: Baker Academic, 2019).

28   Murib, "Transgender," 384.

29   Murib, "Transgender," 384.

람들을 끌어들일 수 있었다고 주장한다. 하지만 무엇이 그런 억압의 원천이 될 수 있을까? 무립에 따르면 이 운동가들이 지목한 억압의 근원은 성 (sex)과 성별(gender)에 관한 기존의 규범이었다. **트랜스젠더**는 "(외과) 의사와 정신과 의사가 도입한 정체성 범주에서 벗어난 것을 의미하며 트랜스젠더의 미래를 공개적이고 정치적인 정체성으로 명확히 이해하는 다양한 성별을 지닌 사람들을 위한 포괄적 용어가 되었다."[30]

우리는 성, 성별, 성적 지향 사이의 의료 및 정신의학적 구분이, 나중에 발전된 생물학적 성별과 성별 정체성 사이에 필연적인 관계가 없다는 사상에 어떻게 기여했는지 조금씩 이해할 수 있다. "몸이 갖고 있는 성별은 그 몸이 살고 있는 사회적 범주나 그 몸을 통해 이 세상에서 살고 있는 그 사람의 정체성 및 주관적 자의식과 어떤 **필연적인 관계**나 **미리 정해진** 관계가 없다."[31] 이런 언어 변화는 심리적 경험을 반영한 성별 정체성이 탄생할 가능성을 열어주었고, 이로 인해 감정과 경험이 사람을 구분하는 하나의 범주로 재설정되었다("나는 트랜스젠더다", "나는 트랜스다"). 테이 메도우는 이와 같은 발전을 다음과 같이 표현했다. "성별은 더 이상 단순히 생물학에 관련된 것이 아니다. 사람들은 이제 그것이 더 이상 육체에 얽매이지 않는 매우 중요하고 불변하는 정신을 구성하는 특징이라고 이해한다."[32]

스트라이커에 따르면 성별과 성별 정체성이 필연적인 관계에 있지 않다는 입장은 "사회적 의미에 있어서 한 사람이 남자인지/여자인지가 근본적으로 명확하게 인식될 수 있는 신체적인 성별에 의해 결정된다는 일반적

---

30   Murib, "Transgender," 387. Stryker, *Transgender History*, 36-37. 트랜스젠더라는 용어는 1990년대 초에 널리 사용되기 시작했지만, 1960년대 중반까지 거슬러 올라가는 더 긴 역사를 가지고 있으며, 서로 다른 시기에 여러 모순된 의미를 내포하고 있었다.

31   Stryker, *Transgender History*, 16.

32   Meadow, *Trans Kids*, 3.

인 생각과 모순되기 때문에 정치적인 것이다."[33] 의료계와 정신의학계가 병적인 질환이라는 진단을 내리고 낙인을 찍은 그룹이 정치적 정체성을 갖는다는 것은 결과적으로 이해할 수 있는 반응이었다. 스트라이커는 또한 "한 사회가 그들이 직접 선택하지 않은 신체적 차이에 기초하여 구성원들을 분류하는 방법이 결코 정치적으로 중립적이었던 적은 없었다"라고 덧붙였다.[34]

언어 변화 외에도 활동가들은 트랜스젠더 경험을 정신의학적 정체성에서 벗어나 정치적·공개적 정체성으로 변화시키기 위한 몇 가지 다른 조치를 취했다. 드레셔가 지적하듯이 트랜스젠더 지지자들이 취한 정치적 전략은 다음과 같은 "정상화 주장"으로 발전되었다.

- 트랜드젠더는 타고난 것이라는 믿음 같은 병인학 이론을 정상화하는 것을 채택한다.
- 현대의 [트랜스젠더] 정체성을 역사적 인물이나 문화에 연결하는 초역사적 접근법을 채택한다.
- 현대의 비교문화연구(cross-cultural studies)를 통해 [트랜스젠더에 반대하는] 태도가 문화에 따라 달라진다는 것을 보여준다.
- [트랜스젠더 경험이] 드물다는 주장을 반박하기 위해 유병률에 관한 통계를 찾는다.
- 정신 심리 요법을 통해 [성별 정체성을] 바꾸는 일은 불가능하지는 않지만 어려운 일임을 강조한다.

---

33 Stryker, *Transgender History*, 16.
34 Stryker, *Transgender History*, 16.

- 의학 용어를 대체하기 위해 규범적 언어의 사용을 채택하고 강조한다.
- 긍정적인 관점과 모순되는 이론을 비과학적이라고 명명한다.
- [트랜스젠더 경험을] 질병이라고 믿거나 [트랜스젠더 경험을] 이해하기 위해 병리학적 언어를 사용하는 전문가에 대해 인신공격을 한다.[35]

트랜스젠더 지지자들이 트랜스젠더 경험에 대한 정상화 주장을 펼쳐왔고 지금도 계속 그렇게 하고 있다는 사실 자체는 그들의 주장의 진실성을 입증하지도 반증하지도 않는다. 사려 깊은 그리스도인은 이런 주장을 액면 그대로 받아들이거나 감당할 능력이 없다는 이유로 거절하기보다는, 이런 주장과 그들의 근본적인 논리를 비판적으로 받아들일 필요가 있다. 안타깝게도 현재의 정치 풍조는 주장과 논리를 비판적으로 다루는 데 도움이 되지 못한다. 우리는 이와 관련된 문제를 일부 다루겠지만, 각 주장에 대한 포괄적인 비판은 향후 프로젝트를 위해 남겨두어야 할 과제다.

기존의 성과 성별 규범 해체에 찬성하는 사람들은 그 관점에 동의하는 부모들을 "성/성별 체계"를 "해체"하는 영웅으로 간주한다.[36] 그러나 우리는 이런 부모들이 그들을 칭송하는 바로 그 공동체의 산물이라고 보는데, 왜냐하면 그들이 기존의 문화적 기대를 해체하는 데 필요한 언어와 범주를 이런 공동체가 제공해주었기 때문이다. 이 부모들은 영웅으로 인정받을 수 있지만, 그들이 정하는 성별 이데올로기의 근원은 아니다. 그들은 성별 "파기"(undoing)에 관심 있는 사람들이 아니다. 오히려 그들은 자녀를 사랑하고 성과 성별 규범과 관련해 어떻게 이 사랑을 가장 잘 표현할 수 있는

---

35 Drescher, "Queer Diagnoses," 444.
36 Stryker, *Transgender History*, 19.

지 조언을 구한다. 우리가 성과 성별 정체성에 대한 현재의 논쟁에서 어떤 입장을 취하든 간에, 부모를 악한 사람들로 취급하거나 성별 관점의 변화를 만들어낸 주원인으로 인식하지 않는 것이 좋다.

하지만 부모들은 가장 가까운 대리인으로서 이 논의에 참여하게 되었고 사회 변화의 핵심이 되었다.

> "성별 정체성" 또는 느낌으로 인식하는 성별 주관성이 매우 중요하고 불변하며 신체의 물질성에 얽매이지 않는다는 개념은 부모가 트랜스젠더 자녀를 이해하도록 만들었고, 사회적 환경이 그런 주관성을 수용하는 쪽으로 변화될 수 있도록 해주었다. 비전형적인 성별은 한때 정신 병리의 한 형태로 간주되어 성별의 실패로 여겨졌다. 이제 처음으로 비전형적인 성별이 성별의 실패가 아니라 성별의 한 형태(form)로 이해되었다. 성별 위반(gender transgression)은 구체화된 성별 범주(남성/여성)가 불충분한 상태임을 나타낼 뿐, 해당 범주(남성/여성)에 존재하는 개인이 그렇다는 의미는 아니다. 성별 불일치(gender nonconformity)는 사회적 정체성을 약화하기보다는 사회적 정체성을 구성하는 요소가 되었다.[37]

이런 주장을 소개하는 이유는 다음과 같은 질문을 던지기 위해서다. 정치적 목적을 위해 전개된 논쟁은 어떻게 공개적 정체성을 구성하는 요소가 되었는가? 공개적 정체성은 그 정체성의 혜택을 받는 사람들이 그 정치적 역사를 인식하는지의 여부와 관계없이 성공적인 정치적 정체성의 자연스러운 결과물이다. 공개적 정체성은 사람들이 소속된 사회에서 다른 사람

---

37   Stryker, *Transgender History*, 19-20.

들에게 어떻게 알려져 있는지를 나타낸다. 우리에게는 트랜스젠더 이웃이나 동료, 이분법적 성별에 속하지 않는 급우 또는 룸메이트, 또는 어느쪽으로도 성별을 확정 짓지 않은(혹은 어떤 성별도 될 수 있는) 젠더플루이드(genderfluid)인 사랑하는 사람(삼촌, 이모, 아들, 딸)이 있을 수 있다. 그들이 공동체 안에서 성별 문제와 관련하여 당신을 포함한 다른 사람들에게 알려진방식이 그들의 공개적 정체성을 형성한다. 트랜스젠더 정체성이 더 흔해질수록 그것은 성별 정체성 표현의 더욱 정상적인 변종으로 보이게 될 것이다. 정상화 주장은 다양한 성별 정체성을 해당 문화적 환경에서 기대할 수있는 범위 내에서 제시하는 것이다.

　트랜스젠더 경험과 관련된 정치적 정체성을 채택한 사람들은 이 정체성이 단지 의학적·정신과적 용어로 정의된, 열등하거나 장애가 있는 정체성으로 취급되지 않는 환경을 만들기 위해 노력했다. 무립에 따르면 트랜스젠더가 정치적 정체성과 공개적 정체성으로 인정받기 위해서는 정신의학계 내에서의 진단 변화가 필수적이었다.[38] (단순히 정신질환 진단을 받아들이기보다는) 공개적으로 트랜스젠더임을 밝히는 것은 생물학적 성별과 성별정체성 사이에 불변의 관계가 절대 존재하지 않는다는 개념을 강화한다. 이렇게 공개적으로 자신의 정체성을 밝히는 것은 현재 트랜스젠더가 전 세계에서 행복하게 살 수 있는 방법이자 가장 신뢰할 만한 방법으로 흔히 이해되고 있다.

　최근에 발생한 성별 정체성 문제와 관련해 이 장의 서두에서 언급한청소년 엘리는 트랜스젠더 운동이라는 정치적 정체성에 의해 형성된 공개적 정체성이 어떤 것인지를 보여준다. 르네 리처즈와 하리 네프 역시 "트랜

38　Murib, "Transgender."

스젠더"의 정치적 발전을 통해 정신의학 및 의료계에서 벗어나 공개적 영역으로 옮겨진 성별 정체성 담론의 변화로 탄생한 공개적 정체성을 반영한다. 르네 리처즈와 하리 네프가 성별 정체성을 서로 다르게 경험하고 남성/여성 이분법의 장점에 대해 동의하지 않더라도, 두 사람 모두 그런 불일치가 발생할 수 있으며 크로스젠더 정체성과 다른 변종에 해당하는 성별 정체성이 존중되고 인정받는 등의 극적인 변화가 일어나고 있는(그리고 지속적으로 변화하는) 사회 문화적 상황에 동참하고 있다.

이 책은 시스젠더(cisgender)와 트랜스젠더 사이의 단순한 구분을 넘어섬으로써 성별 위화감에 대한 기존의 관념을 극복한다. 우리가 여기서 논의하는 새로운 성별 정체성 가운데 일부는 남성/여성 둘로만 구분하는 이분법에 뿌리를 둔 더 오래된 트랜스젠더 정체성과 일치하지만, 그중 다수는 최근에 증가하고 있는 젠더 논바이너리 및 젠더 다이버스(gender-diverse) 정체성을 설명한다. 이런 정체성 중 일부는 성별 위화감과 관련이 있지만 다른 것들은 성별 위화감 진단을 내리기 위한 진단 기준을 충족시키지 못하거나, 올바른 진단에 관해 전문가들이 이견을 보이고 있다. 새로운 성별 정체성의 일부가 청소년 또는 그 문제로 전문 클리닉에 도움을 요청하는 사람들 사이에서 유행하고 있는 것으로 보인다. 이런 비전형적인 정체성은 기존 치료 모델에 도전장을 던지고 있으며, 의료진으로 하여금 성별과 성별 정체성의 범주를 재고하고 이런 경우에 제시하는 진단명과 권장하는 치료 계획도 다시 고려하게 만들고 있다.

그리스도인이라면 문화적으로 일어나는 변화에 어떻게 대응해야 하는가? 우리는 단순히 이런 변화를 성과 성별에 관한 규범을 해체하기 위한 더 큰 LGBTQ+ 정책의 일부로 보고 있는가? 아니면 최신 과학 연구 결과를 반영하는 불가피한 생각의 변화라고 보고 있는가? 기독교 세계관의 관점에서 이런 이슈를 비판적으로 다룰 수 있는 방법이 있는가? 우리가 이런 문제를 이해하고 문화적 상황을 반영하는 개인이나 조직과 소통할 수 있는 다른 방법이 있는가? 2부에서는 우리 앞에 놓인 이런 실질적인 질문을 다룰 예정이다.

우리가 트랜스젠더 경험의 역사와 더불어 정치적 정체성에서 공개적 정체성으로의 전환을 더 잘 이해한 다음에는, 새로운 성별 정체성이 어떻게 생겨나게 되었는지, 성별에 대한 새로운 언어의 범주가 과연 새로운 범주의 사람들을 만들어내는지에 대해 탐구해볼 필요가 있다. 우리는 2장에서 이런 논의를 살펴보려고 한다.

2장

언어와 범주가 어떻게 성별 정체성을 형성하는가?

최근 미네소타 공영 라디오의 한 보도에 자신을 "에이젠더"(agender)라고 밝힌 13세 소년 맥스가 소개되었다.[1] 맥스는 이렇게 설명한다. "그건 제가 남자도 여자도 아니라는 뜻인데, (때에 따라 남자처럼 또는 여자처럼 느껴지기도 한다는) '젠더플루이드'와는 다른 의미입니다. 저는 제가 남자 같지도 않고 여자 같지도 않다고 느끼기 때문입니다. 저는 남자도 여자도 아니에요." 맥스는 2년 전 처음으로 자신을 여자라고 밝힌 후 소셜 미디어를 통해 **에이 젠더**를 포함한 여러 성별 정체성 명칭과 라벨을 발견하게 되었다. "이 용어가 '소녀'(girl)보다 더 저를 잘 표현하는 것 같아요…. 저는 1년 넘게 이 단어에 잘 적응해왔어요."

에이젠더는 새롭게 부상하는 성별 정체성 중 하나다. 그 목록에는 젠 더퀴어(genderqueer), 젠더플루이드(genderfluid), 바이젠더(bigender), 젠더 익

---

[1]   Jon Brooks, "A New Generation Overthrows Gender," *MPR News*, May 2, 2017, https://www.mprnews.org/story/2017/05/02/npr-new-generation-overthrows-gender. 우리는 원래 이 보고서와 새로 등장한 성별 정체성에 대해 다음과 같은 제목의 짧은 책자에서 논의했다. *Approaching Gender Dysphoria* (Cambridge: Grove Ethics, 2018), https://grovebooks.co.uk/products/e-188-approaching-gender-dysphoria.

스팬시브(gender expansive), 젠더 크리에이티브(gender creative) 같은 새 용어들이 포함된다. 몇 년 전 자신을 트랜스젠더라고 인식하고 있는 사람들의 비율은 215명 중 1명에서부터 300명 중 1명에 이르기까지 다양하다.[2] 최근 추정치에 따르면 성인의 경우에는 약 166명 중 1명꼴인 0.6%에 가깝다.[3] 다만 새롭게 부상하고 있는 많은 성별 정체성이 "논바이너리"(비이분법적) 범주에 속하기 때문에, 이런 연구가 오늘날 존재하는 성별 정체성의 모든 변화를 나타내고 있는지는 불분명하다.

하지만 자신을 트랜스젠더로 인식하는 청소년의 비율은 그렇게 인식하는 성인의 비율보다 훨씬 높다. 최근 질병통제센터(Centers for Disease Control[CDC])의 추정에 따르면 청소년의 1.8%가 "그렇다, 나는 트랜스젠더다"라는 항목에 동의했다.[4] GLAAD가 미국의 여론 조사 기관인 더 해리스 폴(The Harris Poll)에 의뢰해 실시한 조사는 젊은 층에서 트랜스젠더 및 젠더 변이(gender variant) 경험 비율이 현저히 높음을 보여준다. "수용의 가속화"라는 제목의 2017년 조사에 따르면 18-34세 집단 중 12%가 자신을

---

2   Kerith Conron et al., "Transgender Health in Massachusetts: Results from a Household Probability Sample of Adults," *American Journal of Public Health* 102, no. 1 (2012): 118-22; Gary Gates, "How Many People Are Gay, Bisexual, and Transgender?," Williams Institute, April 2011, http://williamsinstitute.law.ucla.edu/wp-content/uploads/Gates-How-Many-People-LGBT-Apr-2011.pdf.

3   예를 들어 Williams Institute는 미국 성인의 0.6%가 트랜스젠더라고 추정한다. Andrew R. Flores et al., "How Many Adults Identify as Transgender in the United States?," Williams Institute, June 2016, https://williamsinstitute.law.ucla.edu/wp-content/uploads/How-Many-Adults-Identify-as-Transgender-in-the-United-States.pdf.

4   또 다른 1.6%는 "내가 트랜스젠더인지 확실하지 않다"고 말했다. Michelle Johns et al., "Transgender Identity and Experiences of Violence Victimization, Substance Use, Suicide Risk, and Sexual Risk Behaviors among High School Students—19 States and Large Urban School Districts, 2017," *Morbidity and Mortality Weekly Report*, January 25, 2019, https://www.cdc.gov/mmwr/volumes/68/wr/pdfs/mm6803a3-H.pdf.

트랜스젠더 또는 젠더 비순응자라고 밝히고 있는데, 이는 35-51세 집단 중 그렇게 응답한 비율보다 2배 이상 높다.[5] 이렇게 현저히 높은 비율에 관해 의심스러운 점이 있지만, 그 비율은 비교적 짧은 기간 동안 트랜스젠더 정체성의 확산에 부인할 수 없는 극적인 변화가 있음을 보여주고 있다. 이런 추정치가 정확하다면 새로운 성별 정체성은 이미 도전이 되고 있는 성별 정체성이라는 주제에 혼란을 가중시킬 가능성이 있는 문화적 추세를 반영한다고 볼 수 있다.

그렇다면 우리는 이런 증가 추세를 어떻게 이해해야 할까? 맥스의 경험을 어떻게 받아들여야 할까? 대답하기 어려운 질문이지만, 우리는 이런 문화적 추세를 이해하고 맥스가 좀 더 의미 있는 방식으로 반응하는 데 도움이 되는 몇 가지 아이디어를 제안하고자 한다.

최근 미국을 포함한 여러 국가에서 성 전문 클리닉에 다니는 젊은이의 수가 증가하는 이유에 대해 적어도 널리 알려지고 극명하게 대립되는 두 가지 설명이 있다.[6] 한 가지는 자각과 인식이 더 높아지고 자신을 드러내고자 하는 성향이 높아졌기 때문이라는 해석이고, 다른 하나는 사회적 전염(social contagion)이 원인이라는 설명이다. 두 주장을 모두 살펴보자.

트랜스에 대해 긍정적인 시각을 지닌 사람들 사이에서 트랜스라는 자기 인식이 증가하는 원인에 대한 가장 일반적인 설명은, 젊은 사람들이 더 쉽게 트랜스젠더 또는 젠더 논바이너리로 자신의 정체성을 공개적으로 밝

---

5   GLAAD, "New GLAAD Study Reveals Twenty Percent of Millennials Identify as LGBTQ," GLAAD, March 30, 2017, https://www.glaad.org/blog/new-glaad-study-reveals-twenty-percent-millennials-identify-lgbtq.

6   Kate Lyons, "Gender Identity Clinic Services under Strain as Referral Rates Soar," *Guardian*, July 10, 2016, https://www.theguardian.com/society/2016/jul/10/transgender-clinic-waiting-times-patient-numbers-soar-gender-identity-services.

히기 때문에 그 세대가 기성세대보다 이런 정체성 명칭을 더 많이 사용한다는 것이다. 이에 따르면 자신을 트랜스로 밝히는 젊은이가 증가하는 현상은 시스젠더의 규범을 거부하는 젊은이들의 **숫자**가 증가한다는 의미가 아니다. 오히려 이렇게 증가하는 숫자는 자신의 정체성을 **스스로 알리는** 사례가 증가하고 있다는 뜻인데, 이는 항상 존재해왔지만 과거에는 금기시되었던 성별에 관한 경험을 오늘날 젊은이들이 마음 놓고 솔직하게 말할 수 있는 문화에서 살고 있기 때문이다.

이 설명은 트랜스젠더나 젠더 논바이너리가 된다는 것이 무엇을 의미하는지에 대한 본질주의적 이해 또는 본질주의적 표현에 기초를 두고 있다. "본질주의적"이라는 말은 이런 경험이 실제적이고 범주화되어 있으며 문화와 역사 전반에 걸쳐 존재한다는 뜻이다. 이 관점을 지지하는 사람들은 트랜스젠더 경험 같은 것이 여러 문화적 맥락에서 다양한 형태로 존재해왔다는 인류학적 연구를 근거로 제시한다. 어떤 문화권에서는 그런 경험이 받아들여지고 심지어 존중되었던 반면, 성별과 젠더 규범에 반하는 정체성을 드러내는 것이 위험한 문화권도 있었다. 성별 이분법 안에서 살고자 노력했던 많은 사람들은 큰 고통을 겪었지만, 그들이 처한 곤경에 대해 아는 사람은 거의 없었다.

우리는 1장에서 성별 위화감과 트랜스젠더 경험이 역사와 문화 전반에 걸쳐 어떤 형태로든 존재해왔다고 언급했다. 그러나 인식 고취 이론(theory of increased awareness)이 새로운 성별 정체성 및 비전형적인 성별 정체성의 증가라는 현재 추세에 대한 유일한 설명은 아니다. 현재의 추세에 대한 두 번째 객관적인 설명은, 특히 생물학적 여성으로 태어났지만 뒤늦게 성별 위화감이 발생하는 추세를 가장 경계하는 사람들이 주장하는 내용이다. 제4의 물결 같은 단체는 이런 추세가 "사회적 전염"(social contagion)의한 형태라고 설명한다.[7] 일반적으로 사회적 전염은 "감정, 태도, 신념, 행동이 마치 전염병처럼 집단을 통해 실제로 확산되는 현상"이며, "흡연, 위험 감수 행동, 범죄, 자해 등 여러 유형의 행동에서 이런 동질적인 경향이 확인"되었다.[8]

리사 리트만의 최근 연구는 비록 방법론과 결론에 대해 많은 비판을 받았지만, 성별 정체성 맥락에서 "사회적 전염"의 관점을 제시한다.[9] "지난 10년 동안 트랜스젠더 문제와 [성별] 전환(transition)에 대한 가시성(visibility)이 높아졌고, 소셜 미디어 및 사용자 제작 온라인 콘텐츠가 증가했으며, 이는 양날의 검으로 작용할 수 있다. 한편으로 가시성이 높아지면서 과거에 진단과 치료를 제대로 받지 못한 사람들이 목소리를 낼 수 있게 되었다. 반면 온라인 콘텐츠는 취약한 개인이 비특이성 증상들과 모호한 감정을 트랜스젠더라는 상태에서 비롯된 성별 위화감으로 해석해야 한다고 믿도록 조장할 가능성이 있다."[10]

우리는 이 두 가지 설명이 현재 추세에서 관찰되는 모든 현상을 표현

---

7   William J. Malone, "No Child Is Born in the Wrong Body…and Other Thoughts on the Concept of Gender Identity," *4thWaveNow*, August 19, 2019, https://4thwavenow.com/2019/08/19/no-child-is-born-in-the-wrong-body-and-other-thoughts-on-the-concept-of-gender-identity/.

8   Paul Marsden, "Memetics and Social Contagion: Two Sides of the Same Coin?," in *A Memetics Compendium*, ed. Robert Finkelstein, 1145-60 (self-pub., 2008), http://citeseerx.ist.psu.edu/viewdoc/download?doi=10.1.1.731.4497&rep=rep1&type=pdf#page=1145.

9   예를 들어 설문 조사의 첫 페이지가 특정 현상이 보다 더 자유로운 개방적인 방식으로 보고될 가능성을 허용하기보다는 연구자가 찾고 있었던 현상을 설명함으로써 "펌프에 마중물을 붓는" 위험을 야기할 수 있는 것으로 보인다.

10 Lisa Littman, "Parent Reports of Adolescents and Young Adults Perceived to Show Signs of a Rapid Onset of Gender Dysphoria," *PLOS ONE*, August 16, 2018, http://journals.plos.org/plosone/article?id=10.1371/journal.pone.0202330. 게재 후 수정된 버전은 다음 페이지를 보라. https://journals.plos.org/plosone/article?id=10.1371/journal.pone.0214157.

하고 있다고 생각하지 않지만, 그것들이 가장 두드러진 관점인 것은 분명하다. 마치 사람들이 반대편에 줄을 서서 자신의 설명 틀을 벗어난 주장들을 거부하는 것처럼, 이 두 가지 설명은 성별이나 젠더에 관한 문화 전쟁의 불씨를 계속 부채질할 것이다.

우리가 보기에 현재 관찰되고 있는 추세의 원인이 단지 스스로에게 주어진 성별 정체성 명칭과 라벨을 붙일 수 있는 자유 때문이라고 설명하게 되면 트랜스젠더 정체성 경험에서 증가/진화하고 있는 다양성을 완전히 이해할 수 없다. 또한 자신을 트랜스젠더 혹은 젠더 다이버스라고 소개하지만 어린 시절에 있었던 성별 관련 문제를 보고하지 않는 생물학적 여성의 증가 추세 역시 설명하지 못한다. 이것을 단순히 사회적 전염이라고 설명하는 것은 성별 관련 문제들이 대중화되기 훨씬 이전에 그런 문제를 경험했으며, 전환을 하지 않고 오랫동안 "정신질환"의 징후라고 생각했던 자신의 경험을 표현할 수 있는 언어를 갖게 된 것에 감사하는 한 60세 노인의 이야기를 정확히 담아내지 못한다.

트랜스젠더 및 젠더 논바이너리로 자신의 정체성을 밝힌 사람들이 눈에 띄게 늘고 특히 전문 클리닉에 의뢰하는 청소년이 증가하는 것에 대해 생각하는 세 번째 방법은 이런 증가 현상에 기여할 가능성이 있는 여러 단계의 설명이 존재함을 인식하는 것이다. 우리는 분명 일부 사람들이 그 경험에 대해 넓어진 사회적 인식과 그에 대한 더 큰 사회적 관용/수용으로 인해 자신이 트랜스젠더 혹은 젠더 논바이너리라고 밝힐 가능성이 더 높아졌음을 인정할 수 있다. 현재 자신을 트랜스젠더 또는 논바이너리로 식별하는 일부 사람들은 과거부터 그런 경험을 해왔지만, 이전에는 오늘날과 같은 방식으로 다른 사람에게 자신을 알릴 수 있는 능력이나 기회를 갖지 못했다.

이런 문화적 변화가 다양한 성별 정체성 표현이 전체적으로 증가한 원인이라고 주장하는 것은 정확하지 않다. 성별 정체성 문제를 과거에 경험한 적이 없고, 다른 사회나 문화 환경에서는 그런 정체성 라벨을 채택하지 않았을 것이라고 스스로 인정하며, 그런 선택권이 주어지기 전까지는 자신을 그런 용어로 규정하지 않았다고 기꺼이 인정하는 젊은이들이 많다. 마찬가지로 다양한 성별 정체성 표현의 급격한 증가가 전적으로 사회적 전염의 결과라고 말하는 것 또한 정확하지 않다. 성별 위화감의 모든 새로운 사례와 비전형적인 성별 표현은 여러 면에서 어려움을 겪고 있는 10대 청소년이 실제로 자신의 정체성과 공동체를 찾는 방식이기 때문이다. 솔직히 모든 10대 청소년이 이 정체성 라벨을 공동체에 소속되는 수단이라고 이해하거나 트랜스젠더 정체성을 명예로운 배지로 보는 것은 아니다. 솔직히 어느 날 아침에 일어나서 갑자기 "나는 내 사회적 지위를 높여서 부모님이 나를 자랑스러워하게 만들고 인스타그램에서 더 많은 '좋아요'를 얻고 싶어. 그래서 나는 트랜스* 라벨을 채택할 거야"라고 생각하는 청소년은 없다. 물론 추세를 이렇게 지나치게 단순화하면 복잡성을 줄이고 이런 경험을 일시적 유행으로 치부할 수 있기 때문에 매력적인 방식으로 여겨진다. 그러나 실제로 더 큰 복잡성이 존재한다면 이런 복잡성을 줄이는 것은 도움이 되지 않을 뿐만 아니라 가혹한 처사이기도 하다. 이런 복잡성이 작용하고 있는 근본 요인을 파악하지 못하게 되고 더 나아가 그것이 지속적인 영향을 미칠 수 있는 사람들 모두에게 미묘하고 적절한 방식으로 대응할 수 없게 되기 때문이다.

우리는 오늘날 다양한 성별 정체성이 새로 등장하는 데 몇 가지 요소가 원인을 제공한다고 생각한다. 우선 성별을 변경하는 사례가 증가하고 있는데, 이는 10대들이 LGBTQ+ 안에서 찾을 수 있는 정체성과 공동체에 대한 그들의 욕구를 반영하고 있다. LGBTQ+ 라는 정체성이 시간이 지남에 따라 성별 위화감으로 이어질 수 있는지, 즉 트랜스젠더라는 자기 이해가 성별 정체성을 더욱 강조함으로써 성별 정체성에 대한 고통을 초래하는지는 불분명하다. 처음에는 성적 페티시(sexual fetish)로 시작하지만 시간이 지남에 따라 실제로 성별 위화감을 일으키는 지속적인 자기 인식(self-perception)으로 발전할 가능성이 있는 크로스드레싱(cross-dressing) 행위의 사례도 있다. 이런 현상은 『정신 장애 진단 및 통계 편람 5판』(*Diagnostic and Statistical Manual of Mental Disorders*, DSM-5)에 명시되어 있다.[11]

성 혁명과 페미니스트 운동으로 인해 남성성, 여성성, 성 및 성별 규범이 변화하고 있는 것도 새로운 성별 정체성 출현에 기여하는 또 다른 요인이 될 수 있다. 성과 성적 행동에 대한 태도의 변화는 현재의 논의에서 제외된 것처럼 보일 수 있지만, 이런 변화는 성적 쾌락을 위한 신체 기능을 생식 기능에서 분리하는 해방감을 제공했다. 쉽게 이용할 수 있는 피임법의 도입으로 신체의 생식 능력은 쓸모없게 되었고, 경우에 따라서는 남녀평등에 대한 위협으로 여겨지기도 했다.[12]

이런 사고는 1970년대 작가 슐라미스 파이어스톤 같은 페미니스트들이 일종의 "페미니스트 혁명"을 주창하는 데서 잘 드러난다. 그녀는 "모든 것은 유동적이고 끊임없이 변화한다"는 독일 철학자 프리드리히 엥겔스의 말을 인용하면서 글을 시작한다.[13] 그녀는 사회뿐만 아니라 인간의 본성과

---

11   American Psychiatric Association, *Diagnostic and Statistical Manual of Mental Disorders: DSM-5* (Arlington, VA: American Psychiatric Association, 2013), 456-57.

12   Ryan T. Anderson, *When Harry Became Sally: Responding to the Transgender Moment* (New York: Encounter Books, 2018).

13   Shulamith Firestone, *The Dialectic of Sex: The Case for Feminist Revolution* (New York: William Morrow, 1971), 8, https://teoriaevolutiva.files.wordpress.com/2013/10/firestone-

생물학을 변화시킴으로써 여성에 대한 억압을 없애는 것이 자신의 사명이라고 설명한다. 생물학의 지배를 받는 여성은 그것으로부터 해방되어야 하며, 남성에 비해 불리한 생식 능력이 소멸되도록 "본성(nature)을 뛰어넘어야" 한다.[14] 파이어스톤은 여성 억압에 대한 해결책으로 "남성의 특권뿐만 아니라 성(sex)의 구별 자체도 제거하여 인간이 지닌 생식기의 차이가 더 이상 문화적으로 중요하지 않게 해야 한다"고 강조한다.[15] 아마도 그녀의 희망은 최근에 나타나고 있는 성과 성별 규범의 변화를 통해 실현되고 있는지도 모른다. 이 비전은 오늘날 젠더 혁명을 촉구하는 주된 내러티브와 크게 다르지 않다.

일부 사람들은 이런 성 및 성별 규범의 해체에 대응하는 방편으로 남성성과 여성성에 대한 경직된 고정 관념을 더욱 강화했다. 기독교 사회는 특히 인간의 성별과 성에 대한 뚜렷한 성경의 내러티브를 제시하려는 시도를 통해 성별 고정 관념에 의존하게 되었다. 남성 수련회는 울기를 거부하는 초남성적인(hypermasculine) 벌목꾼 같은 건장한 남성성의 이미지를 표준으로 내세운다. 암벽을 타고 맥주를 마시며 축구를 보고 라커룸 유머에 낄낄대는 것은 몇몇 그룹에서 "진짜 사나이"가 하는 행동의 대명사로 통용되어 왔다.[16] 일부 그리스도인들은 무릇 경건한 여성이라면 "비버는 해결

shulamith-dialectic-sex-case-feminist-revolution.pdf.

14 Firestone, *The Dialectic of Sex*, 10.

15 Firestone, *The Dialectic of Sex*, 11.

16 흥미롭게도 미국 심리학회는 최근 남성과 소년의 임상 실습에 대한 지침을 발표했다. American Psychological Association, Boys and Men Guidelines Group, "APA Guidelines for Psychological Practice with Boys and Men," August 2018, https://www.apa.org/about/policy/boys-men-practice-guidelines.pdf. 이 지침들은 "전통적인 남성다움"을 비난하는 것으로 비판을 받아왔다. Angela Chen, "New Therapist Guidelines Receive Criticism for Claim That Traditional Masculinity Harms Men," *The Verge*, January 11, 2019, https://www.theverge.com/2019/1/11/18178346/masculinity-therapist-guidelines-american-

사"(*Leave It to Beaver*)라는 텔레비전 시트콤에 나오는 것처럼 아이들과 함께 집에 있고, 화장을 하고 힐을 신고서 퇴근 후 귀가하는 남편을 기다리며, 자기 주장을 내세우지 않고, 남편을 성적으로 만족시키는 삶을 살아야 한다고 얘기해왔다. 또한 일부 여성들은 경건한 여성이라면 허영심을 갖지 않게 조심하고, 외모에 지나치게 신경을 쓰지 않으며, 자신의 아름다움으로 남성들의 주의를 빼앗지 않도록 수수한 몸가짐을 추구해야 한다는 말을 들어왔다. 이와 같은 문화적 내러티브에 반응하는 세력 또한 새로운 성별 정체성 논의에 영향을 줄 것으로 보인다.

우리는 일부 청소년이 새롭게 등장한 성별 정체성을 채택하는 것이 자신들이 남성성과 여성성에 대한 엄격한 고정 관념에 맞지 않음을 표현하는 하나의 방법이 아닐까 생각한다. 스포츠에 관심 없는 남성 청소년은 대화가 축구로 바뀔 때 또래 남자애들 사이에서 어색함을 느낄 것이다. 화장에 흥미가 없는 여성 청소년은 또래 친구들이 「코스모」(*Cosmo*) 잡지에 대해 얘기하기 시작하면 거북하다는 느낌이 들지도 모른다. (젊은 여성은 스타일리시하고 유행 감각이 있어야 한다거나, 반대로 경건한 여성은 온유하고 가정적이어야 한다는 등) 자신이 속한 공동체의 성별 기대치가 더 엄격할수록 그들이 느끼는 이질감은 더 커질 수 있다.

청소년기의 친구 관계는 사회적·정서적 삶의 중심이 된다. 청소년들은 또래를 통해 자기를 표현하는 방법을 찾는다. 점점 더 좁아지는 (심지어 모순이 되는) 정형화된 남성성과 여성성의 "상자"에 자신이 잘 맞지 않는다고 인식하는 것이 지금 우리가 주목하고 있는 새로운 성별 정체성, 특히 여성들 사이의 새로운 성별 정체성 증가세에 어떤 방식으로 원인을 제공

---

psychological-association-apa-mental-health.

한 것일까? 만약 여성에게 주어진 유일한 모델이 철저한 자족과 전적인 의존 및 복종을 요구하거나 오직 육체적 아름다움만을 강조하는 것이라면, 이 모든 것이 다 마음에 들지 않는 여성은 어떻게 해야 할까? 베드로전서 3:5-6 같은 성경 구절이 때때로 여성 학대의 근거가 될 때 일부 여성들은 그런 이야기에 불쾌감을 느끼지 않았을까? 의심의 여지 없이, 우리가 묘사한 범주는 모든 사람이 만족할 수 있는 남성/여성 정체성의 발전을 위한 여지를 거의 남겨두지 않는다.

우리는 "사회적 전염"이라는 용어를 멀리하는 경향이 있는데, 이는 그 용어가 불필요하게 적대적으로 보일 뿐만 아니라 관련성이 있는 다른 요인도 고려하지 않기 때문이다. 이 용어는 어떤 이유에서든 자신을 남성/여성으로 보지 않는 사람들의 생생한 경험을 무효화하는 데 기여했다. 우리는 사회적 전염의 관점에서 생각하기보다는 이안 해킹(Ian Hacking)이 개발한 틀을 선호한다. 그는 정신 건강에 있어서 좀 더 광범위한 문제를 밝혀냈으며 이를 "루핑 효과"(looping effect)라고 부른다. 이제 "루핑 효과"라는 개념과 이것이 트랜스젠더 경험과 관련된 새로운 성별 정체성에 적용될 수 있는지 살펴보자.

루핑 효과

비전형적인 성별 표현에 대한 경쟁적인 설명들

설명 1: 새롭게 얻은 자유와 스스로 자신의 정체성을 규정할 수 있는 용기
설명 2: 사회적 전염
설명 3: 루핑 효과를 포함한 다양한 원인

해킹에 따르면 루핑 효과는 인간과 인간 과학에서 유래한 범주 사이에 반복적으로 나타나는 역동성이다.[17] 본질적으로 루핑은 "생각의 변화가 어떻게 사람을 변화시키고, 변화된 사람이 어떻게 더 많은 생각의 변화를 필요로 하는지에 관한 것이다."[18] 루핑 효과는 모든 사람에게 영향을 미치는 현상으로 개념화된다. 우리 모두는 자신과 주변 세상에 대한 경험을 형성하는 언어 및 범주와 상호 작용한다. 해킹은 19세기 초 인구학과 통계를 탐구한 자신의 연구를 통해 이 현상을 설명한다. 그는 다양한 사람의 숫자를 세고 분류하고 나누는 행위가 지닌 효과를 논의하면서 "사람들이 어떻게 자신이 속한 범주에 맞게 행동하게 되는지"에 주목한다.[19] 즉 분류 방식에 따라 사람들의 행동이 달라진다는 것이다.[20]

또한 해킹은 사람들이 어떻게 분류되는지에 따라 반응하는 정신 건강

---

17 Ian Hacking, *The Social Construction of What?* (Cambridge, MA: Harvard University Press, 1999); Ian Hacking, "Making Up People," *London Review of Books* 28, no. 16 (2006): 23-26, https://www.lrb.co.uk/v28/n16/ian-hacking/making-up-people. 우리가 정신 건강 트렌드를 조사할 때 Ian Hacking의 연구를 고려해볼 것을 처음 제안한 Mark Talbot에게 감사의 말을 전한다. 우리는 원래 Mark A. Yarhouse와 Julia Sadusky의 기고문에서 루핑 효과와 그것이 새롭게 등장한 성별 정체성과 어떤 연관이 있는지 논의했다. "The Complexities of Gender Identity: Toward a More Nuanced Approach to the Transgender Experience," in *Understanding Transgender Identities: Four Views*, ed. James K. Beilby and Paul R. Eddy, 101-30 (Grand Rapids: Baker Academic, 2019).

18 Nick Haslam, "Looping Effects and the Expanding Concepts of Mental Disorder," *Journal of Psychopathology* 22 (2016): 4.

19 Ian Hacking, "Making Up People," in *Reconstructing Individualism: Autonomy, Individuality, and the Self in Western Thought*, ed. Thomas C. Heller, Morton Sosna, and David E. Wellbery (Stanford, CA: Stanford University Press, 1986), 223.

20 Hacking, "Making Up People" (1986), 226. Hacking은 Foucault의 라벨과 명칭에 대한 우려를 추적한다. "우리는 연구 대상자들이 다양한 유기체, 힘, 에너지, 물질, 욕망, 생각 등을 통해 어떻게 점차적으로, 서서히, 실제로 그리고 실질적으로 만들어지는지를 발견하도록 노력해야 한다." Hacking은 사람들을 모아서 하나의 범주로 만들어내려는 최근의 시도가 "통제와 연관되어 있는지" 그리고 "개인과 사회적 통제를 목적으로 한 특정한 의료-범의학-정치 언어"를 반영하는지 생각한다.

영역의 루핑 효과를 보여준다. 이런 반응은 행동적이거나 개념적일 수 있고, 한 개인의 자아와 상태에 대한 추론이 정신 건강을 분류하는 용어와 명칭에 의해 구체화될 경우에는 정체성에 영향을 미칠 수 있다. 정신 건강 전문가, 광범위한 사회적 인식, 당연시되는 현실 같은 다양한 출처를 바탕으로 이런 인식이 형성될 수 있다.

해킹에 따르면 루핑 효과는 다섯 가지 요인으로 구성된다.

a. 범주(Classification)
b. 사람(People)
c. 기관(Institutions)
d. 지식(Knowledge)
e. 전문가(Experts)[21]

이 다섯 가지 요인은 〈자료 1〉에 설명되어 있다. 해킹은 정신질환으로서의 다중 인격의 사례를 사용하여 이 다섯 가지를 상세히 설명하고 있다.

당시 "장애"라고 불렸던 것과 관련된 다중 인격이라는 범주(a)가 있다. 이 범주에 속하는 사람은 이제 움직이는 표적이 된다. 우리에게는 "불행하다", "대처 능력이 없다" 혹은 독자들이 선호하는 비교적 비판적이지 않은 용어를 사용하여 명명 가능한 사람(b)이 있다. 또한 클리닉, 다중 인격과 정신 분열 국제 학회의 연례회의, 오후의 텔레비전 토크쇼(오프라 윈프리[Oprah Winfrey]와 제랄도 리베라[Geraldo Rivera]는 한때 다중 인격자를 크게 이슈

---

21   Hacking, "Making Up People" (2006), 23-26.

〈자료 1〉 루핑 효과

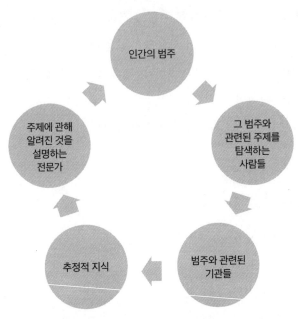

참고: 일부 용어는 Ian Hacking, "Making Up People", *London Review of Books* 28, no. 16 (2006): 23-26, https://www.lrb.co.uk에서 인용했다.

화했다), 치료사들을 위한 주말 교육 프로그램 같은 기관(c)이 있다. 나는 그 중 일부에 직접 참여했다. 그리고 우리에게는 지식(d)이 있다. 한때 분석 철학자들이 즐겨 외치던 정당화된 진실한 믿음(justified true belief)이 아닌, 포퍼(Popper)가 말하는 추정적 지식(conjectural knowledge)에 대한 지식, 더 구체적으로 말하면 기관이라는 배경 안에서 가르치고 전파되며 정제되는 추론들이 있다. 특히 기본적인 사실들("이른바 사실" 또는 주의 환기용으로 인용 부호를 표시한 "사실"이 아닌 것들)이 있다. 예를 들면 다중 인격은 어린 시절의 성적 학대에 의해 야기되고, 인구의 5%는 다중 인격이나 유사한 증상으로 인해 고통을 당하고 있다. 여기에는 전문가의 지식과 한때 토크쇼나 다른 미디어 때문에 다중 인격이 어린 시절의 성적 학대로 인해 발생한다고 "모든 사람"이 믿었던 시기가 있었다. 마지막으로 전문가(e)나 그 직업에 종사하는 사람들이 있는데, 그들은 지식(d)을 생산해내고 그 유효성을 판단하여 실무에 활용한다. 그들은 전문가로서의 적법성, 신뢰성, 지위를 보장하는 기관(c)에서 일한다. 그들은 특정 부류로 분류되어 범주(a)로 나뉜 사람들(b)을 통제하여 연구하고 조언하며 돕는다.[22]

한 발짝 물러서서 루핑 효과가 실제로 어떤 것인지 살펴보자. 먼저 우리는 자연 현상과 인간 현상을 나누는 해킹의 구분을 따르고자 한다. 해킹이 언급한 자연 현상에 대한 예는 화학적 혼합물 같은 물질을 과학적으로 분류하는 것이다. 이 혼합물은 분류에 반응하지 않는다. 또한 사용된 라벨이나 꼬리표에 반응하지 않으며, 자신의 명칭이나 현상을 설명하는 데 사용되는 언어에 대해서도 생각하지 않는다.

　　반대로 과학자들이 사람들을 분류할 때, 이들은 당연히 자력으로 행동할 수 없는 비활동성 물질과는 달리 자신들을 분류하는 방식에 반응할 수 있다. 예를 들어 정신 건강 전문가가 정신 건강 문제를 위해 진단 범주를 규정하면, 사람들이 자신에 대해 생각하고 행동하며 자신에게 부여된 명칭과 상호 작용하는 방식에 변화가 나타난다. 다른 형태의 인간 범주와 마찬가지로 정신 건강 범주는 사람들이 자신의 정체성, 역사에 대해 생각하는 새로운 방법을 제공한다. 달리 말하면 "언어는 정신 병리학의 틀, 이론화, 경험, 치료 방법에 영향을 미친다."[23] 그 결과 우리는 우리가 어떤 현상을 묘

22　Hacking, "Making Up People" (1986), 223.
23　Haslam, "Looping Effects and the Expanding Concepts of Mental Disorder," 4.

사하기 위해 사용하는 언어와 범주를 확장함으로써 사람이 자신과 자신의 역사를 경험하는 방법을 의도치 않게 확대한다. 이것이 바로 루핑 효과의 일부다.

해킹은 다중 인격을 둘러싼 사건들을 자신이 이해한 대로 다음과 같이 설명한다.

> 1970년경 이미 한 세기 전에 논의되었지만 대부분 잊혀진 현상과 유사한 이상한 행동의 전형적인 사례가 발생했다. 몇몇 정신과 의사가 다중 인격을 진단하기 시작했고, 그것은 센세이션을 일으켰다. 점점 더 많은 불운한 사람들이 이런 증상을 보이기 시작했다. 처음에는 예상했던 증상들이 나타났지만, 그들은 점점 더 이상해졌다. 처음에 한 개인은 두세 종류의 인격을 갖고 있었다. 그런데 10년 안에 그 평균 수치가 17이 되었다. 그것이 다시 진단에 반영되면서 표준 증상의 일부가 되었고, 점점 더 많은 변화를 이끌어내기 위한 치료의 일부가 되었다. 정신과 의사들은 원인을 찾아내고자 노력하는 과정에서 억압된 기억과 함께 어린 시절의 성적 학대에 대한 원시적이며 이해하기 쉬운 유사 프로이트 병인을 고안해냈다. 이것이 원인이라고 생각한 환자들은 강압적으로 기억을 되찾아나갔다. 그리고 더 나아가 이것이 사람을 분류하는 방식이 되었다. 1986년에 나는 게이 바(bars)와 비슷한 "스플릿 바"(split bars)라는 건 절대 있을 수 없다고 썼다. 1991년에 나는 처음으로 스플릿 바에 갔다.[24]

우리는 전형적인 사례에서 나타나는 경험을 설명하기 위해 범주를 만드는

---

24 Hacking, "Making Up People" (2006), 23-26.

작업부터 시작할 수 있지만, 실제로 사람들은 그런 범주와 상호 작용을 한다. 사람을 분류하고 범주화하는 것은 사람이 자신에 대해 생각하는 새로운 방식, 즉 자아, 행동 방식, 과거에 관해 생각하는 새로운 길을 열어준다. "인간을 분류하는 방식은 분류된 인간과 상호 작용한다.…사람은 자신을 그런 부류의 하나로 생각하거나 그런 분류를 거부한다. 우리의 모든 행동은 이미 규정되어 있으며, 우리가 할 수 있는 행동들은 엄밀히 말하자면 그렇게 규정된 것에 달려 있다."[25]

일단 사람이 분류되어 범주로 나뉘면 필연적으로 그런 분류와 관련된 기관, 단체, 조직이 생겨난다. 여기에는 전문 클리닉, 전문가들의 컨퍼런스나 조직, 기관들의 생각을 반영하고 어떤 문제에 대한 대중들의 생각을 구체화하는 태스크포스, 실무 그룹, 위원회 같은 다양한 관련 기관이 포함된다.

그리고 이런 기관에서 우리가 어떤 문제에 대해 알고 있는 것을 정의하는 추정적 지식과 이론이 생겨난다. 이런 추정적 지식은 어떤 문제에 대해 무엇을 가르칠지 그리고 시간의 흐름에 따라 그것을 어떻게 수정할지를 포함하며, 그 지식은 점차 그 현상에 대한 폭넓은 문화적 담론으로 확장된다. 그런 과정에서 이런 지식은 엔터테인먼트 산업, 미디어, 소셜 네트워크 등에 반영될 수 있다.

지식이 증가함에 따라 이런 현상을 어떻게 이해할지를 탐구하는 전문가들이 생겨난다. 정신 건강 문제의 경우 전문가들은 앞장서서 그 문제의 사실적 내용을 판단하고, 그 현상을 다루는 작업 방식과 치료법을 도입한다.

---

25   Hacking, *The Social Construction of What?*, 31.

루핑 효과의 원리는 이런 범주를 만들고 사람들이 그런 범주와 상호 작용하는 방식을 통해 특정 부류의 사람들이 점차 "생겨날" 수 있음을 시사한다. 우리는 이것을 정신 건강 범주에 관한 논의로 확대하여 다음과 같은 질문을 던질 수 있다. "루핑 효과는 시간의 흐름에 따른 정신 건강 추세를 설명하는 데 도움이 되는가?" 해킹이 제안하듯이 루핑 효과는 다중 인격의 급격한 증가를 설명하는 것으로 보인다. "이것은 1955년에는 사람을 분류하는 방법이 아니었다. 사람들은 이런 방식으로 자신을 경험하지 않았고, 친구, 가족, 고용주, 상담원과 이런 식으로 상호 작용하지 않았다. 그러나 1985년에는 이것이 사람을 분류하고 자신을 경험하며 사회에서 살아가는 방식이 되었다."[26]

우리는 이와 유사한 루핑 효과가 새로운 성별 정체성 분야에서도 발생하고 있음을 지적하고자 한다. 성별 위화감 및 비교적 최근에 나타난 성별 정체성 현상을 루핑 효과에 비추어 다시 생각해보자.

새로운 성별 정체성

우리는 먼저 사회가 성별 정체성과 생물학적 성별 사이의 불일치를 만들어 냈다고 주장하지 않는다는 점을 명확히 하고 싶다. 이런 불일치 현상과 유사한 무언가가 역사와 문화 전반에 지금까지 존재해왔다. 우리는 단지 성별 정체성 자체가 비교적 새로운 개념이기 때문에 이것을 "유사한 무언가"라고 말한다. 하지만 종종 성과 성별 규범에서 벗어난 사람으로 인식된 일부가 있었으며, 이런 현실은 역사를 통해 다양한 문화에 존재해온 것으로

---

26   Hacking, "Making Up People" (2006), 23-26.

보인다는 점을 분명히 하고 싶다.

우리는 여기서 오늘날의 트랜스젠더 경험은 사회가 발명해낸 것이 아니라는 입장에 대해 좀 더 자세히 설명하고자 한다. 해킹은 루핑 효과에 관한 논의를 명목론자와 현실론자 간의 철학적 논쟁으로 설정한다. 명목론자들은 새로운 구분이 그들의 명명법과 함께 "실질적으로 생겨난" 새로운 현실을 창조한다고 주장한다.[27] 명목론자들은 어느 정도는 "범주, 부류, 분류법이 자연적으로 주어지기보다는 인간에 의해 만들어진 것이며 이런 범주는 본질적으로 인류의 여러 시대에 걸쳐 자리를 잡게 된 것"이라고 주장한다.[28] 반면 현실론자들은 그런 구분은 항상 실제로 존재해왔고 단지 올바르게 명명되고 분류되기를 기다리고 있었을 뿐이라고 이야기한다.

우리는 이런 설명 중 그 어느 것도 완전히 만족스럽다고 생각하지 않는다. 해킹도 우리와 마찬가지로 여기에 만족하지 못했다. 해킹 자신도 어떤 종류의 사람들이 과학(또는 인구 통계학이나 설문 조사 같은 다른 설명)에 의해 **발견**되었다기보다는 과학과 **함께 진화**되었다고 보는 "역동적 명목론"을 선호했다. 즉 "어떤 종류의 사람은 그 종류 자체가 만들어지는 것과 동시에 생겨났다"는 것이다.[29]

비록 해킹은 성별 정체성에 대한 구체적인 질문보다는 일반적으로 범주와 실체에 관심이 있지만, 그의 철학적 틀에 나타난 원칙은 여기서도 중요한 의미를 지닌다. 트랜스젠더에 관한 토론과 더불어 특히 새로운 성별 정체성으로 눈을 돌리면 우리는 명목주의나 현실주의만으로는 현재 추세를 모두 설명할 수 없음을 알게 된다. 우리는 성별 불일치 같은 현상이 역사

27   Hacking, "Making Up People" (1986), 227.
28   Hacking, "Making Up People" (1986), 228.
29   Hacking, "Making Up People" (1986), 228.

와 문화 전반에 걸쳐 보고되었다고 믿고 있으며, 이는 엄격한 명목주의 입장에 도전을 준다. 그러나 성별 불일치 경험은 성별 정체성 문제를 탐색하는 개인뿐만 아니라 사회에 의해서도 진화되고 있기 때문에 성별 정체성과 관련해 우리가 사용하는 용어 역시 사람들이 지닌 성별에 대한 인식과 경험을 만들어나가는 것으로 보이며, 이런 사실은 엄격한 현실주의 입장에 도전을 준다.

성별 표현은 이미 이전부터 존재하고 있었으나 그것을 조사하고 연구한 사람들에 의해 우리가 최근에 인식하게 된 것인가? 아니면 우리는 "종류가 만들어지는 것과 동시에 생겨난 어떤 부류의 사람들"의 성별 경험(젠더 익스팬시브, 바이젠더, 젠더 논바이너리)을 논의하고 있는 것인가?[30] 성을 지닌 존재로서의 정체성(남성 또는 여성)과 구별되는 성별 정체성에 대해 흥미를 보이는 현대 사회는 트랜스젠더가 세상 속에서 정치적·공개적 존재 방식으로 자리매김한 것을 분명히 따르고 있다. 따라서 어떤 유형의 성별 불일치가 현재 시점 이전에도 분명히 존재하긴 했지만, 우리는 성별 정체성이 새롭게 등장하고 또 그것이 부분적으로 현재의 문화적 상황에 의해 형성되고 있다고 제안한다.

성별 불일치를 정신 건강 문제로 분류한 최근의 역사를 생각해보자. 광범위한 성별 정체성 경험을 설명하기 위한 포괄적 개념이 증가하기 시작하면서 **트랜스젠더**를 표현하는 방식이 의료와 정신의학 영역에서부터 공개적이고 정치적인 영역으로 전환되었다. 좀 더 최근의 역사를 살펴보면 미국 정신의학 협회의 진단 편람이 구판(DSM-4-TR)[31]에서 최신판(DSM-

---

30   Hacking, "Making Up People" (1986), 228.
31   American Psychiatric Association, *Diagnostic and Statistical Manual of Mental Disorders: DSM-IV-R* (Arlington, VA: American Psychiatric Association, 2000).

5)으로 바뀌는 과정에서 한 가지 변화가 나타났다. 최신판(DSM-5)은 성별 불일치와 잠재적으로 관련된 **고통**을 장애로 분류하지만 트랜스젠더 정체성 혹은 불일치 자체를 장애로 간주하지 않는다. 이런 진단의 변화는 부분적으로 더 넓은 트랜스젠더 공동체 구성원과 상호 작용을 하면서 생겼다. 그들은 의료, 정신질환 명칭 및 라벨과 관련된 오명과 싸웠고 트랜스젠더 정체성이 정신병의 신호라는 관점을 거부했다.

이 글에서 논의 중인 이 현상에 대한 현재 정신의학적 분류는 **성별 위화감**이다.[32] 1장에서 언급한 바와 같이 과거에는 이와 유사한 현상을 **성별 정체성 장애**로 진단, 분류했다. 전문가가 성별 불일치를 어떻게 이해하느냐에 따라 진단명이 달라졌기 때문에 우리는 "유사 현상"이라고 말한다.

성별 불일치 곧 성별 위화감에 대한 현재의 정신의학적 분류는 성별 정체성과 관련이 없다. 여러 종류의 다양한 성별 정체성을 경험하는 것은 문제가 되지 않는다. 문제는 이 경험이 고통스러운지 또는 기능에 손상을 초래하는지의 여부다. 어떤 면에서는 고통에 초점을 맞추는 것이 정신의학적 범주를 좁히기도 하고 넓히기도 한다. 많은 사람이 고통을 보고하지 않는 한 범주는 좁아진다. 그들은 단순히 젠더 익스팬시브 혹은 젠더 논바이너리 같은 새로운 성별 정체성 중 하나로 자신의 정체성을 보고할 것이다. DSM-5는 진단을 단지 고통에만 연결시킴으로써 사람들로 하여금 더 넓은 LGBTQ+ 커뮤니티와 관련이 있지만 정신 건강 문제로 간주되지 않는

---

32 우리는 이 진단이 DSM의 후속 개정판에 포함되지 않을 것으로 예상한다. 성별 위화감은 더 이상 국제질병분류 11판(ICD-11)의 정신 및 행동 장애에 관한 장(章)에 등재되어 있지 않다. 그것은 현재 "Conditions Related to Sexual Health"에 등재되어 있다. Dustin Graham, "Non-Conforming, Part 1: ICD-11," *Lancet* 6, no. 6 (June 2019), https://www.thelancet.com/journals/lanpsy/article/PIIS2215-0366(19)30168-3/fulltext. 다음을 보라. https://icd.who.int/en.

대안적 성별 정체성을 갖거나 표현할 수 있게 한다.[33]

하지만 DSM-5는 정신질환의 범주를 넓히고 있기도 한데, 여기에 크로스젠더 정체성(자신을 남성의 몸에 갇힌 여성으로 인식하는 전형적인 트랜스섹슈얼 경험[이와 반대의 경우도 마찬가지])뿐만 아니라 남성/여성 이분법 밖 또는 그 사이에 있는 다른 성별 정체성도 포함되기 때문이다.

정신 건강 전문가와 일반 대중은 성별 불일치를 경험하는 사람들을 어떻게 이해해야 하는지를 놓고 상충하는 여러 생각을 탐색해야 한다. 더욱이 성별 불일치를 경험하는 사람들은 성별과 정체성을 표현하기 위해 (자신이 속한 사회에서) 사용 가능한 언어와 범주를 탐색해야 하며, 어떻게 자신의 과거 경험을 이해하고 미래의 경험을 이끌어 나갈지 결정해야 한다. 그들은 현재의 정신의학 분류 및 다양한 범주의 정체성과 관련된 언어와 상호 작용할 수 있고 또한 상호 작용하고 있다.

루핑 효과는 다음 다섯 가지 요인으로 설명될 수 있음을 상기하자.

a. 범주(Classification)

b. 사람(People)

c. 기관(Institutions)

d. 지식(Knowledge)

---

33 진단에 대한 논쟁은 그 진단이 침습적 시술에 대한 요구와 중복될 경우에 생길 수 있다. 예를 들어 15세 청소년이 자신은 젠더 논바이너리이고 자신의 경험 때문에 고통받지는 않지만 가슴을 제거하기 위해 흉부 재건 수술을 요청한다면, 그런 침습적 시술에 대한 요구를 고통의 증거로 해석할 수 있을까? 일부 정신 건강 전문가들은 그런 요구를 고통의 표시로 보고 성별 위화감 진단을 정당화하는 반면, (요구한 외과적 수술을 받기 위해 그 진단이 필요하지 않은 한) 아무런 고통이 없다는 주관적인 자기 보고를 해당 청소년이 성별 위화감 진단 기준에서 벗어났음을 보여주는 것으로 판단하는 전문가도 있다.

e. 전문가(Experts)

〈자료 2〉에서는 성별 위화감 진단과 관련된 다섯 가지 부분을 설명한다. 우리는 성별 위화감이라는 한 범주(a)로 시작하는데, 이는 과거에 성별 정체성 장애라고 불렸던 것을 지칭하는 현재의 정신의학 용어다. 이 범주는 성별 불일치를 경험한 사람들(b)에게 적용되며, 그들에게 적용된 범주와 (의심의 여지 없이 지금까지 상호 작용을 해왔고) 계속해서 상호 작용한다. 테이 메도우는 "점점 더 많은 트랜스젠더와 그들의 부모가 의료 전문가를 대상으로 그들의 정체성을 주장함에 따라, 그들은 존재, 분석, 연구의 합법적인 범

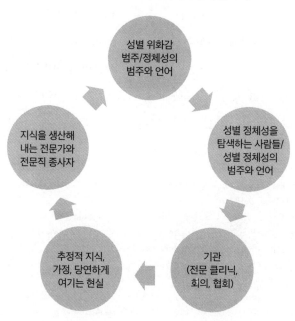

〈자료 2〉 새로운 성별 정체성과 관련된 루핑 효과

참고: 일부 언어는 Ian Hacking, "Making Up People", *London Review of Books* 28, no. 16 (2006): 23-26, https://www.lrb.co.uk에서 인용했다.

주로 자리 잡게 되었다. 그들이 학교, 교회 및 커뮤니티 안에서 자기 정체성을 주장함에 따라 이런 기관이 기능하는 방식과 하나가 되어 이런 기관의 구조를 변화시킨다"라고 말한다.[34]

우리는 또한 성별 위화감 진단과 관련된 많은 기관(c), 전문가 협회 및 전문 클리닉을 알고 있다.[35] 해킹이 지적하듯이 "범주는 언어라는 빈 공간에만 존재하는 것이 아니라 제도, 관행, 사물 및 다른 사람들과의 물리적인 상호 작용에도 존재한다."[36] 실제로 지난 10년 동안 미국에 이런 전문 클리닉이 많이 생겼다. 새로운 클리닉의 개원은 트랜스젠더 진료의 수요 증가에 대한 반응이며, 많은 클리닉이 밀려드는 상담 요청으로 인해 대기자 명단을 작성하고 있다. 성별 불일치 경험에 대해 일부에서 흔히 주장되는 내용이 추정되는 지식(d)으로 부상하고 있으며, 해킹은 이를 "기관 안에서 가르치고 전파하고 정제하는 가정들"이라고 정의한다.[37] 성별 영역 안에서의 추정적 지식에는 젠더브레드 퍼슨(genderbread person), 젠더 유니콘(gender unicorn), 젊은이들이 (현재 지정받은) 생물학적 성별(biological sex), 젠더(gender) 및 성별 정체성(gender identity)을 어떻게 경험하는지에 관해 당연하게 여겨지는 현실을 묘사하는 다른 수단이 포함된다.[38] 우리는 이런 자

---

34 Tey Meadow, *Trans Kids: Being Gendered in the Twenty-First Century* (Oakland: University of California Press, 2018), 20.

35 Lindsey Tanner, "More U.S. Teens Identify as Transgender, Survey Finds," *USA Today*, February 5, 2018, https://www.usatoday.com/story/news/nation/2018/02/05/more-u-s-teens-identify-transgender-survey-finds/306357002/.

36 Hacking, *The Social Construction of What?*, 31.

37 Hacking, "Making Up People" (2006), 23-26.

38 "젠더 유니콘"(gender unicorn)은 성별 정체성을 교육시키는 데 사용되는 일반적인 이미지가 되었다. 일각에서는 이것이 "젠더브레드 퍼슨"(genderbread person)을 발전시킴으로써 더 많은 차원을 고려할 수 있도록 돕고, 개인에게 부여되는 평가 기준을 고착화하는 라벨을 사용하지 않으며, "생물학적 성(sex)"이라는 용어에서 "출생 시 지정된 성"(sex assigned at

료를 비판하기보다는 그 자료가 전하는 가르침이 어떻게 성별 정체성과 사람들의 궁극적인 자아의식을 형성하는지에 주목하고 있다. 성별에 관한 이런 지식을 수집하고 분류하기 위해서는 사회에 무엇이 유효한 지식으로 간주되는지를 결정하고, 임상과 사회의 실제 상황에서 특정 지식(d)을 가장 잘 사용하는 방법을 포함하여 그것에 어떻게 반응할지에 대한 지침을 제공하는 전문가(e)를 필요로 한다.

우리 문화 안에서 성별 정체성의 루핑 효과로 인해 어떤 결과가 생겨날까? 루핑 효과로 인한 많은 결과가 있지만 그중 가장 중요한 것은 트랜스젠더가 하나의 **산업**으로 발전하게 되었다는 점이다. 이렇게 범주를 기반으로 한 산업이 발전하는 것은 해킹이 이야기한 원래의 루핑 효과에는 포함되지 않을 수도 있지만, 확대된 효과 안에는 분명히 포함된다. 메도우는 이런 발전에 대해 긍정적으로 평가하면서 다음과 같이 말한다. "트랜스젠더 아동은 텔레비전 리얼리티 쇼, 뉴스 매체, 다큐멘터리 영화, 아동 도서의 인기 있는 주제다.…자신을 다른 성별의 일원으로 밝히거나 다양한 성별을 표현하는 의상이나 놀이를 즐기는 아이들에 관한 어린이 도서들이 있다.

---

birth)으로 바꾼 것이라고 본다. Felicity Ho와 Alexander Mussap의 한 논문은 성별을 측정하기 위해 젠더 유니콘을 사용하려고 하고, 여성과 남성을 지속적으로 유지되는 성별 정체성의 기준으로 사용하는 것에서 벗어나 자신이 속한 "명시적 기준 혹은 라벨이 없는" 것이 중요하다는 점을 강조한다. 그들의 논문은 "성별 범주의 확대된 선택 범위를 제공하고 참가자들이 자신에게 적용되는 범주를 승인하는 것" 또한 너무 제한적이기 때문에, 일부에게 소외감을 줄 수 있는 언어를 제거할 필요성이 있다고 주장한다. 이런 기준을 제거한 결과, 269명의 연구 참가자들은 자신의 성별을 58개의 서로 다른 라벨이나 묘사를 사용하여 표현했다. 이 연구가 지닌 한계를 생각할 때, 저자들은 틀이 주어지지 않았을 때 이런 모든 다양성 안에서 시스젠더, 트랜스젠더 및 다른 라벨을 어떻게 정의할 것인가에 대해 궁금해했고, "자기 스스로 결정하는 것과 연구의 범주"를 존중하는 것 사이에 긴장이 존재한다는 결론을 내렸다. 다음을 보라. Ho and Mussap, "The Gender Identity Scale: Adapting the Gender Unicorn to Measure Gender Identity," *Psychology of Sexual Orientation & Gender Diversity* 6, no. 2 (2019): 217-31.

젠더 비순응 어린이를 키우는 부모들을 위한 가이드를 비롯해 그들을 돌보는 임상의를 위한 자료와 문헌이 급격하게 증가하고 있다. 부모와 젊은이들의 수많은 자전적 이야기가 있다. 청소년과 부모들이 스스로 문제를 해결하도록 돕는 책들도 있다. 간단히 말해 '트랜스'는 단순한 정체성이 아닌 산업이다."[39]

우리는 공공 정책, 입법 및 종교적 자유에 관한 논쟁을 포함한 여러 방향으로 이 토론을 진행시킬 수 있지만, 이런 문제의 대부분은 다른 사람에게 맡길 것이다. 그리스도인들이 성별 정체성 문제에 직면한 사람들을 어떻게 이해하고 소통할 수 있는지에 관한 우리의 논의에서, 트랜스젠더 산업의 발전은 루핑 효과의 몇 가지 다른 중요한 결과를 수반한다는 점에 주목해야 한다.

- 다양한 성별 정체성을 진료하는 전문 클리닉 숫자의 증가
- 다양한 성별 정체성으로 자신의 정체성을 보고하는 사람들의 증가
- 매우 다양한 종류의 새로운 성별 정체성
- 성별 불일치를 경험하고 있는 아동과 청소년을 위한 최선의 방법에 대한 의견 불일치
- 비전형적 성별을 지닌 청소년 돌봄의 속도와 방향성에 대해 우려하는 일부 부모의 반발

우리는 이 시점에서 급변하는 문화가 사람들 자신, 성별 정체성, 그들 앞에 놓여 있는 선택에 관한 그들의 생각에 미칠 수 있는 영향력을 독자들이 인

---

39   Meadow, *Trans Kids*, 5.

식해야 한다고 경고한다. 우리 가운데 누구도, 심지어 정신의학 전문의를 포함한 이 분야의 전문가들도 문화적인 힘이 어떻게 자기 이해의 범주를 형성할 수 있는가에 대해 충분히 이해하지 못한다.

젠더링(gendering, 사회적 성별인 젠더를 구분하는 행위)은 생물학적 과정인가 아니면 사회적 과정인가? 당신이 트랜스젠더를 비롯해 새로운 성별 정체성과 변화하는 규범을 옹호하든지 아니면 이런 문화적 변화를 비판하든지 간에, 생물학적 과정과 사회적 과정의 요소가 모두 성별에 작용하고 있다는 점을 부인하기는 어려울 것이다.

트랜스젠더와 새로운 성별 정체성을 옹호하는 사람들은 종종 성별에 대한 생물학적 논쟁(뇌의 간성[intersex] 상태와 비슷한 것을 시사하는 "뇌의 성"[brain-sex] 이론과 최근의 MRI 스캔을 생각해보라)에 큰 관심을 갖는다.[40] 옹호자들은 성별에 대한 사회적 과정이 존재한다는 것 역시 인정하며 문화가 새로운 성별 정체성을 지지하는 새로운 사회적 과정을 발전시키기를 원한다.

비평가들은 흔히 젠더링이 생물학적 과정이라고 주장한다. 왜냐하면 성별에 논의 대상자의 생물학적 성별이 반영되어야 한다고 생각하기 때문이다. 그들은 그 과정에서 사회적 과정도 작용한다는 것을 인정하며, 이 역학은 트랜스젠더와 새로운 성별 정체성의 발전을 살펴볼 때 "사회적 전염"

---

40 Antonio Guillamon, Carme Junque, and Esther Gómez-Gil, "A Review of the Status of Brain Structure Research in Transsexualism," *Archives of Sexual Behaviors* 45, no. 7 (October 2016): 1615-48; Milton Diamond, "Transsexualism as an Intersex Condition," Pacific Center for Sex and Society, 2017년 5월 20일에 마지막으로 업데이트됨, https://www.hawaii.edu/PCSS/biblio/articles/2015to2019/2016-transsexualism.html; Rosa Fernández et al., "Molecular Basis of Gender Dysphoria: Androgen and Estrogen Receptor Interaction," *Psychoneuroendocrinology* 98 (December 2018): 165.

의 관점에서 흔히 설명된다.

우리는 생물학적·사회적 과정의 요소 모두가 성별 정체성 발달에 작용하고 있다고 본다. 또한 새로운 사회적 과정들이 점점 증가하는 개성에 대한 인식을 반영하는 새로운 성별 정체성 탄생에 기여했다고 생각한다. 이런 사회적 과정은 청소년에게 중요한 의미를 지니고 있으며, 교회 문화와 좀 더 넓은 범위의 서구 문화 모두 이를 위해 고민해야 한다. 젊은이들은 현재의 성별 인식을 통해 새로운 방식으로 자아감(sense of self)을 발견하거나 확인하고 있으므로, 성별 정체성에 관한 대화에 즉각적인 조롱이나 무분별한 열정으로 접근하게 되면 이 젊은이들을 도울 수 있는 최선의 방법을 이해하는 데 필요한 복잡성과 섬세함을 놓치게 된다. 성별은 해킹이 설명하는 루핑 효과를 반영하면서 더욱 "반복적이고 상호적인 작용을 하는 과정"이 되었다.[41]

우리는 또한 일부 새로운 성별 정체성 안에서 성별 위화감이 아닌 단순히 정체성을 발전시키기 위한 새로운 언어와 범주를 목격하고 있다. 이것은 마치 (성과 성별에 관한 규범이 해체됨에 따라) "새로운 주제"가 주어졌기 때문에 "새로운 이야기"가 나올 수 있는 것과 같다.[42] 우리는 특히 일부 청소년이 최근에야 문화적으로 특별한 관심과 주목을 받고 있는 이야기에 영향을 받기 쉽다고 생각한다. 이들은 어떤 도전에 직면할 때 자신의 정체성과 공동체를 묘사하는, 문화적으로 현저한 방법을 채택하기 쉽다. 어떤 길이 열려 있지 않다면 그들은 그 길을 선택하지 않는다. 특정한 문제나 도전

---

41 Meadow, *Trans Kids*, 11.
42 Ian Hacking, "The Looping Effects of Human Kinds," in *Causal Cognition: A Multidisciplinary Debate*, cd. Dan Sperber, David Premack, and Ann James Premack (Oxford: Oxford University Press, 1995), 368.

에 직면한 사람은 어떤 길이 열려 있을 때 그 길을 통해 "그들의 어려움을 표현"하기로 선택할 수 있다.[43]

정신 건강 전문가와 우리 모두에게 큰 도전이 되는 과제는 트랜스젠더와 새로운 성별 정체성에 관한 다양한 설명을 구별하는 법을 배우는 것이다. 실제적인 정신 건강 문제에 대한 올바른 인식은 적절한 조치와 개입으로 이어질 수 있는데, 이렇게 할 수 있는 10대가 있고 그렇지 않은 10대가 있다. 일부 10대는 성별 위화감의 경험으로 인해 성별 정체성 문제를 탐색하게 된다. 10대들은 보통 다양한 형태의 어려운 기존 환경에 직면하게 되는데, 이로 인해 현재 문화적으로 특별한 관심과 주목을 받고 있는 역할을 통해 자신의 정체성과 공동체를 모색한다. 그들이 경험하는 위화감에 대해 반응을 보이는 것이 첫 번째 그룹에게는 중요한 개입이 될 수 있지만, 두 번째 그룹에게는 별 도움이 되지 않을 수 있다. 어린이와 10대 청소년은 그들의 삶에서 실제로 무슨 일이 일어나고 있는지 또는 현실에 어떻게 대응하고 그들을 돌보는 것이 가장 좋은지를 우리에게 알려주지 않는 용어, 언어 표현, 범주를 사용하여 자신을 설명할 수도 있다.

앨런 제이콥스는 새로운 성별 정체성이라는 주제에 대한 간략한 논의에서 어른들이 극적인 문화 변동에 원인을 제공했는지를 생각하기보다는 그들이 이 현상에 대한 책임을 아이들에게 돌리고 있는 모습을 관찰한다.

어른들의 영리한 특기가 바로 이런 식으로 작동한다. 당신은 매우 조심스럽게 (똑똑한 사람은 매우 **교묘하게**) 자신이 주입하고 싶은 도덕적인 입장을 아이들에게 가르친다. 그런 다음 아이들이 당신에게 배운 것을 따라 하기 시작

---

43   Hacking, "The Looping Effects of Human Kinds," 368.

하면, "아이들의 입에서 어쩌면 저런 말이 나올 수 있을까! 이 아이들이 앞장서야 하겠는걸!"이라고 감탄한다. 그리고 아이들을 아주 교묘하게 조종해서 행렬 앞에 세우고는 그들이 앞장서고 있는 것처럼 보이게 만든다. 물론 당신은 자신이 원하는 길로 아이들이 가게끔 그들을 항상 조종한다. 이것은 매우 오랜 역사를 지닌 사회적 전략이다.

예를 들어 이 클리닉의 정신 건강 책임자인 다이앤 에렌사프트가 했던 말이 있다. "지금 우리를 이끌고 있는 것은 아이들입니다. 아이들은 들어와서 우리에게 '저는 성별이 없어요'라고 말합니다. 또는 '저는 젠더 논바이너리라고 생각해요'라고 말합니다. 아니면 '저는 이것과 저것의 일부를 합한 것이라고 생각해요. 저는 독특한 젠더고 트랜스젠더예요. 저는 레인보우 키즈예요. 저는 소년-소녀예요. 저는 모든 것에 다 해당돼요.'" 이런 말을 들으면 확실히 경종을 울릴 필요가 있다.[44]

이에 대해 제이콥스는 뭐라고 대답할까? 그는 다음과 같이 말한다. "'저는 젠더 논바이너리라고 생각해요'라는 문구를 생각해낼 수 있는 아이는 없다. 그건 어른들의 말을 충실히 반영한 결과다."

물론 제이콥스의 말이 맞다. 현재 상황에서 아이들이 사용하는 언어는 어른들이 쓰는 언어를 반영한다. 이는 우리가 그런 용어를 사용하는 아이

---

44 Alan Jacobs, "Children's Crusades," *Snakes and Ladders* (blog), March 28, 2018, https://blog.ayjay.org/childrens-crusades/; Jacobs는 다음의 글에 수록된 Diane Ehrensaft의 말을 인용한다. Sara Solovitch, "When Kids Come in Saying They Are Transgender (or No Gender) These Doctors Try to Help," *Washington Post*, January 21, 2018, https://www.washington post.com/national/health-science/when-kids-come-in-saying-they-are-transgender-or-no-gender-these-doctors-try-to-help/2018/01/19/f635e5fa-dac0-11e7-a841-2066faf731ef_story.

의 경험을 무시한다는 뜻이 아니다. 우리는 오히려 문화 내에서 사용되는 이런 용어들이 어린이의 자아감과 행복에 어떤 영향을 미칠 수 있는지를 함께 생각하면서 이런 용어에 관심을 갖는 그 아이의 경험을 심각하게 받아들여야 한다.

성별 전문가들은 종종 부모들에게 자녀와의 상호 작용에서 사용할 수 있는 언어를 제공한다. 이런 수정된 언어는 억압의 원천으로 보이는 성/성별 제도와 남성/여성 이분법의 헤게모니를 없애기 위한 의도를 지닐 수도 있다. 물론 우리는 자신의 경험이 기존의 성별 범주에 잘 맞지 않는 아이들을 염려하고 있다. 우리는 이 아이들이 자기 경험이 무시당하는 것처럼 느낄 때 겪는 큰 고통을 부정하지 않을 것이며 그들을 하찮게 여기는 태도를 절대 지지하지 않을 것이다. 그러나 우리는 남성과 여성이라는 범주 자체를 억압의 원천으로 보지 않는다. 우리는 독자들이 남성과 여성이라는 성별 범주를 인정하면서, 이런 아이들에게 관심과 긍휼을 갖고 반응하기를 권면한다. 하지만 다른 대안은 점점 더 모든 성별 범주와 규범을 해체함으로써 그 자리에 성별의 지속적이며 무한한 확대라는 사회적 구성 개념(construction)이 자리를 잡고 성과 성별 사이의 관계에 대한 고려를 유지하는 자들에게 주도권을 행사하는 방향으로 나아가고 있는 것으로 보인다.

언어와 범주는 아무것도 존재하지 않는 무(無)의 상태에서 발전하지 않는다. 우리가 성별과 관련된 경험을 정의하고 묘사하고 설명하는 방법은 구체적인 사회문화적 상황 및 범주화된 사람들과의 상호 작용 속에서 발전한다. 우리는 새로운 성별 정체성의 출현을 설명하기 위해 "인식 향상" 이론이나 "사회적 전염" 이론에 전적으로 의존하는 대신, 해킹이 주장한 루핑 효과와 유사한 것이 현재 상황이 발생하게 된 원인에 대해 좀 더 나은 설명을 제공한다고 주장했다. 이제 우리는 이런 통찰이 성별 정체성 문제를 겪는 사람들을 이해하고 보살피는 방법에 대해 우리에게 어떤 가르침을 주는지 살펴보고자 한다.

다양한 성별 정체성과 관련된 루핑 효과에 대해 우리가 내린 결론이 일부 사람들이 경험하는 성별 위화감이라는 현실을 손상시켜서는 안 된다. 성별 위화감이 어린 시절에 발생하든(이른 발현) 뒤늦게 발생하든(늦은 발현), 가령 그것이 이후 성별 비전형적 행동에 대한 다른 욕구를 개발하는 것처럼 보일지라도, 여전히 그 사람에게는 그것이 현실이기 때문에 우리는 긍휼함을 갖고 반응해야 한다. 하지만 사회가 성별 정체성의 새로운 범주를 만드는 데 기여하는 한 그런 우리의 노력이 실제적 효과를 발휘하며 이에 대한 책임이 우리에게 있다는 점을 주목할 필요가 있다.

이 장을 마치면서 우리는 지금까지 논의해온 다양한 성별 정체성에

〈자료 3〉 다양한 성별 정체성에 대한 여러 가지 표현들

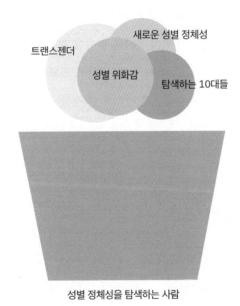

성별 정체성을 탐색하는 사람

대한 몇 가지 설명을 〈자료 3〉을 통해 설명하고자 한다. 물론 **트랜스젠더**가 생물학적 성별과 일치하지 않는 성별 정체성 경험을 설명하는 가장 훌륭한 용어라고 생각하는 사람들도 있다. 그중 일부는 불일치를 경험하는 데서 오는 고통을 근거로 성별 위화감이라는 진단을 받게 될 것이다.

또한 우리는 사람들이 자신의 경험을 설명하기 위해 사용하는 언어, 범주 및 진단명에 어떻게 반응하는지와 관련해 어느 정도의 루핑 효과를 반영하는 새로운 성별 정체성(젠더 익스팬시브)이 있다고 제안했다. 그들은 자신이 공감하는 사회적 산물의 지지를 받는 정체성에 동기를 부여하고자 노력할 수 있다. 이들 중 일부는 성별 위화감에 대한 기준 역시 충족시킬 것이다.

우리는 마지막으로 성별과는 직접적인 관련이 없는 인생의 다른 도전적인 문제를 해결해나가는 청소년이 있을 수 있음을 인정한다. 더 나은 표현이 없기 때문에 우리는 이 그룹을 **탐색하는 청소년**(searching teens)이라고 부른다. 과거에는 이런 10대들이 정체성과 소속감을 찾기 위해 다른 문화 현상으로 눈을 돌렸을 수 있지만, 오늘날은 트랜스젠더 정체성이 문화적 관심과 주목을 받고 있으며 공동체 의식을 제공한다. 그들 역시 자신과 연관성 있는 사회적 구성 개념이 지지하는 정체성을 찾기 위한 동기를 지닐 수 있다. 따라서 정체성과 공동체를 찾는 사람들은 트랜스젠더라는 우산 아래에서 일종의 안식처를 발견할 수 있을 것이다.

이 책 전반에 걸쳐 우리는 다양한 성별을 표현하는 청소년과 관계를 맺고 소통하는 방법을 설명할 것이다. 목회자든 부모든 평신도든 당신이 돌보는 청소년들이 이런 다양한 성별 중 어디에 속하는지 구분하려는 것은 그리스도인의 역할 범위를 벗어나는 일이 될 것이다. 대신 청소년들이 그들의 고민거리를 해결해나가는 동안, 우리는 당신이 그들에게 도움을 주는 동반자 역할을 하는 그리스도인이 되길 바란다. 가족, 친구, 목사, 심지어 젊은이들의 정신 건강을 살피는 의료 종사자라면 그들의 진정한 동반자가 될 때 최고의 결과를 얻게 될 것이다. 젊은이들의 삶에서 당신이 맡은 역할과 상관없이, 그리고 비록 당신이 돌보는 청소년의 경험이 우리가 앞서 논의한 것과 어떻게 연관되는지 항상 확실히 알 수는 없겠지만, 앞으로 우리가 논의할 관계 전략이 당신이 직면하게 될 모든 상황에서 젊은이들과 잘 동행할 수 있게끔 준비시키는 수단이 되기를 바란다.

3장
의료 분야에서의 논쟁

다섯 살 난 아티(Artie)의 부모는 성별 정체성을 평가받기 위해 아이를 데려왔다. 아티는 지난 2년 동안 성별에 대해 특이한 관심을 보여왔다. 이런 관심사는 처음에는 남자아이들이 누구나 할 수 있는 "선을 넘지 않는" 행동이나 유치원에 갈 무렵이면 끝나게 될 "잠시 겪는 하나의 과정"으로 치부되었다. 그런데 유치원에 입학한 지 몇 달이 지났지만 그 행동은 변하기는커녕 더 뚜렷해졌다. 그리스도인인 부모는 아티를 위해 최선을 다하려고 애썼다.

버트랜드(Bertrand)는 열한 살이었고, 그의 부모는 상담을 받기 위해 그를 데려왔다. 그는 몇 년 동안 비전형적인 성별 행동을 하고 그런 것에 관심을 보여왔다. 사춘기가 곧 시작될 징조가 보임에 따라 그의 부모는 사춘기를 "차단"하고 성별 정체성과 관련하여 버티(그리고 그들 자신)에게 최선의 결정을 내릴 수 있는 시간을 조금 더 주어야 하는지를 놓고 고심하고 있었다.

15세인 카리사(Carissa)를 "그들"의 어머니가 데려왔는데, 그 이유는 카리사가

4개월 전 인스타그램에 올린 사진 때문에 어머니와 충돌한 후 자신이 젠더 논바이너리라는 사실을 부모에게 밝혔기 때문이다. 카리사는 성별 중립적인 대명사를 고집하며 "그들"의 유방을 제거하기 위해 흉부 재건 수술을 받아야 한다고 주장하고 있다. 카리사의 어머니는 그 문제의 무게와 서둘러 결정을 내려야 한다는 사실에 큰 압박을 받고 있다.

이 사례들은 오늘날 논란이 되고 있는 케어의 서로 다른 세 가지 영역을 보여주고 있다. 이 장에서는 아동에게 크로스젠더 정체성을 채택하도록 권장할지의 여부, 사춘기를 차단할지의 여부와 더불어 "갑자기 발생하는 급성" 성별 위화감에 대한 논쟁에 접근하는 방법을 비롯해 현재 논란이 되는 트랜스젠더 청소년을 위한 케어 영역에 대한 개괄적인 내용을 다룰 것이다. 우리는 이런 논란을 각각 설명하고 심지어 이런 케어에 대한 해답 없는 많은 질문이 여전히 남아 있는 경우에도, 의문을 가진 사람들과 소통할 수 있는 몇 가지 지침을 제공할 것이다.

　이런 논란은 정신 건강 관리에 국한되어 있지만, 아티의 가족처럼 당신이 돌보는 사람들이 어려운 결정에 직면할 때 그 분야의 이슈를 포함하여 현재 진행되고 있는 전문가들의 토론에 대해 잘 알고 있다면 도움이 될 수 있다. 이 문제에 대한 이해도를 높일수록 해당 문제와 씨름하는 젊은이와 가족들을 더 잘 도울 수 있을 것이다.

　성별 정체성 문제를 탐색하고 있는 자녀를 키우고 있는 부모를 돕기 위해 정신 건강 분야에서 진행되고 있는 논의와 논란을 이해하는 것 또한 중요하다. 특히 당신이 정신 건강 서비스를 받는 소비자들에게 정보를 알리고 당신과 그들이 현재 직면하고 있거나 앞으로 직면할지도 모르는 결정을 내리는 일에 관해 그들을 돕기 원할 경우에는 더욱 그러하다.

사춘기 이전의 어린이를 위한 케어

우리는 아직 사춘기에 접어들지 않은 어린이를 위한 세 가지 케어 방식에 대해 논의한 바 있다.

1. 출생 성별과 일치하는 성별 정체성 강화하기
2. 예의주시하면서 기다리기
3. 표현된 성별 정체성 지지하기[1]

이 단락에서는 가족이 선택할 수 있는 선택지와 이들을 둘러싼 몇 가지 논란에 대해 업데이트하고자 한다.

출생 성별과 일치하는 성별 정체성 강화하기

첫 번째 유형의 케어 방식은 한 어린이가 출생 성별과 일치하지 않는 성별 불일치 문제를 갖고 있을 때 이를 돕는 가능성을 열어준다. 이것을 "생긴 대로 살기" 접근법이라고 지칭한다. 이 접근법은 아동이 "유동적인 성별 두뇌"를 가지고 있다고 생각하는데, 여기에는 흔히 트랜스젠더로 살거나 성별 불일치를 갖고 사는 것이 출생 성별과 일치하는 성별로 사는 것보다 많은 면에 있어서 더 도전적이라는 가정이 수반된다.[2] 이런 접근법은 성별 표현과 소년 소녀의 역할에 대한 현재의 문화적 이해에 의존하고 있다. 이

---

1   Mark A. Yarhouse, *Understanding Gender Dysphoria: Navigating Transgender Issues in a Changing Culture* (Downers Grove, IL: InterVarsity, 2015), 101-7.
2   Diane Ehrensaft, "Gender Nonconforming Youth: Current Perspectives," *Adolescent Health, Medicine and Therapeutics* 8 (2017): 61.

접근법은 문화적으로 중요시하는 표현과 역할을 아이에게 도움을 주는 방식으로 강화하고, 아동 자신이 갖는 자기 인식과 그들의 출생 성별 간의 일치를 도모하는 것을 최종 목표로 삼는다.

미국의 많은 주(州)는 법률을 통해 성적 지향(sexual orientation)을 변화시키려는 노력에 반대해왔으며, 일부의 경우 이런 노력에 성별 정체성을 변화시키려는 노력이 포함되었기 때문에 이런 접근 방식을 선호하는 실무자들에게 영향을 미칠 수 있었다. 이런 모델이 동성애자를 교정하는 것과 유사한 "전환 요법"의 한 형태로 이루어져 있는 한, 그런 서비스를 제공하는 의사들이 점점 더 적어지리라고 예상한다. 성별 정체성이 성적 지향과 같다는 가정은, 트랜스젠더가 시스젠더와 구별되는 별개의 범주 또는 종류이며 어린 나이에 발현되고 타인이 아이에게 해를 끼칠 수 있는 방식으로 개입해서는 안 된다는 본질주의 가정에 근거한다. 다시 말해 한 개인의 출생 성별과 일치하는 성별 정체성을 강화하려는 노력에 비판적인 사람들은 그 아이가 실제로는 트랜스젠더라고 추정할 것이다. 아이가 출생 성별에 맞게 살도록 지도하는 것은 그들의 진정한 성별 정체성을 바꾸려는 시도다.

미국 소아과학협회(American Academy of Pediatrics, AAP)에서 최근에 낸 정책 보고서("트랜스젠더 및 다양한 성별의 아동과 청소년을 위한 포괄적인 돌봄과 지원 보장")에 따르면 성별 정체성 변경을 위한 노력은 "어린이 및 청소년이 트랜스젠더라는 정체성을 갖는 것을 막거나 다양한 성별 표현을 보여주지 못하도록 막는 데 사용된다."[3] 우리가 뒤에서 살펴보겠지만 이 정책 보고서도 비판을 받아왔다.

---

3 Jason Rafferty, "Ensuring Comprehensive Care and Support for Transgender and Gender-Diverse Children and Adolescents," *Pediatrics* 142, no. 4 (October 2018), http://pediatrics.aappublications.org/content/142/4/e20182162.

예의주시하면서 기다리기

두 번째 케어 방식은 어린이나 10대 청소년을 "기다리고 지켜보는" 자세를 취하는 것이다. 이 모델에 따르면 "어린 나이에 아이들이 자기 성별 정체성에 대한 지식을 갖도록 허락하지만, 한 성별에서 다른 성별로 완전히 전환하기 전에 먼저 사춘기가 도래할 때까지 기다려야 한다."[4]

예의주시하면서 조심스럽게 기다리는 행위는 기본적으로 아이에게 다양한 선택지를 제공하며, 아이는 그에 따라 놀이와 활동을 선택하게 된다. 비록 그 활동들이 출생 시의 성별에 전형적이지 않을지라도 말이다. 아이에게 특정한 방향으로 행동하도록 지시하거나 어떤 행동을 강화하려는 시도 없이 아이의 흥미와 관심사를 지원한다. 여기서 중요한 목표는 일련의 관심사에 대해 흥미를 보이거나 보이지 않은 아이들에게 수치심을 주지 않는 것이다. 예를 들어 한 소년이 기계 체조와 바비 인형 놀이에 관심이 있다면 예의주시하면서 기다리는 방식을 취하는 부모들은 아이가 야구를 하고 군인 모형만 갖고 놀도록 강제하지 않을 것이다.

이 장의 서두에서 소개된 5살짜리 아티에게 이 접근 방식을 어떻게 적용할 수 있을지 생각해보자. 만약 아티가 그날 어떤 옷을 입을지 결정한다면, 부모는 색깔과 주제가 다양한 세 가지 옷을 준비해놓을 수 있다. 첫 번째 옷은 대다수 소년이 선호하는 스타일이고, 두 번째 옷은 대다수 소녀가 선택할 수 있는 스타일이며, 세 번째 옷은 색상과 주제에서 더 중립적인 스타일이다. 아티는 그중 아무거나 고를 수 있다. 또한 아티가 장난감 놀이를 하려고 한다면, 그는 전형적으로 우리가 남자아이와 연관 짓는 물건(트럭), 전형적으로 여자아이들과 연관을 짓는 물건(인형), 우리의 문화에서 성별

---

4 Ehrensaft, "Gender Nonconforming Youth," 60.

중립적이라고 여기는 물건(색칠 공부 책)을 포함한 다양한 장난감을 가지고 놀 수 있을 것이다.

놀랍게도 AAP는 논란이 되고 있는 2018년 지침서에서, 예의주시하는 기다림은 청소년이 경험하는 성별 불일치에 대한 "시대에 뒤떨어진 접근법"이라고 말하며 문제를 제기했다. "이렇게 시대에 뒤떨어진 접근법은 아이들에게 도움이 되지 않는데, 그 이유는 결정적인 지원이 보류되기 때문이다. 예의주시하는 기다림은 성별 다양성과 유동성을 병적인 것으로 간주하는 성별 이분법적 개념에 기초하고 있다. 또한 예의주시하는 기다림은 성별 정체성에 대한 개념이 특정 나이에 결정되는 것으로 가정하는 접근법이다.[5]

우리는 AAP 정책 보고서에 대응하여 뒤에서 몇 가지 의견을 제시할 것이다.

표현된 성별 정체성 지지하기

세 번째 케어 방식은 개인이 지닌 새로운 성별 정체성을 강화하는 것이다. 많은 전문가 사이에서 유행하고 있는 이 발전된 접근법은 때때로 "트랜스 긍정"(trans-affirmative) 또는 "성별 긍정"(gender-affirmative) 케어라고 불리는 기본 원칙에서 유래했다. "이 모델에서 부모 및 사회화의 대리인(socialization agents, 어린이의 성장에 수반되는 정치사회화 과정에서 정보와 영향을 주는 인간이나 조직)이 맡은 역할은 아이의 성별 정체성이나 표현을 형성하거나 강화하기보다는 오히려 그것을 돕는 것이며, 아이가 선호하는 성별 표현과 아이가 표현한 성별 정체성에 관해 전달하는 메시지를 다시 아이에게

---

5   Rafferty, "Ensuring Comprehensive Care."

반영하는 것이다."[6] 이런 접근법은 "자신이 경험한 성별 정체성과 표현에 대해 아이들이 스스로 말할 수 있게 하고 연령에 상관없이 진정한 성별을 지닌 자아로 발전할 수 있도록 지원을 제공하는 것"을 포함한다.[7]

한 아이가 표현하는 성별을 지원하는 것은 앞서 언급한 AAP 정책 보고서에서 권장하는 접근법이다. 임상의들은 "복잡한 감정 및 다양한 성별 표현에 대한 탐색을 돕고 힘껏 지원을 받는 환경 속에서 우려와 문제를 제기할 수 있도록 허락해야 한다."[8] 정책 성명서는 다음과 같은 사항을 전달하는 것이 중요하다고 강조한다.

1. 트랜스젠더 정체성과 다양한 성별 표현은 정신 장애로 간주되지 않는다.
2. 다양한 성별 정체성과 표현은 여러 인간이 지닌 정상적인 측면이며, 성별 이분법적 정의가 항상 새로운 성별 정체성을 반영하는 것은 아니다.
3. 성별 정체성은 생물학, 발전, 사회화, 문화 간의 상호 작용에 따라 변화한다.
4. 정신 건강 문제가 존재하는 경우 그것은 대부분 당사자에게 본래 내재된 것이라기보다는 오명과 부정적인 경험에서 비롯된 것이다.[9]

이 정책 성명서는 전부 읽어볼 가치가 있다. 그 내용을 여기에 모두 다 요약

---

6   Ehrensaft, "Gender Nonconforming Youth," 60.
7   Ehrensaft, "Gender Nonconforming Youth," 62.
8   Rafferty, "Ensuring Comprehensive Care."
9   Rafferty, "Ensuring Comprehensive Care."

할 수는 없지만, 미국에서 가장 큰 소아과 기관에서 만든 것이기 때문에 주의 깊게 읽어볼 필요가 있다. 우리는 이제 케어 모델과 특히 AAP 보고서에 대한 몇 가지 고찰로 넘어가고자 한다.

케어 모델에 대한 고찰

AAP 정책 보고서가 발표된 직후 임상 심리학자 겸 성과학자 제임스 칸토는 한 비평을 통해 이 보고서가 지닌 몇 가지 한계를 지적했다.[10] 비평 전체를 읽지 않고 그의 주장을 완전히 이해하기는 어렵지만, 우리는 앞서 논의된 세 가지 방식과 관련된 두 가지 핵심 사항을 요약하고자 한다.

첫째, AAP가 맹렬히 비난한 소위 "개조 또는 전향"(conversion) 요법, 즉 출생 성별과 일치하는 성별 정체성을 강화하려는 시도에 대해 칸토는 성별 정체성과 관련된 이와 같은 요법에 대한 연구가 진행되지 않았다고 주장한다. "전환 요법에 대한 연구는 **성적 지향**, 특히 **성인**의 성적 지향에 국한된 것이지 성별 정체성을 연구한 것이 아니며, 어떤 경우에도 **어린이**를 대상으로 한 연구는 없다."[11] 칸토는 두 가지를 말하고 있다. 첫째, 지금까지 실시된 전환 요법에 대한 연구는 성별 정체성이 아닌 성적 지향만 바꾸려는 시도를 조사한 것이다. 둘째, 지금까지 실시된 연구는 아이들이 아닌 성인들을 대상으로만 진행한 것이다. 즉 미성년자를 대상으로 한 성별 정체성 "전환" 요법에 대해 이 기관이 비난한 내용과 관련해 설명이나 정

---

10 James Cantor, "American Academy of Pediatrics Policy and Trans-Kids: FactChecking," *Sexology Today*, October 17, 2018, http://www.sexologytoday.org/2018/10/american-academy-of-pediatrics-policy.html.

11 Cantor, "American Academy of Pediatrics Policy"(강조는 원저자의 것임).

보를 제공해줄 수 있는 어떤 연구도 없다는 것이다.

한 사람의 생물학적 성별과 일치하는 성별 정체성을 지지하려는 노력의 장점을 평가하는 데 도움을 주기 위해, 학자들은 **지속적인** 성별 위화감을 지닌 사람들로부터 얻은 이야기를 모았다. 이들에 따르면 출생 시 지정받은 성별을 확정하려는 조치와 개입이 그들에게 도움이 되지 않았으며 때로는 수치스럽고 심지어 해를 끼쳤다고 한다. 이런 설명을 경청하고, 아이들에게 틀에 박힌 남성적/여성적인 관심사와 놀이를 강요하는 것이 미치는 영향을 가볍게 여기지 않는 것은 매우 중요하다. 하지만 학자들은 성별 위화감이 **사라진** 사람들로부터 얻은 정보를 아직 수집하지 못했다. 우리는 출생 시 지정받은 성별을 확정하기 위한 조치와 개입이 반드시 이 아이들에게 있었던 성별 위화감을 사라지게 만든 이유라고 말하는 것이 아니다. 또한 이런 개입이 반드시 해로운 것인지도 분명하지 않다. 우리는 아이들의 성별 위화감을 사라지게 한 요인이 무엇인지, 출생 시 성별과 일치하는 성별 정체성을 채택하는 데 영향을 미친 요인이 무엇인지 거의 알지 못한다. 따라서 우리는 AAP의 정책 보고서가 경험적으로 연구되지 않은 주장을 펼친다는 점에서 AAP가 과학보다 앞서 나간다는 칸토의 비판에 동의한다.

둘째, 칸토는 정책 보고서가 "시대에 뒤떨어진" 것이라고 평가한 예의 주시하는 기다림의 접근법에 대해 적절한 연구가 결여되어 있음을 발견한다. 사실 이 보고서는 성별 위화감을 가진 어린이들에 대한 11가지 후속 연구 중 하나에 대해서만 언급하고 있으며, 나머지 연구 결과에 대해서는 언급하지 않고 있다. 그 연구 결과는 무엇일까? 발표된 모든 연구에서 성별 위화감을 갖고 있는 어린이 대다수는 "더 이상 전환을 원하지 않았다."[12]

12　Cantor, "American Academy of Pediatrics Policy." 이 논문의 끝부분에서 Cantor는 11가지

칸토는 정책 보고서가 "주류에서 실행하는 방식 및 의료적 합의를 훨씬 뛰어넘는 것을 옹호한다는 결론을 내린다. 그 보고서는 연구하고 조사한 것 전체를 체계적으로 배제하고 잘못 전달했다. 그 정책은 **특별한** 증거를 제시하지 못했을 뿐만 아니라, 어떤 증거도 제시하지 못했다. [정책] 권고안은 존재하는 증거가 없음에도 **불구하고** 결정된 것이다."[13]

이런 이야기들은 우리가 성과 성별에 관한 문화적이고 전문적인 논의를 펼치고 있으며, 성별 위화감 진단 기준을 충족하는 아이들, 새로운 방식으로 성별 정체성을 표현하는 아이들, 생물학적 성과 성별 정체성 사이에 불일치를 경험하는 아이들을 어떻게 하면 가장 잘 돌볼 수 있는지에 대한 논의 중에 있다는 점을 분명히 한다.

우리는 성별 긍정 모델의 의도는 좋다고 보는데, 이 모델이 출생 시의 성별과 부합하는 자아의식을 경험하지 못하는 아이들이 느끼는 수치심을 줄여주고자 하기 때문이다. 그러나 우리는 실제로 아이들이 자신의 성별 정체성과 경험을 공유하는 능력을 지나치게 신뢰하고 있다는 사실에 대해 우려하지 않을 수 없다. 그런 행동은 큰 변화와 성장의 시기에 있는 아이들을 그들 자신의 경험 및 앞으로 취해야 할 적절한 조치의 전문가로 간주한다. 또한 우리는 실제로 일부 임상의들이 비전형적인 성별 표현을 본질주의 관점에서 다루는 과정에서 모든 아이들을 완전하고도 영구적인 트랜스젠더 또는 완전하고도 영구적인 시스젠더로 정의할 수 있다는 점을 우려한다. 아이들을 이런 본질주의 범주의 관점에서 다룰 때, 성별 비전형적인 관심사를 가진 아이들은 더욱 비전형적인 행동을 하게 되고 출생 성별에 부

연구 결과를 열거하고, 성별 위화감이 사라진 어린이들의 숫자를 밝힌다.
13   Cantor, "American Academy of Pediatrics Policy"(강조는 원저자의 것임).

합하는 전형적인 행동으로부터 벗어나게 되기 쉽다. 만약 그들을 자유롭게 그냥 내버려 두었다면 그런 조치를 취할 필요성을 느끼지 못했을 것임에도 불구하고 말이다. 그런 크로스젠더 정체성과 표현이 갖는 영향력과 의미는 중요한 것이며 가볍게 여겨서는 안 된다.

현재의 케어 서비스 방식은 어린아이들이 크로스젠더 또는 다른 성별 정체성을 받아들이도록 노력하는 성별 긍정 돌봄 모델을 지향하는 것이 분명하다. 이런 경향성이 바뀔지 혹은 미래에 도전받게 될지는 불분명하다.

연령대가 더 높은 어린이들과 사춘기를 "차단"할지의 여부

2007년에 소아내분비학자 노먼 스팩(Norman Spack)은 성별 위화감 치료를 목적으로 호르몬 차단제를 미국에 처음 도입했다.[14] 이 호르몬 차단제는 그 이전에 네덜란드에서 몇 년간 사용되었으며 원래는 성조숙증(사춘기 조숙)을 치료하기 위해 개발되었다. 2015년 텔레비전 다큐멘터리 시리즈 **프런트라인**(*Frontline*)의 에피소드 "성장하는 트랜스"(*Growing Up Trans*)에서 소아 내분비학자 코트니 핀레이슨(Courtney Finlayson)은 이렇게 인터뷰한다. "사춘기 차단제는 사춘기를 멈추게 하는 약이다. 따라서 사춘기가 더 진행되지 않도록 일시 정지 버튼을 누른 사이에 아이들이 성장하고 발전하면서 자신의 성별 정체성에 더 자신감을 갖도록 그들에게 시간을 조금 벌어주는 것이다."[15]

---

14 Priyanka Boghani, "When Transgender Kids Transition, Medical Risks Are Both Known and Unknown," *Frontline*, June 30, 2015, https://www.pbs.org/wgbh/frontline/article/when-transgender-kids-transition-medical-risks-are-both-known-and-unknown/.

15 *Frontline*, 시즌 2015, 에피소드 1, "Growing Up Trans," Miri Navasky, Karen O'Connor 감독, https://www.pbs.org/wgbh/frontline/film/growing-up-trans/.

사춘기를 "차단"해야 하는가라는 문제는 성별 위화감을 느끼는 아이들을 케어하는 데 두 번째로 큰 논란이 되는 부분이다. 마크는 『성별 위화감 이해』(*Understanding Gender Dysphoria*)에서 사춘기 차단에 대해 소개했다.[16] 사춘기 "차단"은 성호르몬 분비를 방지하고 사춘기를 지연시키는 호르몬 차단제(생식샘자극호르몬 방출호르몬 유사체[gonadotropin-releasing hormone analogs])를 사용하여 아이의 몸에 화학 변화를 유도하는 행위를 포함한다. 이 차단제들은 사춘기로 접어드는 초기 징후가 보이기 시작할 때 투여된다(태너 스테이지 2[Tanner 2]라고 함). 차단제는 생식샘이 에스트로겐이나 테스토스테론을 만드는 것을 막음으로써 사춘기와 관련된 추가적인 신체 변화를 저지한다. 소년의 얼굴과 몸에서 털이 자라지 않으며 목소리 역시 굵은 저음이 되지 않는다. 여자아이는 유방이 커지지 않거나 생리를 시작하지 않을 것이다. 사춘기 차단제 사용의 원래 목적은 성별 정체성에 문제가 있는 아이들에게 일종의 "유보 상태"를 만들어주는 것이다. 차단은 시간을 벌기 위한 방법으로, 아이의 출생 성별에 따라 사춘기 발달을 재개할 것인지 아니면 크로스섹스나 다른 성별 정체성을 갖는 데 필요한 추가 조치를 취할 것인지를 결정하기 위해 1년 정도를 확보하는 것이다.

차단제 논란 중 일부는 그 차단제들을 의료 개입의 한 형태로 간주하여 그것을 의료 개입만큼 신중하게 다루어야 하는지에 대한 문제를 포함한다. 어떤 사람들은 사춘기 차단제 사용이 신체를 화학적으로 변화시키기 때문에 최초의 실제적인 의료적 개입으로 간주한다. 하지만 옹호자들은 사춘기 차단을 의료 개입으로 보지 않는다. 적어도 그들이 크로스섹스 호르몬을 사용할 때와 같은 수준의 개입은 아니라는 입장이다. 그들은 이런 차

---

16   Yarhouse, *Understanding Gender Dysphoria*, 107-9.

단을 의료 개입에 **앞서** 모든 사람이 의사결정을 하기 위한 시간을 연장하는 하나의 방법으로 보고 있다.

차단을 지지하는 측은, 만약 아이가 결국 크로스섹스 성별 정체성을 채택하게 된다면, 사춘기 차단이 더 쉽게 신체적 전환을 가능하게 한다고 본다. 예를 들어 만약 생물학적 남성이 전환을 위해 성인기까지 기다린다면, 키, 뼈 구조, 아담의 사과(후골)의 발달로 인해 여성으로 인정받기 더 어렵게 될 것이다. 사춘기를 지연시키면 사춘기에 일어난 신체 변화를 무효화하기 위해 시행되는 일반적인 성별 확인 수술을 받지 않아도 된다.

철학자 마우라 프리스트는 최근 발표한 논문에서 트랜스젠더 청소년이 부모의 동의 없이 사춘기 차단 약물에 대한 법적 권리를 가져야 한다고 주장했다. 이 논쟁에 대한 그녀의 견해에 따르면 사춘기 차단은 이제 10대 청소년에게 제공되는 "표준 건강 관리법"이 되었고, 이는 연구 결과에 의해 뒷받침된다. 부모는 일반적으로 의료적 개입에 법적으로 동의할 수 있는 권한을 갖고 있지만 자녀를 위한 표준 건강 관리를 거부해서는 안 되며, 이는 부모의 권위로 "성별 위화감을 갖고 있는 자녀들의 차단제 사용을 막아서는 안 된다"는 의미다.[17]

사춘기 차단에 관해 우려를 표명하는 사람들은 이 치료가 비교적 연령대가 높은 어린이들에게 미치는 영향에 대한 연구가 부족하다는 점을 지적한다. 또한 그들은 사춘기 차단제가 골밀도, 인지 발달, 생식력에 미치는 장기적인 영향은 아직 연구되지 않았다고 주장한다.[18]

---

17   Maura Priest, "Transgender Children and the Right to Transition: Medical Ethics When Parents Mean Well but Cause Harm," *American Journal of Bioethics* 19, no. 2 (2019): 45.

18   Jacqueline Ruttimann, "Blocking Puberty in Transgender Youth," *Endocrine News*, January 2013, https://endocrinenews.endocrine.org/blocking-puberty-in-transgender-youth/.

사춘기 차단에 대한 또 다른 우려는, 사춘기 억제제로 사춘기를 지연하는 것을 포함한 여러 의료적 개입을 시도하는 아이들이 출생 성별과 일치하는 성별 정체성을 채택할 가능성이 훨씬 더 낮아 보인다는 것이다. 즉 사춘기 차단은 아이들이 출생 성별과 일치하는 성별 정체성을 채택할지, 크로스젠더 또는 다른 성별 정체성을 채택할지를 결정하는 데 더 충분한 시간을 만들어내는 대신, 아이들이 궁극적으로 트랜스젠더나 대안적인 성별 정체성을 선택할 가능성을 훨씬 더 높이는 것으로 보인다. 네덜란드에서 진행된 한 연구에서, 호르몬 차단 치료를 받은 모든 어린이는 출생 성별과 일치하는 성별 정체성을 채택하기보다는 자신이 선호하는 성별 정체성을 채택하기로 결정했다.[19]

아마도 사춘기 차단은 두 가지 결과에 대한 동등한 가능성을 제공하기보다는, 단순히 부모들에게 크로스젠더나 다른 성별 정체성이라는 최종적 결과를 지지하도록 더 많은 시간을 벌어주는 것으로 보인다. 우리는 부모가 사랑하는 자녀를 지지하는 것은 중요하다고 믿는다. 하지만 사춘기를 늦추는 것이 모든 경우에 도움이 되는지는 불분명하다. 이 접근 방식은 정해진 결론 없이 중립성을 지키고 여러 선택을 탐색할 수 있게 하기보다는 생물학적 성별에 대한 대안적 성별 정체성을 확정하고 그것을 공고히 하는 경향이 있는 것으로 보인다. 역사적으로 성별 위화감을 경험한 아이들 대다수는 사춘기를 지나며 그 위화감이 해결된 것으로 보이기 때문에 성인기에 위화감을 계속 경험하지 않았다는 것을 고려하면 이것은 매우 놀라운 현실이다.

---

19 Annelou DeVries et al., "Puberty Suppression in Adolescents with Gender Identity Disorder: A Prospective Follow-Up," *Journal of Sexual Medicine* 8, no. 8 (2011): 2276-83.

또한 앞서 언급된 사춘기 차단의 이점이 경험적으로 뒷받침되는지도 불분명하다.[20] 증거는 제한적이고 엇갈리는 것으로 보이며, 대부분은 아직 공식적으로 발표되지 않았다.[21]

"성장하는 트랜스"(*Growing Up Trans*)라는 다큐멘터리는 성별 정체성을 탐색하는 아이들을 연구하는 시카고 어린이 병원의 루리 클리닉(Lurie Clinic)을 특집으로 다룬다. 이 클리닉의 주치의 핀레이슨(Finlayson)은 사춘기 차단과 성별 탐색에 관한 인터뷰에서 다음과 같이 말한다. "이 아이들은 과거의 아이들과는 완전히 다른 보살핌과 케어를 받는 새로운 세대입니다. 10년 전까지만 해도 누구도 갖지 못했을 기회를 갖게 된 것이기 때문에 그들에게는 흥미진진한 일입니다. 의료계가 이를 위한 올바른 방법을 찾는 것 역시 매우 도전이 되는 일입니다."[22]

루리 클리닉의 청소년 의학 전문의인 리사 시몬스(Lisa Simmons)는 이렇게 말한다. "성별 위화감을 가진 아이들 대다수는 트랜스젠더 청소년이

---

20 Michael Biggs, "Tavistock's Experimentation with Puberty Blockers: Scrutinizing the Evidence," *Transgender Trend*, March 2, 2019, https://www.transgendertrend.com/tavistock-experiment-puberty-blockers/.

21 Biggs는 2010년부터 2014년까지 임상 시험을 진행한 Tavistock GIDS(Gender Identity Development Service) 클리닉 원장에게 제기한 몇 가지 질문으로 자신의 논문 "Tavistock's Experimentation with Puberty Blockers"를 마무리한다.

　　2014년에 "지금까지 결과가 긍정적이다"라고 주장한 근거는 무엇인가? 2015년의 예비 결과에 따르면 차단제를 복용한 지 1년이 지난 후 통계상 어린이들의 자해 비율이 크게 증가했을 때 이를 조사한 적이 있는가? 2015년 타비스톡 이사회와 2016년 WPATH에 보고된 부정적인 결과를 발표하지 않은 이유는 무엇인가? 연구에서 얻은 데이터를 사용한, 당신의 유일한 출판된 논문이 예비 결과에서 부정적이었던 모든 결과를 생략한 이유는 무엇인가? 논문의 개요와 결론에서 GnRHA를 투여한 그룹과 대조군 사이에 통계적으로 큰 차이가 없다는 사실을 보고하지 않은 이유는 무엇인가? 당신의 논문에서 18개월 동안 실험 대상자가 201명에서 71명으로 줄어든 원인은 무엇인가? 이런 실험 대상자들이 성인이 될 때 "조기 개입의 장기적인 안전성과 효과"를 모니터하기 위해 어떤 조치를 취했는가?

22 Navasky and O'Connor, "Growing Up Trans."

나 성인으로 자라지 않을 것입니다. 하지만 문제는 누구에게 성별 위화감이 지속되고 누구에게 지속되지 않을지를 확실하게 예측할 수 없다는 것입니다."[23] 성별 정체성에 관해 우리가 알고 있는 것과 모르는 것에 대해 과신하는 현재 분위기를 고려할 때 그녀의 솔직함은 신선하게 느껴진다.

사춘기 차단을 표준 건강 관리로 인정하게 되면 역사적으로 대부분의 경우에 그랬듯이 성별 위화감이 생물학적 성별을 수용하는 방향으로 해결될 가능성을 현저히 감소시킬 위험이 있다.[24] 사춘기를 경험하면서 자신의 출생 성별을 온전히 탐색할 수 있는 기회를 잃어버리게 될 것이다. 이는 크로스 젠더 또는 대안적 성별 정체성을 추구할 수 있는 어린이가 더 많아진다는 뜻이며, 동시에 추가적인 평생 치료를 선택할 가능성을 높인다.

「내분비학 뉴스」(Endocrine News)에 게재된 기사는 점점 더 권장되고 있는 "다음 단계"(크로스섹스 호르몬 사용)의 개입이 출산율에 미치는 영향에 대해 말하고 있다. "그 치료들이 안전하다고 여겨지지만, 위험이 없는 것은 아니다. [트랜스젠더] 대부분은 호르몬 전환 약물을 사용한 결과로 불임이 된다. 에스트로겐은 남성의 정자 생산을 감소시키고, 테스토스테론으로 인한 월경 중단은 여성의 다낭성 난소 증후군을 유발할 수 있다. 이런 변화는 보통 불임으로 이어진다. 사춘기가 지연된 일부 남성 환자들은 정자 은행을 선택했지만 여성에게는 이에 상응하는 선택권이 별로 없다. 난자 동결은 태반 성선 자극 호르몬(Human Chorionic Gonadotropin, HCG)을 주사하여 난소에 과도한 자극을 주어야 하는 방법으로서 힘들고 비용이 많이 드는데

---

23 Navasky and O'Connor, "Growing Up Trans."

24 James Cantor, "Do Trans-Kids Stay Trans- When They Grow Up?," *Sexology Today*, January 11, 2016, http://www.sexologytoday.org/2016/01/do-trans-kids-stay-trans-when-they-grow_99.html.

체외 수정을 하는 여성의 경우와 유사하며, 특히 생식샘자극호르몬 방출호르몬(GnRH)이 억제되어 난소가 미성숙한 경우 성공률이 높지 않다."[25]

다시 말해 사춘기를 화학적으로 지연하는 방법은 해롭지 않고 원래 상태로 되돌릴 수 있다고 널리 알려져 있지만, 나중에 크로스섹스 호르몬과 병행될 경우 문제를 일으킬 수 있다. 특히 불임 위험이 있다.[26] 그러나 그들을 케어하는 사람 중에는 무개입이 야기하는 더 큰 위험에서 벗어나기 위해서라면 이런 위험을 감수할 가치가 있다고 믿는 사람이 있다. 이 기사는 성별 정체성 문제가 있는 젊은이들을 다루는 정신과 의사 월터 마이어 3세(Walter Meyer III)의 예리한 지적으로 끝을 맺는다. 마이어는 트랜스젠더 어린이들의 높은 자살 위험에 기초하여, 사춘기 차단제 사용과 크로스섹스 정체성을 고려하지 않는다면 더 많은 피해가 발생한다고 결론짓는다.[27] 그러나 많은 사람에게 있어서 그 방법이 지닌 위험성과 생식력에 미치는 영향 및 다른 우려들에 주목할 필요가 있고 그것들을 간과해서는 안 된다.

"갑자기 발생하는 급성" 성별 위화감에 대한 논쟁

트랜스젠더 및 성별 위화감 진단을 받은 사람들을 연구하는 사람들은 전문 클리닉에서 진료를 받는 사례가 눈에 띄게 증가[28]한 점에 주목했다. "이

---

25 Ruttimann, "Blocking Puberty in Transgender Youth."

26 선행 연구 검토에서 Stephen M. Rosenthal은 다음과 같이 말한다. "트랜스젠더 청소년들은 생식력을 보존하고 싶어 할 수 있는데, 만약 사춘기가 초기에 억제되고 환자가 크로스섹스 호르몬을 사용하여 표현형 전환을 완료한다면 생식력이 손상될 수 있다." "Transgender Youth: Current Trends," *Annals of Pediatric Endocrinology and Metabolism* 21, no. 4 (December 2016): 185-92.

27 Ruttimann, "Blocking Puberty in Transgender Youth."

28 Lindsey Tanner, "More U.S. Teens Identify as Transgender, Survey Finds," *USA Today*,

는 그저 젠더 비순응 아동 및 청소년을 위한 학제 간 치료가 천문학적인 속
도로 확대된 결과가 아니다. 비유로 바꿔 말하자면 수많은 아이들과 가족
들이 지원과 서비스를 찾는 가운데 기존 성별 클리닉과 프로그램이 쓰나미
처럼 기하급수적으로 늘어난다."[29] 이런 증가는 성별 비전형 현상을 알리지
않은 생물학적 여성 사이에서 가장 극적으로 나타났다. 이런 10대 청소년
들이 성별 위화감 진단을 받는다면 늦은 발현으로 간주될 것이다.

2018년 8월 16일, 학술지 「플로스 원」(*PLOS ONE*)은 "갑자기 발생하
는 급성 성별 위화감" 현상에 대한 리사 리트만의 논문을 게재했다.[30] 이 연
구는 2장에서 간략하게 논의한 바 있다. 참고로 그 논문이 일으킨 논란의 범
위에 대해서는 2장에서 논의하지 않았다. 이 논문이 발표된 지 한 달도 지나
지 않아 리트만 교수가 재직 중인 브라운 대학교는 이 연구에 대한 보도 자
료를 웹사이트에서 삭제했다. 브라운 대학 공중보건대학장은 이 연구의 계
획과 방법론 및 트랜스젠더 청소년들에게 해를 끼칠 수 있는 가능성에 대한
우려를 언급하며 공지를 발표했다.[31] 추가적인 배경을 제공하는 개정판[32]은

February 5, 2018, https://www.usatoday.com/story/news/nation/2018/02/05/more-u-s-teens-identify-transgender-survey-finds/306357002/.

29 Ehrensaft, "Gender Nonconforming Youth," 57.

30 Lisa Littman, "Parent Reports of Adolescents and Young Adults Perceived to Show Signs of a Rapid Onset of Gender Dysphoria," *PLOS ONE*, August 16, 2018, https://journals.plos.org/plosone/article?id=10.1371/journal.pone.0202330.

31 Meredith Wadman, "New Paper Ignites Storm over Whether Teens Experience 'Rapid Onset' of Transgender Identity," *Science*, August 30, 2018, http://www.sciencemag.org/news/2018/08/new-paper-ignites-storm-over-whether-teens-experience-rapid-onset-transgender-identity.

32 Lisa Littman, "Correction: Parent Reports of Adolescents and Young Adults Perceived to Show Signs of a Rapid Onset of Gender Dysphoria," *PLOS ONE*, March 19, 2019, https://journals.plos.org/plosone/article?id=10.1371/journal.pone.0214157.

2019년 3월에 출간되었다.[33]

이 연구가 논란이 된 이유는 무엇인가? 리트만 교수에 따르면 조사에 응한 부모들은 청소년 중 약 3분의 1이 친밀한 관계의 모임에 속해 있으며, 그 모임 안에서 약 3분의 1이 트랜스젠더로 자신들의 정체성을 밝히기 시작했다고 보고했다. 리트만은 이런 명백한 트렌드를 "사회적 전염"이라고 해석하고, 이 전염이 최근 몇 년 동안 생물학적 여성이지만 여성의 성별 정체성을 갖고 있지 않은 사람들이 전문 클리닉에 방문하는 횟수가 증가하는 현상에 기여하고 있다고 제안했다.

공식적인 진단명처럼 들리지만 실제적 진단은 아닌 **급성 성별 위화감**(rapid-onset gender dysphoria)이라는 용어를 리트만이 도입했기 때문에, 이것은 이 연구에 반대하는 사람들에게는 다소 골치 아픈 일이었다. 또 다른 우려로 지적된 점은 트랜스젠더 청소년의 경험을 정당한 것으로 인정하지 않을 가능성이었다.[34] 다시 말해 많은 비평가는 이 연구에서 묘사된 10대들이 실제로는 항상 트랜스젠더로 살아왔지만 발달이 끝날 무렵까지 자신의 성별 정체성을 주변 사람들에게 숨기도록 강요당했다고 믿었다. 비평가들은 성별 정체성에 대해 과거 10대들을 침묵하게 만든 똑같은 오명이 이제는 성별 정체성과 그 표현을 부정하기 위해 사용되고 있다고 우려했다.

트랜스젠더 청소년 보호와 관련된 이런 우려 외에도 비평가들은 이 연구의 방법론에 문제를 제기했다. 이 연구의 자료는 연구자들이 밝혀내길 원했던 "사회적 전염" 현상을 이미 보고했던 특정 그룹들을 찾아내서 수집

---

33 Tom Bartlett, "Journal Issues Revised Version of Controversial Paper That Questioned Why Some Teens Identify as Transgender," *Chronicle of Higher Education*, March 19, 2019, https://www.chronicle.com/article/Journal-Issues-Revised-Version/245928.

34 Wadman, "New Paper Ignites Storm."

되었다. 또한 설문 조사의 서론에서 이 조사가 증명하고자 하는 현상을 묘사했기 때문에, 그 결과 "사회적 전염"이 다양한 응답자로부터 자연스럽게 하나의 주제로 나타나 있는지를 관찰하는 대신 피조사자가 특정 방식으로 답하도록 의도되었다.

지혜를 찾아서: 현재 동향에 대한 비평

우리는 오늘날의 케어 트렌드를 어떻게 이해해야 할까? 현재 논란이 되고 있는 세 가지 논쟁에 대한 우리의 의견을 제시했는데, 이제 이 논쟁의 세부 사항에서 벗어나 좀 더 광범위한 비평을 살펴보고자 한다. 우리는 양측 논의의 극단적인 목소리가 각 사례를 과장하고 있고 트랜스젠더의 경험과 새로운 성별 정체성에 대한 진실은 그 사이의 어딘가에 있을 수 있다는 점을 인지하고 있다.

다른 곳에서 이미 논의되었고 또한 우리의 마음속에 떠오르는 한 가지 이미지는 아트 갤러리에 관한 것이다.[35] 오늘날 일반 대중을 미술 큐레이터로 초대하는 것이 일부 미술계의 트렌드다. 엘렌 게이머맨은 "모두가 미술 큐레이터다"라는 도발적인 제목의 「월 스트리트 저널」(*Wall Street Journal*) 기사를 통해 이렇게 말했다. "미술 전문가가 아니라고요? 그건 문제가 되지 않습니다. 박물관은 전시회를 위한 큐레이션을 대중에게 맡기고 있으며, 때로는 대중에게 예술 작품을 기부해달라고 요청하기도 합니다. 박물관 같은 기관이나 단체는 티켓 판매를 위해 적은 예산으로 갑작스럽게

---

35   Ellen Gamerman, "Everybody's an Art Curator: As More Art Institutions Outsource Exhibits to the Crowd, Is It Time to Rethink the Role of the Museum?" *Wall Street Journal*, October 23, 2014, https://www.wsj.com/articles/everybodys-an-art-curator-1414102402.

기획한 전시회를 엽니다. 크라우드소싱 기획이 주류를 이루면서 박물관과 예술가의 역할이 재조명되고 있습니다. 갤러리 벽에 전시할 작품을 결정하는 것은 더 이상 고도로 훈련된 전문가뿐만 아니라 관람객도 할 수 있는 일입니다."[36]

이런 움직임이 트랜스젠더 및 젠더 논바이너리 청소년을 케어하는 방법에 관한 최근 경향을 다루는 우리의 논의와 어떻게 연결될 수 있을까? 우리는 오늘날 성별 정체성 문제를 탐색하는 젊은이들에게 크라우드 큐레이션(crowd curation) 같은 현상이 일어나고 있다고 본다. 트랜스젠더 케어 분야에서 성별 정체성에 대한 큐레이션은 어떤 면에서 "아웃소싱"되어 있다.

우리는 정말 성별 정체성에 대한 큐레이션을 일반 대중에게 맡기고 있는 것일까? 어느 정도는 그렇다고 말할 수 있다. 적어도 현대 서구 사회에서 젊은이들이 선택할 수 있는 많은 성별 정체성 선택지가 예술 작품처럼 "전시되고" 있다. 시간이 지남에 따라 이 분류는 점점 더 복잡해졌다. 첫째, 시스젠더는 트랜스젠더와 분리되었고, 그다음에는 트랜스젠더 경험이 확대되어 젠더 플루이드, 젠더 퀴어, 에이젠더, 바이젠더 등의 표현이 생겨났다. 마지막으로 젠더 논바이너리, 젠더 크리에이티브, 젠더 익스팬시브 같은 새로운 성별 정체성이 생겨났다. 사회에서 성별을 표시하는 방식은 그 어느 때보다 복잡해졌다. 그러나 이것이 제시되는 방식에 대해 박식한 큐레이터가 부족하다. 큐레이터로 의존할 만한 전문가들은 트랜스젠더나 다양한 성별 경험을 지닌 어린이들에게 의존함으로써 이들을 그들 자신의 성별에 대한 큐레이터로 만들었다. 이전 장에서 언급했던 트랜스 긍정론자

---

36 Gamerman, "Everybody's an Art Curator." 이 기사는 몇 가지 주제에 대한 논의에서 인용되어왔으며, 우리는 그것이 어떤 면에서 새로운 성별 정체성을 보고하는 청소년들에게 제공되는 서비스와 유사한지를 생각하고자 한다.

인 심리학자 다이앤 에렌사프트의 말을 빌리자면 "지금 우리를 이끌고 있는 이들은 바로 아이들"이다.[37]

　물론 우리가 제시한 간략한 설명과 여기에 인용한 자료로는 전문 클리닉에서 제공하는 복잡한 케어 서비스를 다 담을 수 없으며, 여기서 그런 서비스를 축약해서 설명하는 일은 의미가 없다. 하지만 많은 클리닉에서 어린이와 10대 청소년들로 하여금 자신의 성별 정체성을 스스로 규정하도록 하는 경향이 현실적으로 존재한다. 이들은 필연적으로 자신의 경험과 정체성을 설명하기 위해 사회가 만들어낸 언어적 산물을 사용한다. 우리는 2장에서 "루핑 효과"가 새로운 성별 정체성을 설명할 수 있다고 주장했는데, 이는 성별 정체성을 탐색하는 개인이 성별 정체성을 설명하기 위해 우리가 사용하는 언어 및 범주와 상호 작용하고 그 범주들을 채택함으로써 그것을 강화하기 때문이다.

　트랜스 긍정 케어 모델에서 취한 일부 자세에 대한 반발이 있었는데, 이는 특히 침습적인 방법을 승인해야 한다는 압박을 우려하는 부모들을 중심으로 생겨났다. 새로운 성별 정체성을 지닌 아이들을 위한 최선책에 관해 가족에게 확신을 줄 수 있는 연구가 아직 충분하지 않다고 생각하는 의료 전문가 사이에서도 일부 대화가 이루어지고 있다. 크라우드소싱을 통해 모집된 박물관의 예술 평론가들처럼, 이들은 특정 질문에 대한 답변이 자격 없는 사람들의 견해에 달려 있다고 느끼고 있을 것이다. 그러나 박물관 비유에서 드러난 몇몇 비평가의 우려와 달리 일부 의료 전문가는 성별 정체성과 신체 변형에 관한 일생일대의 중요한 결정이 적절한 지도와 지침이 부족한 젊은이들에게 맡겨진 상황을 걱정하고 있다.

37　Ehrensaft, "Gender Nonconforming Youth," 57-67.

우리는 당사자에게 큰 고통을 줄 수 있는 성별 위화감을 실제 경험, 즉 진단 가능한 장애로 다룬다.[38] 만약 성별 위화감이 청소년기 후반이나 성년기 초까지 저절로 자연스럽게 해결되지 않는다면, 성별 위화감 문제에 개입하는 것이 고통 관리를 위한 다양한 선택지 가운데 하나라고 생각한다. 우리는 의료적 개입 대신 부인할 수 없는 고통스러운 경험에 대응하는, 신앙과 일치하는(faith-congruent) 대처 전략을 포함한 광범위한 방법으로 시작한다. 비침습적 대처 전략(트랜스젠더 정체성을 지지하는 방향으로 나아가기 위한 단계적 방법에서 흔히 사용되는 방법)으로 충분히 도움을 받지 못하면 의학적 개입(크로스젠더 호르몬, 성별 확정 수술) 같은 보다 침습적인 대처 방법을 고려할 수 있다.

비록 오늘날 일부 사람들은 의학적 개입을 한 개인의 진정한 자아를 확정하는 조치로서 우리가 마땅히 긍정적으로 수용하고 환영해야 한다고 생각하지만, 우리가 만난 그리스도인 대다수는 두려움과 절망 속에서 이 방법을 시도한다. 우리는 이런 의학적 개입이 존재하고 이것을 이용할 수 있음을 인정하면서, 동시에 이와 같은 개입을 반드시 권장하는 것은 아니지만 이런 개입을 추구하는 사람들은 이를 하나의 완화적 조치(다른 방식으로는 결코 완화될 수 없는 고통을 경감시킬 수 있는 조치)로 받아들일 수 있음을 인정한다. 어떤 경우에도 우리는 이런 개입을 최상의 방법이라고 보지 않는다. 이는 부분적으로 현실적인 이유에서 비롯되었다. 의학적 개입은 쉽게 되돌릴 수 없으며 평생 비용을 많이 들여야 하는 치료가 지속되어야 한다. 또한 젊은 사람에 대한 연구 결과의 양과 질의 측면에서 볼 때 연구와 관련된 문제들도 있다. 이는 모든 경우에 이런 조치가 갖는 도덕적·윤리적 함

---

38   Yarhouse, *Understanding Gender Dysphoria*.

의와 관련하여 우리가 씨름하는 문제들 때문이기도 하다. 그럼에도 불구하고 우리는 그리스도인이 분별력을 갖고 이런 조치를 취하게 된 흔치 않은 상황에 대해 충분히 이해할 수 있다. 우리는 그런 사람들을 만나면서 결정을 내리는 과정이 얼마나 어려웠는지를 알고 큰 충격을 받았다.

우리는 성별 정체성에 대한 현재의 토론을 통해 성별 위화감으로 인해 고통받고 있는 사람들의 잠재적인 요구에 관심을 돌릴 수 있게 되어 감사하다. 우리는 다양한 어린이의 자기표현에 해를 끼치는 방식으로 성별 표현과 역할을 제한하지 않도록 남성성과 여성성의 표현을 확장함으로써 이익을 얻을 수 있다. 또한 우리는 "틀에서 벗어난" 방식으로 아이가 성별을 표현할 때 교회나 가정에서 성별 고정 관념을 이중으로 적용하지 않기를 바란다. 결과적으로 성과 성별에 대한 이런 논의에 관심을 갖게 하는 것이 중요하다. 그것은 분명 어려운 일이지만 오늘날 교회가 청소년의 요구에 부응하려면 꼭 필요한 일이다.

하지만 우리는 높아진 인식 이상의 것을 발견하고 있다. 우리는 종종 청소년들이 성별 대화의 운전대를 잡고 그 차를 직접 조종하도록 허락하는 성인들의 문화적 움직임을 목도하지만, 그들을 위해 자리를 비켜주겠다는 약속 외에 충분한 지침과 안내는 제공하지 않는다. 이렇게 청소년들에게 권한을 부여하려는 움직임은 부모의 지도 없이 생식 기능과 관련된 결정을 내리는 미성년자들에 대한 움직임에서 우리가 본 것과 다르지 않다. 전문 클리닉의 한 성별 정체성 전문가는 "자신들이 원하는 것을 이루고자 하는 10대에게 안 된다고 말하고 싶은 사람은 아무도 없다"고 우리에게 말했다. 우리는 이런 태도가 치료를 제공하는 많은 전문가가 취하는 보편적 자세이며, 치료 방안을 제시하는 데 도움을 주어야 할 의료 기관의 책임을 빼앗아 버리는 것이라고 믿는다. 그것은 치료를 위임받은 사람들로부터 필요한 안내와 지침을 얻지 못할 수도 있는 청소년 스스로가 치료의 주체가 되게 만든다.

부모를 위한 조언: 여러 선택지에 관해 생각하기

부모들은 특정 대처 방안이 도덕적으로 허용되는지의 여부를 판단하는 방법에 대해 고민하고 있을 것이다. 점점 더 많은 그리스도인이 이 문제를 신중하게 생각하고 있다. 『트랜스젠더 정체성 이해하기』(Understanding Transgender Identities)라는 책은 트랜스젠더 경험과 성별 위화감이라는 주제에 대한 기독교 저자들의 네 가지 관점을 제시하고 있으며, 이 주제에 대한 다양한 접근법을 반영하고 성별 표현, 행동 및 개입에 관한 일부 토론을 다뤘다.[a] 우리는 이런 문제들과 씨름하고 있으며, 여러분 중에도 그런 사람이 있겠지만 성별 위화감이라는 주제와 도덕적으로 허용되거나 허용될 수 없는 어떤 조치들에 관해 성경이 명시적으로 언급하는 바를 이해하기 위해 갈등해온 여러 가족과 함께 이야기를 나누어왔다. 여기에는 엄청난 복잡성이 존재하고 있기 때문에, 긴장과 혼란을 느끼고 있다면 여러분만 그런 것은 아니다. 그럼에도 불구하고 성경 전반에 걸쳐서 나타난 광범위하고 중요한 원칙들이 있으며, 우리는 이를 이 논의에 적용하고자 한다.

첫째, 우리는 하나님이 세상을 창조하실 때 의도하신 남녀 구별의 중요성을 인정한다. 인간의 몸과 하나님이 우리의 특정한 신체 안에서 그리고 그것을 통해 인간과 소통하는 방식은 온전하고 거룩하다. 우리 몸을 통해 영광을 받으시는 하나님의 능력은 우리가 살고 있는 이 타락한 세상에도 여전히 존재한다. 동시에 우리는 성별 정체성에 나타나는 다양한 차이, 특히 불일치와 관련이 있으며 흔히 타락의 결과로 간주되는 위화감을 심각하게 받아들인다. 당신은 우리가 살고 있는 타락한 세상에서, 특히 지속적인 위화감이 존재하는 경우에 어떻게 해결 방법을 계속 탐색해나갈 수 있는지를 놓고 씨름하고 있을 것이다.

우리는 믿음의 공동체에서 당신을 위해 기도하고 도울 수 있는 사람들과 계속 연락을 취하고, 당신이 의사결정을 할 때 시기적절한 지혜와 신중함을 달라고 하나님께 기도할 것을 권한다. 우리는 또한 당신 앞에 놓여 있는 선택지들이 윤리적인지 그리고 그 선택지들을 평가할 수 있는 성경적인 근거를 기도하는 마음으로 사려 깊게 생각하면서 실행 가능한 모든 대처 방법에 대해 단계적으로 접근하기를 권한다. 가능하면 우리는 사람들이 성별 위화감으로 인한 고통을 관리하기 위해 가장 덜 침습적인 방법을 찾도록 돕는다(예: 일반적인 대처법, 표현 방식, 헤어스타일, 복장). 하지만 우리는 덜 침습적인 대처 기술을 시도하고도 지속적으로 엄청난 고통을 경험하고 있는, 심각한 성별 위화감을 가진 사람들을 위한 대책이 부족하다는 점을 인정한다. 부모는 사랑하는 자녀가 현재 또는 장래에 특정한 조치를 고려할 때 자녀의 편에 서서 어떤 것들이 자녀에게 마음의 위로나 안정을 가져다주었는지, 그들이 고려하고 있는 구체적인 조치와 관련하여 그들이 양심의 목소리를 듣고 평정심을 유지하는 데 어떤 것들이 도움이 되었는지를 그들 스스로 파악하게끔 도울 수 있다. 무엇보다도 당신과 당신이 사랑하는 사람을 깊이 돌보시고 이 과정에서 당신을 버리지 않으실 그리스도께 가까이 나아갈 것을 권한다.

a. James K. Beilby and Paul Rhodes Eddy, eds., *Understanding Transgender Identities: Four Views* (Grand Rapids: Baker Academic, 2019).

부모들의 불만 사항

일부 클리닉들은 잠재적으로 중요한 몇 가지 변수를 충분히 평가하지 않고 청소년에게 성급하게 크로스젠더 또는 다른 성별 정체성을 선택하게끔 재촉하는 것이 아니냐는 부모들의 불만을 검토하고 있다. 예를 들어 2018년에 한 부모 그룹은 영국의 타비스톡(Tavistock) 클리닉을 대상으로 "청소년이 전환의 길로 들어서도록 돕기 전에 그들이 특히 자폐 스펙트럼에 속하는지, 트라우마를 경험했는지, 사회적 압력에 영향을 받고 있는지 등을 검토함으로써 청소년의 개인사를 고려하는 데 더 많은 노력을 기울여야 한다"고 우려를 표명했다."[39]

타비스톡은 이미 내부적으로 시스템과 진행 방식에 대한 검토를 시작한 것으로 보인다. 그러나 부모들은 신규 의뢰 건수가 너무 많아 청소년의 요구를 적절히 평가하는 일이 어렵다고 우려했다. 그들은 "현재 [타비스톡 클리닉의] 업무 강도를 고려할 때, 담당 건수를 줄이기 위해 16세 이후에 [타비스톡 클리닉에] 들어온 젊은이들의 집단(cohort) 성인을 위한 서비스로 급하게 넘어갈 수 있는 실질적인 위험이 있다고 생각한다."[40] 특히 부모들은 환경적 고려 사항, 사회적 압력, "소셜 미디어에서 트랜스 이슈의 대중화", 과거의 트라우마 및 (그들의 관점에서 볼 때) 흔히 10대들이 요구하는 의료적 개입을 제공하고자 하는 의료진들의 열의 때문에 조사 중에 간과되었을 수 있는 다른 고려 사항에 관해 질문했다.

타비스톡 클리닉은 우리가 살펴보았던 다른 클리닉에서 내세운 주장으로 자신들의 관행을 옹호하면서, 어려운 환자들을 다루는 경우 부모들이 말하는 소위 "신속 처리"(fast-tracked) 서비스나 10대들이 요구하는 것을 단순히 제공하기보다는, 의료진이 성별 정체성 문제가 지속되는지의 여부를 결정할 수 있도록 서비스의 속도를 늦추고 치료를 확대하는 경우가 많다고 주장했다.

놀랍게도 클리닉의 발표에는 다음과 같은 내용도 포함되어 있다. "그럼에도 불구하고 우리는 성별 위화감 자체가 정신 건강 진단명이 아니라는 점을 항상 염두에 두고 있다."[41] 이는 성별 위화감이 정신 건강 관점에서 명

---

39 Jamie Doward, "Gender Identity Clinic Accused of Fast-Tracking Young Adults," *Guardian*, November 3, 2018, https://www.theguardian.com/society/2018/nov/03/tavistock-centre-gender-identity-clinic-accused-fast-tracking-young-adults.

40 Doward, "Gender Identity Clinic."

41 Doward, "Gender Identity Clinic."

확히 내려진 진단이기 때문에(적어도 정신 장애 진단 및 통계 편람 5판[DSM-5][42] 을 참조할 때) 매우 놀라운 것이다. 하지만 이 클리닉은 성별 정체성 장애가 국제질병분류 제10판(ICD-10)에 근거한 진단명이었다고 생각하고 있었고 이를 "성별 불일치"로 재개념화하는 중이었으며, "정신질환"이란 범주에서 11판(ICD-11)에 언급된 것처럼 "성(sexual) 건강" 범주로 재배치하는 과정 중일 가능성이 있다.[43]

대부분의 전문 클리닉은 다양한 이해당사자의 우선순위 사이에서 아슬아슬한 줄타기를 하고 있다. 한편으로 이해당사자 다수는 클리닉이 철저한 평가를 제공하고 성별 정체성 문제에 영향을 미칠 수 있는 사회적 추세와 사회 심리적 현실을 고려하기를 원한다. 반면 일부 이해관계자들은 성별 정체성 문제가 정신 건강을 다루는 기관과 거의 또는 전혀 관련이 없다고 믿고 있으며, 정신 건강 전문가들을 그들이 오랫동안 맡아온 문지기 역할에서 제외하기 위해 합심하여 노력해왔다.

우리는 부모들이 클리닉에 대해 제기하는 불만 사항에 우리가 2장에서 설명한 다양한 신생 성별 표현이 반영되어 있을 것으로 생각한다. 트랜스젠더나 새로운 성별 정체성으로 자기 정체성을 인식하는 높은 연령대의 어린이 혹은 10대 청소년들은 성별 위화감에 대한 기준을 충족하지 못하는데도 불구하고 여전히 상당히 침습적인 방법들을 요구할 수 있다. 지금까지 의학 전문가들은 새로운 성별 정체성 영역에서 서로 다른 10대들의

---

42 American Psychiatric Association, *Diagnostic and Statistical Manual of Mental Disorders: DSM-5* (Arlington, VA: American Psychiatric Association, 2013).

43 Sabrina Barr, "Transgender No Longer Classified as 'Mental Disorder' by World Health Organisation," *Independent*, May 28, 2019, https://www.independent.co.uk/life-style/transgender-world-health-organisation-mental-disorder-who-gender-icd11-update-a8932786.html.

섬세한 경험의 차이를 적절하게 반영하지 못했다. 임상적 세심함을 늘리고 분별력을 키우는 데 더 많은 시간과 노력을 투자할 때까지 불만은 계속될 것이다.

정보에 근거한 동의(Informed-Consent) 케어 모델

이런 논의에서 정신 건강 전문가들을 제외하려는 시도는 개인 간의 섬세한 차이가 점점 증가하는 현실에 역행하는 처사 중 하나다. 오늘날에는 특정한 개입을 할 필요가 있는지를 결정하는 문지기 역할에서 정신 건강 전문가들을 배제하는, 정보에 근거한 동의 케어 모델을 수용해야 한다는 엄청난 압력이 있다. 사전 동의 케어 모델에 대한 관점은 안드레아 롱 츄가 「뉴욕 타임스」(*New York Times*)에 게재한 도발적인 제목의 사설 "나의 새로운 질(vagina)은 나를 행복하게 만들지 못할 것이다. 그리고 그럴 필요도 없다"에 표현되어 있다. 츄는 트랜스젠더 정체성은 망상이기 때문에 트랜스젠더 젊은이들은 트랜스젠더 긍정 케어를 거부해야 한다는 "보수파들이 주장하는 임상적 망상 이야기"에 대해 비판적이다.[44] 하지만 그녀는 고통을 완화하기 위해 트랜스 긍정 케어를 제공하는 "진보적인 반대 담론"에 푹 빠진 정신 건강 관리 모델도 거부한다. 츄는 이런 반대 담론이 "임상적 망상" 모델에 대한 개선책일 수는 있지만, 케어와 중요한 의사 결정을 트랜스젠더 자신에게 넘기기보다는 여전히 의료계, 정신의학계 및 심리학계에 맡기고 있다고 주장한다. "성별 긍정 모델은 양적으로나 질적으로 트랜스젠더 환

---

44 Andrea Long Chu, "My New Vagina Won't Make Me Happy: And It Shouldn't Have To," *New York Times*, November 24, 2018, https://www.nytimes.com/2018/11/24/opinion/sunday/vaginoplasty-transgender-medicine.html.

자가 더 나은 케어를 제공받을 수 있도록 이끌어줄 것이 거의 확실하다. 하지만 환자의 고통을 최소화하는 데 초점을 맞춤으로써 의사나 의사 역할을 하는 사람이 위험이 너무 높다고 생각할 때는 케어를 거부할 수 있는 가능성을 열어둔다."[45]

다시 말해 일단 케어가 고통을 완화시킨다고 인정되면, 문지기는 예상되는 결과를 예측한 연구에 기초하여 누가 어떤 개입에 적합한지를 결정하는 역할을 하게 된다. 하지만 그들이 의료 개입을 승인할 때 염두에 두고 있는 고려 사항은 츄 자신이 염두에 두고 있는 것과 같지 않다. 츄가 추구하는 전환의 목표는 고통을 완화하는 것이 아니다. "나는 여전히 모든 것을 원한다. 나는 눈물을 원한다. 나는 고통을 원한다. 내가 전환을 원한다고 해서 그것이 나를 행복하게 만들 필요는 없다. 사람들을 자기 마음대로 하게 내버려 두면 장기적으로 정말 자신을 기쁘게 해줄 수 있는 것들을 추구하는 경우는 거의 없다. 욕구와 행복은 서로 독립된 별개의 요소다."[46] 츄에 따르면 의학적·심리적 문지기 역할이 지닌 문제 중 하나는 치료의 역사가 생색내기의 과정이었다는 것이다. "트랜스젠더 의료가 고통의 완화를 성공의 기준으로 삼는 한 의료는—독재자의 자비로—치료를 원하는 사람들에게 그 치료를 제공받을 수 없도록 저지할 권리를 갖게 될 것이다. 트랜스젠더들은 수십 년 동안 의심과 생색내기로 일관하는 의료 기관에 의지할 수밖에 없었다. 하지만 오늘날에도 여전히 호르몬 치료와 수술을 받는 길은 단 하나, 바로 이런 치료법들이 마치 고통을 사라지게 할 것처럼 말하는 것뿐이다."[47]

---

45 Chu, "My New Vagina Won't Make Me Happy."
46 Chu, "My New Vagina Won't Make Me Happy."
47 Chu, "My New Vagina Won't Make Me Happy."

츄는 더 이상 의학적·심리적 문지기 역할이 지속될 수 없다고 주장하면서 정보에 근거한 동의 모델을 지지한다. 간단히 말해 사람들이 다양한 개입의 잠재적 이점과 위험성을 알게 되면 그런 개입의 결과에 대해 책임을 질 수 있다는 주장이다. "나는 모든 종류의 수술이 트랜스젠더의 삶에 엄청난 변화를 가져올 수 있고 실제로 그렇다고 믿는다. 하지만 나는 또한 수술의 유일한 전제 조건은 단순히 그 수술을 원한다는 것을 분명히 보여주는 것이어야 한다고 생각한다. 이 외에 어떠한 고통도(예상되는 고통 혹은 지속되는 고통) 그 수술을 저지하는 것을 정당화할 수 없다."[48]

우리는 침습적인 방법을 요구하는 성인과 청소년 사이에 차이가 있다는 것을 인식하고 있기 때문에, 이 논의는 당사자의 나이에 따라 구체화될 수 있고 또 그렇게 되어야 한다. 하지만 우리는 정보에 근거한 동의 모델에 관한 논의가 성인에게만 국한된다고 순진하게 생각하고 싶지 않다. 왜냐하면 이에 관한 논의가 계속해서 선을 넘나들고 있는 광경을 보고 있기 때문이다. 청소년의 정신 건강 및 관련 의료 서비스에 대한 접근을 제한하기보다는 연관된 결정을 청소년의 손에 맡기는 방향으로 추세가 달라지고 있다. 이런 변화는 성인에게 사용되는 정보에 근거한 동의 모델을 청소년에게도 동일하게 적용하는 것이다. 우리는 이런 변화에 대해 우려하고 있다. 어떤 수준의 제한도 임의적이고 청소년에게 최상의 유익을 주지 않는다고 가정할 경우, 정신 건강 전문가는 모든 연령대의 사람들이 장기적인 행복을 위한 결정을 내리게끔 지원하도록 그 자리에 배치되었으며 그 일을 위해 훈련받았다는 사실을 우리가 놓칠 수도 있다. 설령 그들의 그런 결정이 특정한 시기에 한 개인이 원하는 바와 다르더라도 말이다.

---

48   Chu, "My New Vagina Won't Make Me Happy."

트랜스젠더나 새로운 성별 정체성을 채택하는 청소년이 다양한 이유로 이런 정체성을 채택할 수 있지만, 모두가 성별 위화감 진단을 받는 것은 아니라는 사실을 고려할 때 정신 건강 전문가의 역할이 특히 중요해진다. 정신 건강 전문가들은 특히 돌이킬 수 없는 침습적 방법에 대한 요청에 직면했을 때 각 조치가 지닌 잠재적인 이점과 위험을 예견하는 데 필요한 통찰력을 제공한다. 우리는 정신 건강 전문가의 역할을 "잠재적으로 가치 있는 것"으로 본다. 왜냐하면 정신 건강 전문가가 성별 정체성 질문에 대한 다양한 동기를 평가하고 피드백을 제공하며 비정형 성별 표현에 대한 현재의 합의가 부족하다는 점을 인정하는 한 그 역할이 가치 있다고 생각되기 때문이다. 그러나 현실은 정신 건강 전문가가 고객에게 무엇을 제공해야 하는지에 대한 이런 가정과 현재의 케어 트렌드가 모순되는 것처럼 보인다. 우리는 여기서 생식 건강, 부모 통지법(parental notification laws), 동의(consent) 문제에 관한 경향을 고려하고 있다. 미성년자 트랜스젠더를 위한 케어는 이런 방향으로 나아가고 있으며 앞으로도 이런 경향은 지속될 것이다. 트랜스를 긍정하는 케어가 아닌 것은 도움이 되지 않거나 비윤리적이며, 심지어 불법으로 간주될 가능성이 높다. 이런 트렌드는 정신 건강 전문가와 일반 전문가들이 미성년자의 의사 결정에 개입하여 그들이 사려 깊고 침착하게 결심할 수 있는 과정을 돕는 여지를 거의 남기지 않는다.

얼마 전 우리는 이틀간 진행된 트랜스 긍정 케어 교육을 참관했다. 교육이 진행된 관할 지역에서는 15세 미만 청소년이 부모의 동의 없이 성별 확정 수술을 받는 것이 합법이다. 당시에는 이런 관할 지역이 이례적이었기 때문에 우리는 이런 법령의 의미에 대해 논의했다. 다양한 의견이 있었지만 경험 많은 정신 건강 분야 종사자들 대다수가 한 가지 사실에 동의하는 경향이 있었다. 경험 많은 임상의들은 시간이 지남에 따라 트랜스젠더 청소년의 행복을 가장 잘 예측할 수 있는 요인이 부모와 맺고 있는 관계의 질이라는 것을 알고 있었기 때문에, 부모의 지지가 없는 (그리고 그 절차에 대한 부모의 지식 없이는) 청소년에게 침습적인 방법을 장려하지 않았다. 좋은 뜻에서 시작한 트랜스 긍정 케어는 때때로 10대 청소년이 사회적 네트워크에 속해 있다는 사실을 제대로 인식하지 못해 불균형을 초래하게 되었는데, 이런 중요한 네트워크 중 하나가 바로 가족이다. 우리는 모든 트랜스 청소년이 그들의 행복을 강화해주는 적절한 지원과 지지를 보여주는 가정을 갖고 있지 않다는 점을 알고 있으며, 일부 10대들은 이미 집에서 나왔거나 부모와 논쟁을 벌이고 있을 수 있다. 그럼에도 불구하고 우리는 그런 관계를 회복하고 상호 이해와 존중을 위해 집중적으로 노력해야 한다고 생각한다. 10대의 결정에 부모의 참여를 제한하는 법안은 이미 깨지기 쉬운 관계에서 더욱 긴장을 악화시킬 수 있다. 10대의 행복을 위한 가장 중요한 관계는 바로 부모와의 관계다.

우리가 정신 건강 전문가의 문지기 역할에 찬성하는 한 가지 이유는 정신 건강 전문가(적어도 이 분야에서 인정받은 유능한 사람)는 큰 그림을 볼 수 있고, 10대가 관계망 속에서 어떤 위치에 있는지 파악할 수 있으며, 감정에 치우치지 않고 냉정하게 치료를 권고할 수 있기 때문이다. 정신 건강 전문가는 상황과 거리를 두어야 성별 정체성에 대한 의사 결정과 관련해 장기적인 관점을 강화할 수 있으며, 모든 경우에 조급한 마음을 갖지 않고 분별력을 발휘할 수 있다. 물론 정신 건강 전문가가 적절한 주의 사항을 제공하지 않거나 성별 정체성을 탐색하는 사람들이 고민하는 속도, 타이밍, 다양한 궤적의 현실성 문제를 해결하지 못한다면 그들의 가치는 별로 크지 않다(그리고 우리가 보기에 오히려 해를 끼칠 수도 있다).

정신 건강 전문가의 개입이 가치 있다고 생각하는 또 다른 이유는 비전형적 성별 표현에 여러 동기가 있을 수 있기 때문이다. 빙산에 비유하자면, 비전형적 성별 표현은 수면 위에 있는 것을 보는 것과 비슷하다. 그러나 비전형적 성별 표현에 동기를 부여하는 것은 수면 아래에 숨어 있다. 청소년은 성별 위화감을 관리하고, 신체 이미지에 대한 불안을 줄이며, "진정한 자아"를 표현하고, 성적 흥분을 경험하며, 즐거움과 재미를 추구하거나 무료함을 달래기 위해 비전형적인 표현에 몰두할 수 있다. 게다가 일부 청소년들은 정체성과 공동체를 찾는 것처럼 보인다.

발달의 관점에서 볼 때 청소년기는 정체성이 형성되는 시기다. 청소년들은 다양한 집단에서 색다른 정체성과 존재 방식을 시도해본다. 집에서는 이런 방식으로, 청소년 그룹에서는 저런 방식으로 자신을 드러낼 수 있다. 또래 친구들과는 이런 방식으로, 가족들과는 저런 방식으로 관계를 맺을 수도 있다. 정체성 탐색은 그들이 소통하고 교류하는 다양한 그룹 사이에서 자신의 안정적인 정체성이 나타날 때 비로소 종료된다. 일부 10대들에게 트랜스젠더나 새로운 성별 정체성은 이런 형성기에 시험해보는 정체성 중 하나일 것이다. 비록 이런 현상이 얼마나 빈번히 나타나는지 정확히 추정하기는 어렵지만, 정체성과 공동체를 찾고 있는 일부 10대 청소년들은 다양한 성별 정체성을 추구하는 트렌드가 일종의 소속감을 제공한다는 것을 발견할 수도 있다. 그들은 나중에 자신들을 공감해주는 사회적 구성 개념(social constructs)이 지지하는 정체성에 시간과 노력을 투자할 수 있다.

이런 트렌드는 성별 위화감을 느끼는 사람들에게 도움이 될 수도 있다. 왜냐하면 그것이 자기 경험의 정당성을 입증하고 지원을 찾는 데 도움이 되기 때문이다. 우리는 과거에 성별 위화감을 느낀다고 고백했던 60세 여성을 떠올린다. 그녀는 어린 시절부터 자신이 "미쳤거나 정신 이상자 같은 존재"라고 생각했다. 그녀는 미디어에 나온 트랜스젠더들의 이야기를 듣고 나서야 이 진단에 대해 확인을 받아야겠다고 생각했고, 자신만 이런 문제를 갖고 있는 것이 아님을 알게 되었다. 하지만 놀랍게도 그녀는 수술이나 의료 시술 혹은 심지어 사회적 전환에 전혀 관심이 없었다. 그녀는 자신의 경험에 대처할 수 있는 다른 방법을 모색했고, 오랜 세월에 걸쳐 이미 효과 있는 방법을 찾아냈다. 자신의 경험이 진짜임을 확인받는 것만으로도 그녀는 극심한 수치심을 느끼지 않고 고통을 극복할 수 있었다.

하지만 다른 사람들에게는 이와 같은 트렌드가 잠재적으로 해로울 수도 있다. 성별 위화감을 경험하지 않은 사람들에게 위화감을 경험한 사람들과 연대를 이루라고 권하는 것은 일부 청소년을 피할 수 있는 형태의 트라우마로 이끌 수도 있다. 이처럼 10대들에게 트랜스젠더와 새로운 성별 정체성을 추구하는 트렌드가 없었다면, 그들 중 일부는 때로는 크로스젠더 또는 기타 성별 정체성에 수반되는 의학적 개입 및 수술 형태의 개입 등에 상당히 몰입할 가능성이 덜한 영역에서 정체성과 공동체를 찾고 있었을지도 모른다.

우리가 정신 건강 전문가가 성별 정체성 탐색에 관여하는 것이 중요하다고 생각하는 마지막 이유는 동등 결과성(equifinality)이다. 동등 결과성은 다양한 경로가 동일한 종착점에 이어질 수 있다는 개념이다. 다양한 경로가 성별 위화감이라는 동일한 종착점에 이를 수 있을까? 이에 대한 우리의 대답은 "예"인데, 아마도 현재 알려진 것보다 훨씬 더 많은 방식으로 가능하다고 본다. 위화감 진단은 이미 발현 연령에 따라 나뉘며, 이는 이른 발현과 늦은 발현이 성별 위화감의 두 가지 다른 경로를 나타낸다는 의미다. 게다가 성적 지향에 기초한 유형 분류는 논란이 되지만, 성별 위화감처럼 보이는 다양한 현상 중 일부는 더 나은 무언가로 더 잘 개념화될 수 있는 가능성을 시사한다. 크로스섹스 행동이 크로스섹스 혹은 다른 성별 정체성을 입증한다기보다는 성적 흥분 패턴과 연관된 경우에 그렇다. 심지어 이런 경우에도 DSM-5는 성별 위화감이 소위 "복장 도착 페티시즘"(transvestic fetishism)으로부터 발생될 수 있다고 언급한다. 즉 때때로 사람들은 복장 도착 행동과 관련된 페티시를 가지고 있다. 하지만 정체성 문제가 오랫동안 지속되어 온 페티시로부터 생겨날 수도 있다. 우리는 이 시나리오가 일반적이라고 보지는 않지만, 정신 건강 전문가는 각 의뢰인의 성별 정체성 경험의 정확한 본질을 평가하고 현재의 경험에 이르게 한 다양한 경로를 인정할 필요가 있다.

동등 결과성의 원칙을 현재의 트랜스젠더 및 새로운 성별 정체성 논의에 적용하면 어떻게 될까? 늦게 발현된 성별 위화감의 일부 사례, 특히 출생 성별이 여성인 사람들 사이에 나타나는 사회적·환경적 요소에 관한 최근 관찰에 근거해볼 때, 성별 불일치 또는 성별 위화감을 경험하게 만드는 또 다른 경로가 있는가? 이 질문을 통해 우리는 잠시 진행을 멈추고, 성별 위화감 관리와 치료 방법에 일률적인 접근 방식을 적용하는 많은 전문가에게 도전을 제시해야 한다. 사회적, 환경적 요인이 트랜스젠더와 새로운 성별 정체성의 증가에 영향을 주고 있음에 비추어, 우리는 특정 개인의 경험을 무효화하지 않고 모든 사람의 경험을 진지하게 받아들이고자 한다. 아울러 각 사례에 대해 우리가 아는 것과 모르는 것을 현실적으로 파악함으로써 그들의 문제를 해결하기 위한 최선의 접근법을 모색하려고 한다.

우리는 수술을 받은 사람들 사이에서 수술을 후회하는 비율이 계속 낮아지고 있다는 사실을 기쁘게 생각하며, 수술 결과에 만족할 가능성이 높은 사람과 후회할 위험이 큰 사람에 대한 연구를 통해 많은 것을 배우게 되어 감사하게 생각한다. 우리는 후회와 관련된 다양한 연구에 관해 다른 곳에 글을 썼지만, 우리가 기대하는 장기적인 추적 관찰의 결과를 제공하지는 못했다.[49] 그럼에도 불구하고 단기적으로는 외과 수술을 통한 개입에 대해 전반적인 만족도를 드러내는 연구가 많다. 그리스도인으로서 이런 조치 및 개입과 연관된 윤리적 문제에 관해 분별해야 할 부분이 많이 남아 있다. 정신 건강의 관점에서 볼 때 우리는 이런 낮은 후회 비율은 외과 수술을 받고자 지원한 사람이 그의 의사 결정을 돕는 팀과 함께 거쳐온 긴 과정과 부분적으로 관련이 있다고 생각하는 경향이 있다. 이 긴 과정은 불필요한 장애물을 만드는 것이 아니라 최선의 개입과 최고의 결과를 가져올 가능성을 높이기 위한 노력이다. 이런 접근 방식에서 벗어나려는 트렌드는 문제가 되고 있는데, 이는 부분적으로는 이런 움직임이 의료 개입 및 외과적 수술을 통한 다양한 개입의 결과에 미치는 영향을 우리가 아직 예측할 수 없기 때문이다. 특히 점점 더 어린 연령대의 사람들에게 이런 개입을 장려하고 있는 사회적 트렌드가 있기 때문에 이런 결과는 더욱 중요하다.

부모를 위한 조언: 좀 더 침습적인 방법 고려하기

우리는 당신이 성전환 호르몬 사용이나 다양한 외과적 수술 같은 침습적인 방법을 두려워하고 있다는 사실을 인식하고 있다. 이런 시술은 연예계와 소셜 미디어에서 거의 피할 수 없는 방식으로 대중화되어 왔으며, 부모의 동의 없이도 미성년자들이 점점 더 많은 서비스를 이용할 수 있는 방향으로 나아가고 있는 것처럼 보인다. 우리는 당신의 두려움을 이해할 수 있다. 당신의 마음을 몇 단계나 건너뛰어 당신을 큰 고민에 빠뜨리는 특정한 결정을 내려야 하는 상황에 처할 수도 있을

---

49 Mark A. Yarhouse and Julia Sadusky, "A Christian Survey of Sex Reassignment Surgery and Hormone Therapy," *Center for Faith, Sexuality, and Gender*. https://www.centerforfaith.com.

것이다. 우리는 각 관리와 대처 방법을 시행하기 전에 신중하게 검토하고 각 방법을 시간 경과에 따라 추적하고 평가하여, 유용하지 않은 것으로 판명될 경우 다른 방법으로 전환하는 단계적 접근 방식을 취하는 것이 더 도움이 된다는 사실을 깨달았다.

부모에 따라 단계별로 불안을 느끼는 정도가 다를 수 있다. 우리는 이것이 어려운 문제임을 알고 있으며, 우리가 앞서 공유한 바와 같이 성별 위화감이나 특정한 개입에 대한 성경의 명시적인 지침이 많지 않으며 여러 방식으로 이해될 수 있다는 점을 충분히 인식하고 있다. 혹자는 성경에 지침이 부족한 것이 크로스젠더나 다른 성별 정체성 및 표현을 반영하는 어떤 조치도 허용되지 않는다는 의미로 이해하는 반면, 그와는 반대로 지침의 부족이 모든 것을 허용한다는 뜻으로 받아들이는 부모도 있다. 우리의 경험에 비추어 볼 때 부모들이 느끼는 두려움은 더 복잡했다. 당신은 혼자가 아니다. 다른 부모들도 무엇이 도덕적으로 허용되는지, 어떤 것이 하나님을 기쁘시게 하는지, 무엇이 사랑하는 사람의 고통을 덜어주고 그들의 삶의 질을 향상시키는지를 놓고 기도해왔다. 우리는 여러분이 가장 침습적인 방법에 초점을 맞추거나 당신과 당신이 사랑하는 사람이 의사 결정을 할 때 지나치게 앞서가기보다는 속도를 늦추고 한 번에 한 걸음씩만 나아가길 권한다. 너무 앞서가는 것은 더 큰 불안을 야기할 수 있다. 이 분야에서 내리게 되는 모든 결정은 그 결과를 가늠하거나 판단하기 어렵기 때문에, 이런 결정을 혼자 내리지 않고 당신을 사랑하는 사람들, 당신이 사랑하는 사람들, 의사 결정 시 지혜와 성숙함을 보여주는 지인들과 함께 기도하며 결정을 내리기를 권면한다. 결정을 내릴 때 이런 조력자들의 조언을 유능한 정신 건강 전문가의 의견과 통합할 수 있다. 크로스섹스 호르몬이나 성별 확인 수술 같은 구체적인 개입을 도덕적으로 허용하기 어렵다고 결론 내린다면 사랑하는 사람을 그리스도께 맡기고, 그들이 그런 조치를 취할 경우 곁에 머물며 그들이 앞으로 나아가는 데 당신의 신념과 일치하는 방식으로 동행하기를 권장한다.

4장
관계를 위한 기초

이 책의 1부에서는 트랜스젠더 경험과 새로운 성별 정체성에 대해 논의했다. 또한 추정 발현율과 전문 클리닉으로 의뢰를 요청한 사례가 증가한 이유를 설명하는 세 가지 설명 체계를 소개했다. 우리는 이 모든 정체성이 항상 존재해왔지만 이제야 사람들이 스스로 자신의 정체성을 밝힐 용기가 생겼다는 설명에는 동의하지 않는다. 대신 이런 경험에 대한 문화적 지원이 증가함에 따라 한 세대 전에는 그렇게 하지 않았던 일부 청소년이 커밍아웃을 하고 있다고 판단한다. 그러나 우리는 이런 트렌드에 대해 그들이 "새로운 용기"를 얻어서 그렇다고 설명하는 것은 순진한 견해라고 보는데, 이런 의견이 성별 정체성에 대한 본질주의 이해를 고수하기 때문이다. 현재 트랜스젠더와 새로운 성별 정체성을 채택하고 있는 많은 이들은 이런 이해를 공유하지 않는다. 또한 우리는 1부에서 이런 새로운 사례들이 사회적 전염에 의해 발생한다는 설명에 동의하지 않았다. 우리는 정체성과 공동체를 찾고 있는 일부 10대 청소년이 트랜스젠더와 새로운 성별 정체성에서 그것들을 발견한다고 믿는다. 즉 그들은 설득력이 있다고 생각하는 사회적 구성 개념(social constructs)이 지지하는 정체성과 공동체에 자발적으로 시간과 노력을 쏟을 수 있다. 그러나 우리는 트랜스젠더와 새로운 성별 정체성을 통해 자신의 정체성을 밝히는 사례가 증가하는 현상을 단지 또래 집단의 영향과 사회화를 반영한 결과로 보지 않는다.

우리는 성별 정체성을 탐색하는 각 개인을 대할 때 원인으로 작용할 수 있는 여러 요소를 고려해야 한다고 본다. 일부 10대는 성별 위화감으로 고통받고 있는바 관련 연구는 이들의 문제를 해결해나가기 위한 최선의 방법을 알려주기 위한 것인데, 이는 때때로 임상적 개입만큼이나 논란이 되고 있다. 우리는 또한 성별 위화감과 관련된 언어와 범주에 대한 인식이 더욱 높아지는 상황에서 이런 언어와 범주에 더욱 노출되어 있기 때문에 트랜스젠더나 새로운 성별 정체성을 채택하는 청소년의 수가 증가하는 현상을 목도하고 있다. 그럼에도 불구하고 성별 위화감은 여전히 상대적으로 드문 현상이다. 성별 위화감을 경험하지 않고 트랜스젠더나 새로운 성별 정체성을 채택하는 일부 10대 청소년은 성별 비전형성에 대한 여지를 거의 남기지 않는 엄격한 남성성과 여성성에 대한 고정 관념에 대항해 반발하는 것일 수 있다. 또 다른 이들은 인생의 도전에 대처하는 방편으로 정체성과 공동체를 찾는 것일 수도 있고, 새로운 성별 정체성을 비롯해 변화하는 성과 성별 규범이 정의하는 정체성 그룹에 의지하고 있을 수도 있다. 후자에 속하는 청소년 그룹이 성별 위화감 진단을 받은 아이들에게 일반적으로 적용되는 개입의 좋은 후보가 될 수 있을지는 확실하지 않다.

우리가 이 책의 1부에서 제안한 바와 같이 성별 정체성을 설명하기 위해 일부 새롭게 등장한 언어와 범주는 광범위한 루핑 효과 안에서 발전해왔다. 즉 사람들은 자신의 경험을 설명하기 위해 사용 가능한 언어 및 범주와 상호 작용한다. 루핑 효과의 상호적이고 역동적인 특성은 어떻게 새로운 성별 정체성이 생겨났는지에 대한 중요한 통찰력을 제공한다. 우리는 성별 위화감을 경험하는 사람들이 이용할 수 있는 다양한 치료법, 이 치료법과 관련된 논란, 이 치료법에 대한 개인의 단기 만족도 연구를 살펴보면서 1부를 마무리했다. 물론 우리는 선택에 대한 주관적인 만족도는 이런 개입이 그리스도인에게 도덕적으로 허용되는지에 관한 문제를 해결해주지 못할 수도 있음을 알고 있으며, 오늘날 취할 수 있는 선택에 대해 그리스도인과 교회가 반응하는 방식에 큰 변화가 있을 것이라고 예상한다.

실제적인 지혜를 찾아서

우리는 이제 그리스도인들이 성별 정체성이라는 복잡한 영역을 탐색하는 사람들을 돕는 방법에 주목하고자 한다. 리처드 마우는 『흔들리는 신앙』이라는 최근 저서에서 실제적인 지혜(프로네시스[*phronesis*])라는 개념을 고찰한다.[1] 실제적인 지혜는 "신학적, 목회적, 윤리적, 영적, 사회적, 과학적 민감성 같은 다양한 종류의 민감성과 통찰력을 통합하는 전략을 필요로 한다."[2] 우리는 이 성별 정체성 문제에 관여할 때 미묘한 차이가 있는 접근법을 개발함에 있어 계속 다양한 자료를 활용하고 실제적인 지혜에 의존해야 한다는 점을 명심하길 원한다.

이런 접근 방식은 사람들에게 붙이는 꼬리표인 라벨(label)과 사람 사이의 관계를 설명하는 두 개의 "벡터"(vector)에서 발생하는 두 가지 중요한 문제가 있다고 말하는 이언 해킹의 영향을 받은 것이다. 하나의 벡터는

---

1   Richard Mouw, *Restless Faith: Holding Evangelical Beliefs in a World of Contested Labels* (Grand Rapids: Brazos, 2019). 『흔들리는 신앙』(SFC역간).
2   Richard Mouw, *Consulting the Faithful: What Christian Intellectuals Can Learn from Popular Religion* (Grand Rapids: Eerdmans, 1994), 54.

"위"에서 아래로 이동한다. 즉 그것은 사람들에게 꼬리표를 붙이고 어떤 주제에 대한 지식으로 "간주"되는 것을 만드는 전문가들의 작업을 묘사한다. 다른 벡터는 "아래"에서 위로 올라가며, 그것은 "그런 꼬리표가 붙은 사람의 행동"을 표현한다.[3] 관계의 미묘한 차이에 민감한 접근법은 이 두 벡터를 다 고려하고 이 둘 모두에 반응해야 한다. 이는 개인과 문화에 따라 어떤 성별 정체성에 대한 "지식"이 유효한 것으로 간주되는지를 알려주는 요인에 주의를 기울여야 한다는 뜻이다. 그것은 또한 트랜스젠더 개인이 세상에서 살아가는 다양한 방식에 관심을 갖는 것을 의미하는데, 그런 방식은 트랜스젠더 정체성이 외부인에게 어떻게 인식되고 이 정체성을 채택한 사람들이 그것을 어떻게 표현하는지를 알려줄 수도 있다.

"역동적 명목주의"(dynamic nominalism)에 대한 해킹의 관점에 입각하여 우리는 사람들이 자신에게 꼬리표가 붙여지기 전에 어떤 경험을 할 뿐만 아니라 자신에게 주어진 꼬리표에 적응하기도 한다고 주장했다. 따라서 우리는 트랜스젠더가 된다는 것이 마치 과학이 항상 존재해온 성별 범주를 발견한 것에 지나지 않는다는 듯이 단순히 현실과 자신의 진정한 자아를 더 명확하게 본다는 의미라고 말하고 싶은 충동에 저항해왔다. 동시에 우리는 또한 "사회적 전염" 모델이 주장하는 것처럼 모든 성별 불일치 경험은 이런 경험을 문화적으로 수용하는 트렌드를 통해 창조된 것이라고 말하고 싶은 충동에도 저항해왔다. 어떤 설명도 모든 경험을 설명할 만큼 뉘앙스를 제대로 전달하지 못하며, 특정한 개인의 경험을 충분히 표현하지도 못한다.

---

3   Ian Hacking, "Representing and Intervening: Introductory Topics in the Philosophy of Natural Science," *Journal of the History of Science Society* 77, no. 1 (1986): 234.

우리는 공존하는 다음 두 가지 현실의 조합을 통해 성별 불일치와 트랜스젠더 정체성을 가장 잘 이해할 수 있다고 제안한다. 첫째는 이해할 가치가 있는 실제 경험에 대한 언어를 제공하는 과학의 발전이고, 둘째는 사회적 수용과 사회 문화적 영향으로 인해 새롭게 등장하는 성별 정체성의 증가다. 새로운 성별 정체성을 가진 사람들의 경험이 모든 경우에 항상 객관적이고 신뢰할 수 있는 사실로 여겨지거나 단순한 사회적 전염으로 무효화되어선 안 된다. 우리는 새로운 성별 정체성을 채택하는 사람들과 관계를 형성할 경우 검토하고 판단해야 할 많은 요소 간의 복잡한 상호 작용이 존재함을 염두에 두어야 한다.

우리는 해킹이 말한 두 가지 벡터를 염두에 두고—꼬리표에 따라 사람이 어떻게 행동하는지에 영향을 미치는—위와 아래로부터 발생하는 압력을 진지하게 고려해보고자 한다. 예를 들어 만약 어떤 사람이 젠더퀴어 또는 젠더플루이드라고 밝힌 경우, 그 사람의 정체성 탐색에 즉각적으로 반대하는 대신 그 정체성을 형성한 외부 영향과 내부 경험을 살펴보려고 한다. 한 개인이 주장하는 성별 정체성(또는 성별 정체성 질문)을 그들에게 영향을 미치는 벡터와 구분하는 것은 그들이 취할 수 있는 방법에 대한 판단을 유보하는 데 도움이 된다. 우리가 충분히 그들의 말을 경청하면 우리 앞에 있는 사람이 우리 중 일부가 우려할 만한 길을 적극적으로 추구하지 않는다는 사실을 발견할 수도 있다. 사실 성별 정체성에 대한 고민을 가진 많은 사람은 자신의 현재 경험을 이해하는 여정에서 함께 모험을 떠날 누군가를 찾고 있을 뿐이다. 그리고 비록 그들이 그것 이상—특정한 방법에 대한 승인 등—을 찾고 있더라도 당신이 그들과 함께한다는 것 자체만으로도 당신이 인식하고 있는 것보다 더 많은 것을 그들에게 줄 수 있다. 제자도 정신에 입각한 이런 접근 방식은 하나님 역시 이 여정에 기꺼이 그들과 동행하시며 그들의 삶의 다른 모든 영역에서와 마찬가지로 성별 정체성에 대해 그들이 내리는 결정에도 관심을 갖고 계신다는 사실을 분명히 상기시켜 줄 것이다.

당신이 사랑하는 사람이 우리가 앞서 설명한 모든 역학 관계와 상호작용한다는 점을 기억하기 바란다. 그들이 갖고 있는 성별 정체성 문제가 다른 문화적 환경과 시기에 드러났을 수도 있다. 그러나 그들의 성별 정체성 문제는 현재의 문화적 맥락과 시간 속에서 발생한 것이기 때문에 확장되는 성별 정체성 범주의 현재 역학 관계에 영향을 받으며, 그 과정에서 새로운 언어와 성별 정체성에 의미를 부여하는 방식이 반영될 수 있다. 이런 영향은 특히 청소년기와 초기 성인기에 모두가 고민하는 "나는 누구인가?"라는 어려운 질문에 또 다른 복잡성을 부여한다. 오늘날의 청소년은 독특한 문화적 도전에 직면하고 있다. 우리가 이 험난한 영역에서 그들과 동행할 때 그들은 분명히 긍휼과 지혜로부터 오는 유익을 얻을 수 있을 것이다.

신학적 기초 고찰하기

이 장에서 우리의 목표는 성별 정체성의 영역에서 질문을 가진 사람들과 함께 답을 탐색하는 여정의 방향을 찾도록 돕는 것이다. 이 논의를 시작하기에 앞서 우리는 올바른 사고와 실천 사이의 관계를 검토해보려고 한다.

성과 성별에 대한 우리의 기초적인 신학을 검토하는 것은 중요한 작업이다. 신학적 인류학, 윤리학 등을 깊이 생각하는 능력은 본질적인 출발점이다. 당신은 아마도 이 책을 읽으면서 성과 성별에 관해 신학적 기초를 충분히 갖추었다고 생각할 수 있다. 그렇다면 당신은 올바른 신학을 갖고 있기 때문에 성별 정체성을 탐색하거나 새로운 성별 정체성을 표현하는 사람에게 도움이 되는 답을 줄 수 있다고 확신할지도 모른다. 그러나 안타깝게도 우리의 경험에 따르면 성과 성별에 대해 올바른 신학을 갖고 있다는 자신감이 비규범적인 경험을 지닌 사람들을 상대로 사역하는 방법을 아는 것으로 이어지지 않으며 이런 영역에서 목회적인 상처를 입히지 않게 하는 것도 아니다.

우리는 마크가 『성별 위화감 이해』(*Understanding Gender Dysphoria*)에서 처음으로 설명한 세 가지 렌즈를 바탕으로 성별 정체성에 대한 세 가지 견해로 이해되는 관점들을 살펴볼 것이다(〈표 1〉을 보라).

〈표 1〉 트랜스젠더를 "바라보는" 3가지 렌즈의 시각

도덕성 렌즈	창조시 하나님이 만드신 남녀의 구분에 내포된 도덕성 혹은 거룩함과 관련하여 성별 정체성에 반응을 보이는 경향이 있다. 여기서는 창세기 1-2장과 창조 의도의 회복이 강조된다. 크로스섹스 정체성을 도덕적 문제로 인식하는 경향이 있다.
장애 렌즈	트랜스젠더 경험은 보통 자연적으로 발생하는 변종을 보여준다. 성별 불일치는 긍휼을 갖고 대응할 수 있는 비규범적이고 비도덕적인 실재다. 이 시각을 선호하는 그리스도인들은 인류의 타락이 성과 성별을 포함한 모든 창조세계에 미치는 영향을 강조하는 경향이 있다.
다양성 렌즈	트랜스젠더와 새로운 성별 정체성은 비난받거나 "열등"하다고 볼 수 없는 다양한 성별 경험을 보여준다. 사회는 다양한 성별 경험을 긍정적으로 수용하고 환영해야 한다.

여러 렌즈와 다양한 신학적 기반

세 개의 렌즈는 종종 사려 깊은 그리스도인들 사이에 존재하는 의견 불일치의 배경이 된다. 개인이 어떤 렌즈를 택하느냐에 따라 성별 정체성 문제를 탐색하는 사람들과 소통하는 방법에 대해 완전히 다른 결론을 내릴 수

있다. 가족, 교회, 사회에서 이런 관점에 뿌리를 둔 의견 불일치는 잘못된 의사소통, 적대감, 심각한 상처로 이어질 수 있다. 몇 년 전 이 세 가지 렌즈가 도입된 이후로 우리는 (더 나은 용어가 없기 때문에 다음과 같이 표현한다) 극보수/근본주의, 정통주의, 자유주의로 간주되는 신학적 입장을 지닌 그리스도인들이 성별 정체성 주제에 대한 "교정시력"[4]을 위한 일종의 처방전으로 이 세 가지 렌즈를 각각 활용한다는 사실을 알게 되었다. 〈표 2〉에서는 다양한 신학적 입장을 제시하고, 각 입장이 성별 정체성 및 성별 위화감에 대한 그들의 관점을 설명하기 위해 도덕성(integrity), 장애, 다양성 렌즈의 요소를 각각 어떻게 사용하는지 보여줄 것이다.

극보수/근본주의 신학의 기반

극보수/근본주의 신학적 입장에서 이 주제를 다루는 사람들은 단순히 도덕성 렌즈만을 나타내지 않는다. 오히려 극단적 보수주의자/근본주의자들은 도덕성, 장애, 다양성 렌즈가 지닌 여러 요소를 반영하여 주제를 좀 더 명확히 보게 하기 위한 처방전을 제공하는 것으로 생각될 수 있다. 그들이 지닌 도덕성 렌즈는 남성/여성을 생식기 구조 및 염색체 결정과 연관된 선한 창조물로 간주하며 남성/여성의 이분법을 긍정하는 데서 나타난다. 그들이 반영하는 장애 렌즈는 도덕의 깨어짐으로 인한 장애가 그 사람에 대한 하나님의 원래 창조 의도를 회복하지 않고는 비규범적인 성별 정체성을 구속받을 수 없는 것으로 만든다는 주장에서 나타난다. 정체성과 공동체에 대한 질문을 탐구하는 다양성 렌즈의 관점에서 보면, 다양성은 성별 역할

---

4   다양한 신학적 입장이 어떻게 세 가지 렌즈에 각각 반영될 수 있는지에 대한 Stanton L. Jones 가 보여준 통찰력에 감사를 표한다.

표현에 대한 좁은 범위 내에서 인정된다. 남녀 사이의 다양성은 강조되지만, 서로 다른 남성 또는 여성 간의 다양성은 이분법에 대한 위협으로 인식된다. 따라서 성별 정체성을 생물학적 성과 일치시키는 데만 목표를 두게된다. 어떤 사람이 이미 성전환을 한 경우 그 접근법은 회개를 촉구하고 그에 상응하는 원래의 성별 정체성, 남성 또는 여성의 생식기 구조와 염색체를 반영하는 성별 정체성으로의 복귀를 지향하는 것을 목표로 삼는다.

자유주의 신학의 기반

마찬가지로 이 신학적 스펙트럼의 반대편에 있는 사람, 즉 다양한 성별 정체성에 대해 자유주의 신학의 영향을 받은 사람은 다양성 렌즈만으로 자신들의 시각을 나타내기보다는 그 주제를 더 명확하게 보기 위한 처방으로 다른 렌즈의 요소들을 어떤 식으로든 통합할 것이다. 이런 신학적 입장은 창조 이야기의 남성/여성 이분법이 앞으로 살아나가야 할 삶에 대한 규범적인 처방을 제시하는 것이 아니라 그 당시 일어난 일들을 묘사하는 것으로 이해한다. 성별 정체성은 오직 생식기 구조나 염색체에만 의존하는 것이 아니라, 주로 스스로 확정한 심리적 정체성에 기초하지는 않을지라도 그것에 동등하게 기초를 둔다. "장애"라는 표현은 비하하는 것으로 간주되는 반면 "깨어짐"이라는 표현은 억압적인 것으로 여겨진다. 또한 남성/여성 이분법에서 벗어나는 것은 인간의 다양성과 하나님의 창조적인 능력을 반영하는 것으로 여겨진다. 따라서 한 개인의 성별 정체성에 대한 자기 인식 및 수용은 물론 다양성을 더욱 발전시키고 지원하는 종교 및 대중문화 창조를 목표로 한다.

〈표 2〉 신학적 입장에 따라 각 렌즈의 처방은 어떻게 달라지는가?

렌즈	신학적 입장		
	극보수주의/근본주의	정통주의	자유주의
도덕성	창조 기사를 우선시하고, 남성/여성 이분법을 하나님의 창조적 의도로 확인하며, 진정한 성별 정체성은 남성/여성 생식기 구조와 염색체의 성별 결정에서 유래한다고 본다. 이분법에서 벗어난 모든 일탈을 죄로 여긴다("장애"를 참조하라).	창조 기사를 우선시하고, 남성/여성 이분법을 하나님의 창조 의도로 인정하며, 다양한 측면에서의 성(sex)의 구분(유전적, 해부학적, 신경학적, 심리적, 사회학적)을 남성 또는 여성으로 받아들인다. 이 렌즈는 성별 정체성이 다양한 측면의 어느 것에서든 복잡하고 잠재적으로 문제를 일으킬 수 있는 것이라고 본다. 왜냐하면 각 개인이 타락한 정도가 다양하기 때문이다.	남성/여성 이분법은 규범적인 것이 아니라 서술적인 것으로 간주된다(하나님의 최초 창조는 반드시 배타적/제한적이거나 창세기 기사에 완전히 표현되어 있는 것은 아닐 것이다). 성별 정체성은 생식기 구조나 염색체와 별 관계가 없다. 하나님이 복을 주신 심리적 정체성과 자기 확신적인 정체성에 더 큰 무게를 둔다.
장애	남성/여성 이분법으로부터의 이탈을 고의적 불순종 및 죄로 해석한다. 비규범적인 성별 정체성은 도덕적 깨어짐과 장애에 대한 구속받을 수 없는 표현으로 판단한다(비규범적인 성별 정체성을 표현하는 사람들은 하나님의 기준에 반하는 적극적이고 지속적인 반항을 드러냄과 동시에 성경의 진정성에 직접적으로 도전하는 것이다).	남성/여성 이분법으로부터의 이탈에는 다양한 원인이 있다고 간주한다. 비규범적인 성별 정체성은 일부 사람들에게는 비극적인 현실이지만, 이와 같은 경험은 이런 삶에서 직면하고 그들이 지닌 인간으로서의 무한한 가치와 그들의 삶을 통해 하나님께 영광을 돌릴 수 있는 가능성을 감소시키지 않는다. 그리스도인의 긍휼은 성별 정체성을 탐구하는 사람들에게 적절하게 반응하는 데 매우 중요한 요소다.	남성/여성 이분법으로부터의 이탈은 인간의 다양성과 하나님의 창조적 능력의 표현으로, 긍정적으로 수용하고 환영해야 한다. 이와 같은 다양성을 장애나 도덕적 깨어짐으로 이해하는 것은 편하 또는 억압으로 이해된다. 한 개인의 반응은 자기 수용을 장려하고 도덕성과 장애 내러티브 모두에 대항하기 위한 공동체의 지속적인 협조를 포함해야 한다.
다양성	전통적 역할을 매우 엄격하게 이해한 것만이 적절하고 타당하다고 간주한다. 전통적인 성별 역학에 대한 정의에서 이탈한 것은 죄까지는 아니더라도 그것을 의심할 여지가 있다고 본다. 다양성은 생식기와 연관되거나 유전적인 것과 관련된 성별 정체성 표현이라는 비교적 좁은 범위의 성별 역할 표현에서만 긍정적으로 받아들여진다. 남성이나 여성이 되는 다양한 방법보다는 남성과 여성의 구분에 중점을 둔다.	하나님의 본래 창조 의도를 인정하지만, 성별 정체성이 규범적 경험에서 벗어난 사람들의 삶이 하나님의 은혜와 사랑이 크게 나타날 수 있는 상황과 환경이라고 긍정적으로 받아들인다. 비록 그런 은혜와 사랑이 고통 속에서 하나님의 사랑을 만날 때만 나타나는 것은 아니지만 말이다. 그들이 좀 더 전형적인 성별 표현을 보여주는 것은 아니지만, 그들의 증언은 강력하며 그들의 인격을 반영하는 것으로서 공유되어야 한다.	성별 정체성이 규범적 경험에서 벗어난 사람들의 삶을 인간의 다양성과 하나님의 창의적인 능력의 표현으로 받아들인다. 이 내러티브에 도전하는 그리스도인들은 그리스도처럼 타인을 사랑하지 못하는 것으로 간주된다. 다양성의 현실에 비추어 볼 때, 적절한 기독교의 반응은 그리스도인들이 인종, 사회적 지위 등에 관계없이 각 개인의 존엄성을 긍정하고 이를 지지하는 것이다.

정통주의 신학의 기반

성별 문제에 대한 미묘한 차이가 있는 기독교적 반응을 위한 지주(anchor)로서 우리가 장려하는 접근법은 세 가지 렌즈의 요소들을 통합하고자 노력하는 정통주의 기반의 관점이다. 세 가지 렌즈를 통합하면 이 주제를 좀 더 명확히 볼 수 있지만, 그러기 위해서는 각 렌즈의 시각을 성경적으로 충실하게 통합하여 생각할 필요가 있다.

정통주의 신학의 입장은 창조 기사에 더 큰 비중을 두면서 시작하기 때문에 결과적으로 남성/여성 이분법을 하나님의 창조 의도로 인정한다는 점에서 도덕성 렌즈를 반영한다고 말할 수 있다. 대부분의 경우 신뢰할 수 있는 지침이 되며 숙고할 만한 가치가 있는 신학적 진리를 전달하는 남성/여성이라는 성별 차이에는 의미가 내포되어 있다. 그러나 성별 정체성 경험은 성별 정체성에 영향을 미치는 다양한 변수와 영향이 개인의 성별 영역에서 경험될 수 있는 여러 방식 때문에 일부 사람들에게는 복잡하고 잠재적으로 문제가 될 수 있다.

정통 신학을 견지하는 그리스도인들은 장애 렌즈에 의존하여 남성/여성 이분법에서 벗어나는 것이 실제적이며 다양한 요인에 의해 발생하는데, 이 요인들 가운데 어느 것도 사람의 무한한 가치나 그리스도인이 삶을 통해 하나님께 영광을 돌릴 수 있는 잠재력을 가로막거나 축소하지 않는다는 것을 인정한다. 한 개인이 성별 정체성에 관해 겪는 특별한 어려움을 도덕적 타락의 표시로만 여겨서는 안 된다는 것이다. 비록 성별 정체성을 탐구하는 사람들이 분명히 인류 타락의 영향을 받고, 다른 사람들과 마찬가지로 도덕적인 우려를 불러일으키는 일에 관여할 수 있지만 말이다.

이런 신학적 입장을 고수하는 사람들에게 다양성 렌즈는 개인의 삶이 하나님의 은혜와 사랑이 충만하게 나타나는 장(場)이 될 수 있는 여러 가지 방법을 조명하고, 각각 독특한 성별 정체성 경험 안에서 정체성, 공동체, 의미, 목적을 제공한다. 고통 속에서 하나님과 만날 때 이런 의미와 목적을 발견할 수 있다. 게다가 이 렌즈의 시각은 성격, 특성, 관심, 열정을 포함한 우리의 다양한 인격 표현이 하나님을 반영하는 것이라고 간주하여 그것을 긍정적으로 수용하고 고정 관념이나 문화적 규범에만 국한될 필요가 없음을 인식하도록 돕는다. 이 렌즈는 성별 정체성과 신앙을 탐색하는 젊은이들이 직면하는 경험과 결정이 많음을 인식하고 미묘한 차이를 인정하는 상당히 열려 있는 자세를 장려한다. 여기서 강조할 점은 성별에 대한 경험과 관계없이 각 개인은 신앙의 삶 안에서 그리고 신앙의 삶을 통해 생명을 주는 정체성, 공동체, 의미 및 목적을 발견할 수 있어야 한다는 것이다.

올바른 신학을 갖는 것 너머로 나아가기

우리의 경험상 타락한 사람들이 타락한 세상에서 타락한 사람들과 함께 하는 여정에 관해 이야기할 때는 모든 것이 에덴동산에 있었을 때만큼 단순하지는 않다. 이제 우리는 올바른 신학을 갖는 것이 성별 정체성을 탐색하는 사람들과 효과적으로 동행하는 과정의 일부에 불과하다고 생각하는 이유를 다루고자 한다.

"올바른" 신학을 갖거나 이를 열망하는 것은 제자도의 중요한 부분이다. 그러나 그리스도인의 삶은 단순히 올바른 신학을 갖는 것에 국한되지 않는다. 신학, 윤리, 인류학의 문제를 종이 위에서 혹은 머릿속으로 해결하는 것은 우리가 타락한 세상 안에서 인생을 항해해나가는 데 충분하지 않다. 성별 정체성에 관한 질문은 말할 것도 없고 인간의 고통에 직면했을 때 그것만으로는 충분하지 않다. 결혼이 언약에 근거한 평생의 연합이라는 믿음이 결혼 생활에 문제가 있는 당사자들과 소통 가능한 방법을 항상 가르쳐주는 것은 아니다. 약물 남용이 영적인 온전함을 지니는 데 해롭다고 믿는 것이 우리의 소그룹 모임에 속한 마약 중독 청소년과 여정을 함께하는 방법을 알려주지는 않는다. 예수가 예배당 뒷줄에 앉아 있는 장애인을 포함한 우리 모두를 위해 돌아가셨다고 믿는 것이 특별히 그 사람에게 그리스도의 사랑을 전하는 방법에 대해 가르쳐주는 것은 아니다.

우리는 신학, 윤리, 도덕을 **아는 것**(knowing)과 효과적인 복음의 일꾼이 **되는 것**(being) 사이의 긴장을 인식하고 있다. **무엇이 비도덕적이고 무엇이 그렇지 않은지 어떻게 알 수 있을까? 어떤 사람이 잘못된 일을 할 때 언제 그 사람에게 그것이 잘못된 일이라고 말해야 할까? 나의 우려를 어떻게 전달해야 할까? 내 걱정거리를 언제 털어놓아야 할까?** 어떤 경우에는 예수를 따르는 사람들이나 교회 전체가 다른 것들을 희생시키면서까지 한쪽의 주장에만 몰입하기도 한다. 이럴 때 극보수/근본주의자는 성경에 바탕을 둔 이론적인 성별 신학에 우선순위를 두며, 이런 신학이 소외된 사람들에게 미치는 영향과 비용에 대해서는 고려하지 않는다. 자유주의적인 입장을 취하는 사람은 타인과 동행하는 것의 중요성을 매우 강조하기 때문에 사람을 판단하는 것을 두려워한 나머지 그 사람의 결정이 지닌 도덕적·윤리적 함의를 중요하지 않은 것으로 간주할 수도 있다. 정통주의 입장에 선 사람은 우리가 신학적 사고를 버릴 필요는 없지만 성별 정체성 결정과 관련된 도덕성을 분류하는 데 모든 에너지를 쏟아붓다가 그런 결정을 내리는 실제 당사자들과의 관계에 투자할 에너지가 바닥나서는 안 된다고 말한다.

비록 당신이 신학적·윤리적 해답을 갖고 있다고 자부할지라도 지금은 잠시 멈춰 당신의 해답이 정확히 무엇인지 그리고 어떻게 그것을 공유할 것인지 생각해볼 때라고 말하고 싶다. 아마도 여러분 중 일부는 헤어스타일, 의복, 화장품, 이름, 대명사, 성전환 호르몬, 각종 외과적 시술 등 모든 형태의 성전환 표현이 도덕적으로 문제가 있다는 신념을 갖고 있을 것이다. 그럼에도 불구하고 이런 것들을 추구해왔고 실행할 계획을 갖고 있거나, 이런 것들을 고려하고 있지는 않지만 성별 정체성과 신앙을 통합시킬 다른 선택지를 찾고 있는 사람에게 어떻게 반응하고 대답해야 할 것인가에 대해서는 아직 많은 논의가 남아 있다. 이와 반대로 만약 당신의 신학을 통해 오늘날 우리가 도덕적으로 문제가 있다거나 우려할만한 크로스젠더 표현들을 발견하지 못했다면, 성별 정체성 문제를 탐색하고 있는 사람들 가운데 당신이 제안하는 해결책이 그들의 신념 및 가치관과 상충된다고 생각하는 사람들을 어떻게 도울 수 있을지에 대해 고민할 것을 권한다.

많은 사람이 그리스도와의 만남에서 흘러나오는 자비로운 사랑이 없이 단순히 교리적인 입장만 제시하는 관계 접근법의 희생양이 되어왔다. 기독교 신학자이자 신비주의자인 클레르보의 베르나르(Bernard of Clairvaux)는 이런 말을 했다. "지식을 얻기 위해 지식을 찾는 사람들이 있다. 그것은 호기심이다. 다른 사람에게 알려지기 위해 지식을 추구하는 사람들이 있다. 그것은 허영심이다. 섬기기 위해 지식을 추구하는 사람이 있다. 그것은 사랑이다."[5] 성별에 대해 고찰하고 더 깊은 신학적 이해를 추구하는 것은 **섬기고 사랑하기 위해 지식을 추구하는 것**으로 간주될 수 있다. 심지어 성별 정체성에 대한 지식을 추구한 다음에도 타인을 사랑하는 것은 매우 중요한 핵심이지만, 동시에 직면해 있는 상황을 더 복잡하게 만들 수도 있다.

미국 기독교는 확실히 포스트모던 사상, 특히 도덕적 상대주의의 영

---

5   Randy White, *Encounter God in the City: Onramps to Personal and Community Transformation* (Downers Grove, IL: InterVarsity, 2009), 179.

향을 받았다. 도덕적 상대주의는 절대적인 진리가 존재하지 않는다고 본다. 그 결과 절대적인 진리는 자주 버려지고, 경험적 지식이 현실을 이해할 수 있는 중요한 지식이 되었다. "나의 진실"(my truth)과 "너의 진실"(your truth)이 대문자 T로 시작하는 절대 진리보다 더 중요하다. 이 점에 비추어 몇몇 그리스도인은 현상학이나 그 사람의 주관적인 경험으로부터 어떤 진리든 배울 수 있다고 무시하는 반응을 보인다. 예수가 바리새인들이 잃어버린 자들로 치부해버린 사람들과 어떻게 관계를 맺으시는지 동시대인들이 지켜보고 있었던 것처럼, 오늘날의 청소년들도 혼란스러운 인생 경험 속에서 그리스도인들이 어떻게 반응하는지 주시하고 있다. 그들은 기독교가 아직도 타당한지 묻고 있다. 기독교는 현재 우리 앞에 있는 한 사람에게도 적용되고 그들의 경험을 설명할 수 있는가? 젊은이들 대다수는 아흔아홉보다 하나를 우선시하며, 절대 진리가 사람들의 구체적인 삶에 적용되지 않으면 그 절대 진리를 무시할 것이다. 그리스도는 도덕적 진리를 주장하는 것과 이런 도덕적 진리에 대해 의문을 제기하거나 심지어 그 진리를 거부한 사람들과 관계를 맺는 것 사이에서 균형을 잡았다. 이는 우리도 이와 동일한 균형을 이룰 수 있어야 함을 의미한다.

유연한 관계 접근법으로 나아가기

앤디 크라우치는 『컬처 메이킹』이라는 책에서 그가 제넬 패리스의 『갈등에 관한 복음』(*The Good News about Conflict*)을 읽으면서 처음으로 접하게 된 "자세"(postures)와 "제스처"(gestures) 곧 몸짓 사이의 유용한 구분법을 공유한다.[6] **자세**는 한 사람이 자기 몸을 어떻게 가누고 있는지를 나타낸다. 이 것은 특정한 방식으로 몸의 위치를 잡는 것과 관련이 있다. **제스처**는 환영 이나 작별의 의미를 전달하는 손이나 팔의 동작 같은 신체의 움직임을 나 타낸다.

크라우치의 요점은 좋은 자세를 취하면 더 다양한 제스처를 취할 수 있다는 것이다. 그는 이 원리를 변화하는 문화에 대한 교회의 입장과 우리 가 그리스도인으로서 문화를 형성하고 창조하는 방식에 적용한다. 그는 달 리기 선수가 험난한 지형에서 움푹 파인 곳을 피하듯이 교회도 변화하는 문화에 쉽게 대응할 수 있는 유연한 자세를 취해야 한다고 촉구한다. 이처 럼 우리가 취하는 자세가 중요한 이유는 그것이 우리로 하여금 변화하는 문화적 환경 안에서 유연성을 발휘할 수 있게 하기 때문이다.

우리는 이제 새로운 성별 정체성을 경험하는 청소년들과 트랜스젠더 청소년들과의 관계에서 자세와 제스처에 대한 원칙을 보다 명확하게 확장 하고자 한다. 여러분의 현재 자세는 앞서 우리가 소개한 세 가지 렌즈의 시 각인 도덕성, 장애, 다양성 중 하나를 반영할 수 있다. 우리는 이 세 가지 렌 즈를 다시 살펴봄으로써 한 자세를 다른 자세보다 엄격하게 적용하게 되면 우리의 제스처가 얼마나 제한되는지를 설명하려고 한다. 우리는 통합적인 접근 방식이 성별 정체성 문제를 탐색하는 이들을 대할 때 매우 절실히 필 요한 제스처의 유연성을 만들어낼 것이라고 제안한다.

이제 다양한 렌즈에서 나오는 자세에 대해 살펴보자. 각 렌즈를 통한

---

6   Andy Crouch, *Culture Making: Recovering Our Creative Calling* (Downers Grove: InterVarsity, 2008).『컬처 메이킹』(IVP 역간); Jenell Paris, *The Good News about Conflict: Transforming Religious Struggle over Sexuality*, Fuller School of Psychology Integration Series (Eugene, OR: Cascade Books, 2016).

시각은 제스처를 어느 정도 제한하는데, 우리는 각 렌즈의 장점을 다시 통합하면 어떤 모습일지를 탐구하고자 한다.

도덕성 편향적 자세

도덕성 렌즈는 남성/여성을 만든 하나님의 창조 의도를 강조하며, 남성/여성의 이분법 밖이나 그 사이에 존재하는 것은 그들의 인격에 대한 하나님의 의지를 반영하지 않는 것으로 본다. 이 렌즈는 성별 불일치를 이런 식으로 보기 때문에 그것을 도덕적 범주 안에 있는 문제로 생각하고 창조 질서를 위반하는 현상으로 여긴다. 이 렌즈를 통해 세상을 바라보는 사람들은 종종 성별 정체성 문제를 탐색하는 사람들이 고의적으로 순종하지 않는다고 규정하는 자세를 취한다. 이런 자세에서 나오는 제스처는 다소 제한적인 경향이 있고 종종 (잘못된 사고에 대한) 논쟁과 (잘못된 행위에 대한) 교정으로 특징지어진다. 따라서 성별 정체성을 탐색하는 사람을 돌보는 일에는 그 사람이 자신의 성별 정체성 및 표현에 대한 하나님의 창조 의도를 회복시키기 위한 하나의 시도로서 그들의 생물학적 성을 받아들이도록 권면하는 것이 포함된다.

이 자세의 강점은 창세기 1장과 2장에 나타난 성경의 언급에 귀를 기울였다는 것과 성별의 규범적인 윤리를 알리는 방식에 있다. 이 자세는 신학에는 강하지만 목회적 보살핌이라는 제스처에 관해서는 많이 부족하다. 도덕성을 중요하게 여기는 자세는 생물학적 성별에 따라 살고자 할 때 직면할 법한 잠재적인 고난을 인정해주고 긍휼한 마음으로 그 어려움을 완화시키고자 노력할 때 어려움을 겪을 수 있다. 잘못된 행동을 피하는 것에 중점을 두는 도덕성 렌즈는 사람들로 하여금 성별 정체성 표현에 대한 긍정적인 비전이 결여되어 있는 문화적 고정 관념을 도덕적 지침으로 의존하게 만들 수 있다. 만약 도덕성 제스처가 사람들에게 그들의 생물학적 성별을 수용하라고 요청한다면, 이런 제스처를 수용하는 데 더 도움이 되는 추가적인 제스처가 무엇인지 신중하게 고려하는 것이 도움이 될 수 있다. 도덕성 렌즈를 선호하는 사람들은 남성성과 여성성에 대한 강한 고정 관념을 강화하기보다는 이를 해체할 경우 얻을 수 있는 가치를 고려할 필요가 있다.

도덕성을 중요시하는 자세는 성별 불일치 경험이 있는 사람들에게 발전적인 삶의 비전을 제시하는 제스처에는 취약한 편이다. 또한 이 렌즈는 성별 위화감이나 간성 상태(intersex conditions) 같은 경험을 상세히 설명하기가 어렵다. 그리고 규칙을 강조하고 종종 예외를 나타내는 사람들에게 그 규범을 따르라고 요구한다. 비록 그 규범이 많은 사람에게 잘 맞지 않는 고정 관념에 근거한 것이라도 말이다.

도덕성을 중요시하는 자세가 효과를 발휘하려면 남성/여성 이분법에 깔끔하게 들어맞는 성별 정체성을 제대로 경험하지 못한 사람을 위해 정체성, 공동체, 소속감의 질문에 답할 수 있는 제스처를 개발해야 한다. 자세가 효과를 발휘하기 위해서는 달리기 선수 앞에 놓인 어려운 지형이라는 현실에 대응하는 제스처가 있어야 한다는 점을 기억하라. 우리가 성별에 대한 문제를 생각할 때 효과적인 자세는 우리 앞에 있는 사람의 현실에 반응하는 것이어야 한다. 토머스 머튼의 말처럼 "종교적 해답이 온전히 현실적이지 않다면 그것은 종교적인 것이 아니다."[7] 우리가 도덕성 렌즈를 통해 제시한 해답은 다른 청소년뿐만 아니라 트랜스젠더 청소년의 현실적인 질문에도 답해야 한다. 만약 우리의 제스처가 그들이 처한 현실을 적절하게 다

---

7   Thomas Merton, *No Man Is an Island* (New York: Harcourt, 1955), xvi.

루지 못한다면 청소년들은 우리의 제스처와 자세를 무시할 가능성이 높다.

전환한 지 4년이 지난 10대 트랜스젠더가 청소년 그룹에 들어가는 상황을 생각해보자. 이런 10대에게 크로스섹스 호르몬을 끊고 다시 이전으로 되돌리는 수술을 받으라고 권면하는 것이 유일한 제스처일까? 그 10대가 신앙 공동체에 참석하는 것이 허용될까? 만약 그렇게 된다면 어떤 기대를 갖고 참여해야 할까? 만약 이 10대에게 보이는 제스처가 논쟁에 뿌리를 두고 있다면, 그 제스처 뒤에 숨은 자세는 그 10대와 청소년 그룹에 속한 다른 이들의 눈에 더욱 논쟁거리가 될 것이다. 그 청소년이 좋은 질문을 하고 추가적인 지원을 찾을 수 있게끔 그들을 안내하거나 정체성 탐색을 장려하는 것이 도움이 될 수도 있다. 그러나 도덕성 렌즈에만 의존하는 자세는 그 10대를 돌보고자 하는 사람들이 논쟁의 여지가 있는 제스처를 취하는 방향으로 행동을 제한할 수 있다. 이런 제스처는 종종 청소년을 소외시키고 그들이 생각해봐야 할 질문들을 깊이 파고들 여지를 남기지 않는다.

장애 편향적 자세

장애 렌즈의 시각은 대체적으로 성별 불일치, 트랜스젠더 경험, 새로운 성별 정체성이 자연적으로 발생하는 변종을 대표한다고 생각한다. 이 렌즈를 선호하는 그리스도인들에게 이런 변종은 인류의 타락으로 설명된다. 한 개인의 성별을 둘러싼 고통과 관련하여 도덕성 렌즈만큼 도덕적인 중요성을 강조하지는 않는다. 이 렌즈는 창세기 3장을 심각하게 받아들임으로써 호르몬 불균형과 신경생물학적 이상을 포함한 드문 성향들을 설명할 수 있는 자세를 제공한다. 많은 사람이 이 렌즈를 통해 간성(intersex) 상태를 선천적 결함 즉 인류 타락의 산물로 이해하지만, 그것이 간성 당사자의 도덕적 타락이나 영적 결함을 의미한다고 생각하지는 않는다. 마찬가지로 장애 렌즈의 시각을 통해 성별 불일치를 보는 사람들은 성별 위화감이 자연적으로 발생하는 희귀하고 이례적인 경우이며 긍휼이 이에 대한 적절한 반응이라고 말할 것이다. 이 자세를 견지하는 사람들은 성별 위화감의 원인에 대해 불가지론적인 경향을 보이기 때문에 인과관계 문제를 해결하기 위해 많은 시간을 투자하지 않을 것이다.

이 렌즈의 시각에서 나오는 가장 중요한 제스처는 성별 불일치를 경험하는 사람들이 직면한 어려운 선택을 인정하고 공감하며 긍휼히 여기는 마음을 전달하려는 경향이다. 이런 어려운 선택에는 성별에 관련된 고통을 관리하기 위한 의학적 조치를 잠재적으로 이용하는 시도가 포함될 수 있다. 우리는 때로 이런 선택을 자녀들이 간질, 신경섬유종증, 다발성 경화증으로 진단을 받거나 의학용 마리화나 사용을 고려해야 하는 여러 조건에 놓인 부모들의 선택에 비유해왔다. 친구는 "네가 어떤 선택을 하든지 나는 너와 함께한다"라는 뜻을 전달하거나, 그 친구의 부모님들이 이 여정을 잘 통과할 수 있도록 그들의 말을 경청하고 그들과의 만남에 참석하는 제스처를 취할 수 있다. 이 렌즈를 통해 본 모든 개입은 "도덕적 선"이 아니라 만성적인 경험을 관리하기 위해 필요한 하나의 허용으로 여겨진다.

따라서 구체적인 제스처에는 고통받는 사람에 대한 개인적인 기도와 지속적인 이해, 소그룹에서의 기도 또는 가족을 위한 성경 공부, 가족이 다양한 도전에 대해 탐색할 때 공동체가 제공하는 지원 등이 포함될 수 있다. 성별 정체성 문제를 탐색하는 자녀들을 둔 부모들에게는 옷, 헤어스타일, 선호하는 이름과 인칭 대명사에 대해 10대들이 요구한 사항을 재검토하는 일이 포함된다. 우리는 사랑하는 자녀를 다른 이름(어린 시절의 별명일 수도 있다)으로 지칭할 생각조차 해보지 않았던 많은 부모를 알고 있는데, 그들은 (우울증이나 강한 불안 증세를 보인) 10대 자녀의 요청에 응하기로 결정을 내렸고 그들이 예상치 못했던 방식으로 자녀가 그것에 잘 반응하는 모습을 발견했다. 또한 제스처에는 친구가 고통을 견디는 데 무엇이 도움이 되는지를 함께 생각해보고, (침습적인 조치가 포함된) 다양한 치료 방법을 추구하는 사람의 말에 귀 기울이고 그와 동행하며, 이런 치료 선택지들을 의학적 필요에 따라 상황에 대처하는 방법으로 간주하는 것 등이 포함된다. 장애 렌즈의 시각을 갖고 도움을 제공하는 사람들은 한 개인이 생물학적 성별에 따라 생활하면서 성별 위화감에 대처할 수 있는 방법을 현실적으로 평가하고, 왜 그 사람이 성별과 관련된 고통이 최고조에 달하는 상황을 피하려고 하는지를 이해하기 위해 노력할 것이다(가령 성별 위화감을 경험하는 여성이 드레스를 입어야 하는 행사 참석을 피하는 경우가 여기에 속한다). 이런 자세를 지닌 공동체는 성별에 관련된 경직된 고정 관념을 줄이고자 노력할 것이며 성별에 대한 특정 언급이 어떻게 개인의 고통을 악화시킬 수 있는지에 대해 비판적으로 생각하려는 공동의 노력에 참여할 것이다. 장애 렌즈를 통해 성별 불일치를 보는 사람들이 만약 성별 정체성 전환에 호의적이지 않다면, 사례별로 고통에 대처하는 데 단계적 접근법이 어떻게 유용하게 작용 가능한지 고려할 수 있다.

예를 들어 사회적으로 전환한 자녀를 둔 가족을 돕는 목회자를 상상해보자. 이 목사는 청소년 수련회에서 그 아이가 또래들 사이에서 불편할 수 있는 특정한 성별의 방에 배정하기보다는 1인실 사용을 권장할 수 있다. 여기에는 또한 그 아이(및 가족)를 지속적으로 면밀히 살펴보고 앞으로 발생할 요구와 문제를 예측할 수 있는 멘토를 제공하는 것이 포함된다. 핵심은 성별 정체성의 문제를 겪는 사람이 혼자서 이 문제를 해결하도록 방치해서는 안 된다는 것이다. 이런 의지와 신중함은 어려운 환경에 놓인 한 개인이 공동체 안에서 자신이 투명인간 같은 존재라고 느끼지 않고 신앙 공동체에 대한 소속감을 유지하면서 자신이 직면한 도전에 새로운 의미를 부여할 수 있는 분위기를 조성한다.

장애 편향적 자세의 강점은 공감을 표시하고, 성별을 포함한 모든 경험이 인류 타락의 영향을 다양하게 받는다는 사실을 진지하게 받아들인다는 것이다. 하지만 이 자세는 스스로를 "타락한 사람" 또는 "장애인"으로 생각함으로써 정체성과 공동체 의식을 어떻게 이끌어낼 수 있을지 궁금해하는 사람에게 제공할 수 있는 제한된 제스처다. 만약 오늘날 교회가 슬픔, 만성 질환, 장애로 인해 지속적인 어려움을 겪고 있는 사람들을 돌보는 데 어려움을 겪고 있다면, 이런 렌즈를 통해 정체성, 공동체, 의미를 만드는 행위 같은 제스처를 제공하기 위해 많은 노력을 기울여야 한다. 이런 자세는 그 사람을 불쌍하게 바라보는 제스처로 이어질 수도 있으며, 이런 행동은 그들을 그리스도의 몸으로부터 더욱 고립시킬 뿐이다.

또한 장애 편향적 자세는 때때로 개인에 대한 공감과 긍휼의 자세에 너무 초점을 맞춘 나머지 이 자세를 선호하는 사람들이 신학적 인류학(theological anthropology)의 형태를 띠는 제스처의 역할이나 성과 성별에 관한 관련 규범에 대해 갈등을 느끼게 만든다. 이런 긴장은 교회의 상황, 기독교 교육, 관련된 교회 정책의 효과적인 발전에 영향을 미칠 수 있다.

다양성 편향적 자세

다양성 렌즈는 성별 정체성과 표현의 다양성을 문화가 존중해야 할 자연스러운 다양성의 반영으로 간주한다. 그리스도인으로 구성된 LGBTQ+ 커뮤니티의 경우, 새로운 성별 정체성 채택은 트랜스젠더 경험과 함께 나란히 존재하며 창조주 하나님의 손길로 여겨지는 경우가 많다. 이는 오늘날 우리 문화에서 지배적인 기독교의 관점이다. 이 자세의 강점 중 하나는 그 제스처가 성별 정체성 문제를 탐색하는 청소년들에게 설득력 있는 비전을 제공한다는 것이다. LGBTQ+ 커뮤니티 내에서 사람들은 종종 "가족"으로 초대받았다는 말을 듣곤 하는데, 이는 그들이 마침내 어딘가에 속하게 되었다는 의미다. 다양성 편향적 자세는 정체성을 알리고 함께 정체성 탐색에 전념하는 가족 네트워크에 연결되는 의미 형성 구조를 제공하기 때문에 많은 사람에게 매력적으로 받아들여진다. 이런 관점에서 새로운 성 정체성은 초월적 의미와 연결된다.

이런 자세에서 나타나는 제스처에는 자아실현을 위한 수단으로 전환을 장려하는 것이 포함된다. 이 제스처는 청소년과 그들의 가족에게 그가 주장하는 성별 정체성이 "진정한 그들 자신"이며, 비판 없이 성별 정체성에 관한 모든 해결책에 대해 열려 있는 마음을 통해 사랑을 표현하라고 장려할 것이다. 그 메시지에는 이런 말이 포함될 것이다. "너는 특별해. 너는 독특하단다. 이것이 바로 너의 진정한 모습이며, 네가 생물학적 성별에 얼마나 부합하느냐에 상관없이 여기 있는 우리의 교회가 너의 집이란다." 이 렌즈를 선호하는 많은 사람은 성별 정체성에 관한 선택이 자신의 진정한 자아, 즉 한 개인이 경험한 성별 정체성과 같은 방향으로 해결되어야 한다고 말할 것이다. 목회를 돕는 팀은 억압의 원천으로 간주될 수 있는 남녀의 성별 구별에 대한 엄격한 이분법과 거리를 두려고 할 것이다. 그들은 대신에 크로스섹스 정체성과 남녀라는 성별의 중간 혹은 그 바깥에 존재하는 정체성을 장려할 수 있다. 마찬가지로 청소년 사역, 화장실 사용, 새로운 성별 정체성의 규범적 성격을 반영하는 성 규범에 관한 대화를 위한 방침도 채택할 수 있다.

하지만 이런 자세는 제스처를 제한할 수도 있다. 타인에 대한 사랑이 청소년의 자기 표현이나 성별 표현을 분별없이 지지하는 것이라면, 그들의 경험이 변화함에 따라 자기모순이 될 수도 있고 자연스럽게 경험하는 변화와 성장을 저해할 수도 있다. 열정적인 지지와 승인은 어떤 10대에게는 감사한 제스처일 수 있지만, 다른 10대에게는 그렇지 않을 수도 있다. 이 렌즈와 관련된 제스처들은 때때로 무엇이 그들에게 가장 좋은 것인지 완벽하게 알 수 있는 인간의 능력을 지나치게 낙관한다. 인류의 타락을 심각하게 여기는 그리스도인으로서, 우리는 사람들이 항상 자신의 안녕과 행복을 능숙하게 판단할 수 있는 신뢰할 만한 전문가가 아님을 알고 있다. 무제한적인 긍정을 지향하는 다양성 렌즈의 시각이 지닌 이런 성향은 이 렌즈를 채택하는 이들이 유용한 질문을 던지거나 전환 이후에 필요한 자료를 제공할 수 있는 기회를 제한한다. 이는 성별 위화감을 경험하지 않거나 돌이킬 수 없는 신체적 변화를 겪지 않고도 원하는 정체성과 공동체를 찾을 수 있는 청소년을 지원할 때 특히 문제가 될 수 있다.

다양성 편향적 접근법은 소외된 집단을 찾아가 섬기고 억압받는 사람들을 대신해 사회 정의를 위해 싸워야 하는 그리스도인의 소명에 중점을 두는 데 강점이 있다. 성경을 인용할 때는 신자들을 향해 타인을 판단하지 말라고 한 그리스도의 경고와 무조건 사랑하라는 말씀을 강조한다. 이 접근법의 강점 가운데 또 하나는 한 사람을 지속적으로 돕고 격려하는 공동체로 인도한다는 것이다. 비유하자면 어떤 사람이 시각/청각장애인으로 태어났을 때 그 장애를 지닌 공동체의 일부는 자신의 경험이 질병이나 재앙이라는 것을 부인할 수 있다. 하지만 이런 경험을 지닌 대다수는 시력과 청력이 이에 해당하는 두 개의 감각 기관과 일치하도록 되어 있음을 인정한다. 그럼에도 불구하고 시각/청각장애인 공동체와 하나가 되어 그들을 지지하고 긍지를 고취하는 경험은 적어도 어떤 면에서는 성별 비전형적 경험의 사례와 비교할 수 있을 만큼 유용하다.

그러나 그리스도인들이 창세기 1-2장과 더불어 본질적인 남성성과 여성성을 언급한 역사적으로 중요한 신학적인 개념들이 어떻게 새로운 성별 정체성 경험에 의해 그렇게 쉽게 뿌리 뽑혔는지를 깊이 생각하지 못한다면, 다양성 편향적 자세의 부족한 점이 드러난다. 경험적 내러티브는 절대적 진리를 반영하는 것으로 우선시되는데, 이는 기독교 인류학보다는 도덕적 상대주의와 포스트모던 사상에서 더 많이 나타나는 변화다. 또 다른 우려는 다양성 렌즈가 우리 자신을 가장 잘 안다고 주장하는 인본주의 철학에 경도되는 바람에, 우리 자신의 의지와 자아 감각에만 근거하여 행위의 선함을 판단하기보다는 우리가 정체성, 공동체, 욕구, 행동의 어떤 측면에 관해 하나님께 순종하고 분별하도록 부름을 받았는가라는 질문에 답을 하지 않은 채로 남겨둔다는 것이다. 주목할 점은 이 렌즈의 주장에서 성경과 역사적인 기독교 문헌은 핵심이 아니라는 것이다. 이 렌즈는 한 개인의 모든 생각, 욕망, 행동, 결정을 긍정하는 것이 기독교의 사랑이라고 주장하는 것처럼 보인다. 또한 이런 자세를 취하면 건강한 성별 정체성에 대한 신학을 다양한 신자에게 전달하는 능력에 한계가 있을 수도 있다.

이런 성찰을 제시하고자 하는 우리의 기대는 다면적이다. 첫째, 분류가 제한적일 수 있으므로, 세 가지 렌즈 중 하나에 자신을 위치시키거나 여러 렌즈와 다양한 신학적 관점과의 상호 작용 속에서 자신이 지닌 사고의 측면을 찾을 수 있기 바란다. 둘째, 이 모델이 당신이나 당신이 사랑하는 사람이 왜 세 개의 렌즈 중 하나를 선호하는지, 다른 렌즈 안에서 사고하는 사람들이 세상을 어떻게 다르게 볼 수 있는지를 고려하면서 관점을 택할 수 있는 길을 제공하기를 바란다. 우리 자신과 사랑하는 사람들이 각 렌즈의 장점을 이해하게 된다면 이 훈련을 통해 더 건강한 대화에 참여할 수 있을 것이다. 마지막으로 우리는 세 가지 렌즈가 지닌 최고의 장점을 통합하면

한층 미묘한 차이가 있는 관계적 접근법을 만들어낼 수 있는 자세와 제스처가 가능하다는 사실을 발견했다.

통합적이고 유연한 자세

우리가 모델로 삼고자 하는 통합적이고 유연한 자세는 바로 동행하는 자세다. 이것은 한 사람이 현재 어떤 상태에 있는지 이해하고, 그의 현재 경험 안으로 들어가서, 그들이 어디로 가든지 상관없이 함께 여정을 계속하겠다는 의미다. 우리는 한 사람을 돌보는 일이 (행동의 변화, 성별에 관한 이론적이나 성경적 지식, 성별 정체성에 대한 해결책 수용, 기독교가 해줄 수 있는 일이 아무것도 없다고 가정함으로써 성별 정체성에 관한 대화를 완전히 거부하는 행동 같은) 한 가지 목표로 축소되는 것을 막기 위해 동행을 권한다. 물론 하나의 목표에 집중하고 싶은 열망을 이해할 수 있다. 그러나 우리는 성별 정체성 영역에서 오늘날 청소년들이 필요로 하는 종류의 지원을 제공하기 위해서는 하나의 목표로는 충분하지 않다고 믿는다. 이 모든 경우에 있어서 개인적인 거룩함과 성경 주석, 신앙 공동체 구성을 위한 도덕적·윤리적 지침을 식별하는 데 방해가 되는 행동에 대해 논의할 필요와 여지가 남아 있다.

동행의 본질적인 한계는 그것이 부모가 청소년/성인 자녀를 지원하거나, 개인 또는 가족이 친구나 목회자의 도움을 받는 상황에 가장 자연스럽고 적합하다는 것이다. 그러나 목회자나 기독교 지도자가 강단에서 설교를 하고 교리 또는 정책을 만들거나 기독교 교육 환경에서 성별에 대한 전통적인 관점을 가르쳐야 할 때는 복잡한 문제들이 발생한다. 또한 사랑하는 자녀가 아주 어릴 경우에는 부모나 다른 신뢰할 수 있는 어른들의 지도와 그들의 관점이 중요하며, 그 아이가 더 성장했을 때만큼 동행하는 자세가 필요하지는 않을 것이다. 오히려 우리는 "비계"(飛階, scaffolding) 접근법을 지지할 것이다. 이 접근법은 부모들이 나중에 사랑하는 자녀가 청소년기 후반이나 성인기 초반에 접어들 때 그들과 동행할 수 있도록 아이를 위한 지원의 틀을 세우는 것을 뜻한다.

이런 주의 사항을 염두에 두고 통합적이고 유연한 접근 방식의 하나로서 동행 모델을 개발하고자 한다. 논의를 진행하면서 우리는 앞서 설명한 대로 성경에 충실한 정통주의를 토대로 삼을 것이다. 한 개인의 성별 정체성 문제를 일으키는 원인 요소를 우리가 모를 수도 있다는 점을 기억하길 바란다. 1부에서 논의한 바와 같이 누군가가 정말 성별 위화감을 겪고 있는지, 혼란스러운 성별 고정 관념을 탐색하고 있는지, 성별과 무관한 다른 도전에 직면하여 새로운 성별 정체성을 정서적 "가정"(emotional home)과 안전한 장소로 의존하고 있는지의 여부는 불분명할 수 있다. 성별 정체성 문제로 씨름하는 청소년에게 발생하는 일에 대한 우리의 이해가 부족할 수도 있으므로, 초기 상호 작용에서 지나치게 자신감 있고 경솔하며 무모한 자세보다는 신중하고 잠정적인 태도를 취해야 한다. 동행은 향후 만남에서 신중함을 발휘하는 데 도움이 된다. 그것은 신학을 지도하고 가르치고 탐구할 기회를 배제하지 않으면서도 거기서 끝나지 않을 것이다.

부모를 위한 조언: 가족 내에서의 동행

청소년이 취할 수 있는 구체적인 조치에 대해 여러 관점이 존재할 수 있는 가족이 동행을 실천에 옮기는 것은 더 복잡한 문제일 수 있다. 우리는 수(Sue)라는 어머니를 만났는데, 그녀의 자녀인 열아홉 살 난 생물학적 여성 켄트(Kent)는 자신을 젠더퀴어라고 밝혔다. 켄트는 크로스섹스 호르몬 치료를 받을 생각이었고, 남성 이름과 남성 인칭 대명사를 사용하고 있었다. 켄트는 어린 시절에 성별과 관련된 고통에 시달린 이력이 없었고, 결정을 내리는 과정에서 치료 지원을 받기를 꺼렸으며, 더 침습적인 방법을 신속하게 선택했다. 수는 그녀의 두려움과 신념에 대해 솔직하게 털어놓고 켄트와 동행하는 방법을 찾고 있었다. 켄트는 크로스섹스 호르몬의 윤리에 대해 전혀 염려하지 않는 반면, 수는 이 조치를 도덕적으로 용납할 수 없다고 생각했다. 켄트는 수에게 크로스섹스 호르몬 사용에 드는 비용을 지원해달라고 요청했고, 수는 자신이 과연 그렇게 해야 하는지 진심으로 고민했다.

이것은 동행과 관련하여 그리스도인 가족 간에 서로 다른 의견에 도달할 수 있는 긴장감을 보여주는 한 사례다. 우리는 수에게 그녀의 신념 때문에 켄트가 취하려는 조치를 인정하기는 어렵겠지만, 켄트와 동행할 수 있는 방법을 찾아보라고 권했다. 수는 켄트가 호르몬 치료를 시작한 후 켄트와 만나서 그 과정에 대한 이야기를 들으면서 켄트가 이 조치를 선택한 이유를 이해하고 함께 즐길 수 있는 활동을 하면서 지속적으로 좋은 시간을 보내기로 결단했다. 그녀는 또한 자기 딸을 부를 때 비록 남성 이름과 남성 인칭 대명사를 사용할 수는 없지만, 대신 "K"라는 닉네임을 사용하는 것에는 동의했다. 그녀는 아직 마음의 준비가 되지 않은, 호르몬 치료를 경제적으로 지원하는 일보다는 자녀와 동행할 수 있는 방법을 찾는 데 관심을 집중했고, 켄트는 자기가 선택한 조치에 대해 서로 다른 관점을 지니고 있음에도 불구하고 기꺼이 자신과 동행하려는 어머니의 의지에 감사했다.

우리의 목표 생각하기

이제 우리의 목표를 생각해보자. 효과적으로 증언한다는 것은 무엇을 의미할까? 효과적인 증언을 평가하는 원칙은 성별 정체성을 탐색하는 사람들에게 어떻게 전달될 수 있는가? 일부 그리스도인이 전략적으로 시도하는 것처럼 한 개인에게 낙인을 찍고, 그가 진술한 정체성과 결정을 일관되게 거부할 때 다른 사람을 보살피는 우리의 사역은 효과적으로 힘을 발휘할 수 있는가? 우리는 언제 특정한 사람들이 교회에 나오는 것을 금지하는가?

또한 우리는 언제 성과 성별 규범에 대한 모든 개념을 폐기하고 판단을 회피하는가? 이어지는 장들에서 이런 질문을 고찰해보기 바란다. 그리고 우리는 이 질문에 답하려면 이 책을 다 읽고 나서도 오랫동안 지속적인 분별력이 필요하다고 믿는다.

어떤 사람들에게는 돌봄으로 인해 치유가 일어나거나 하나님의 창조 의도가 회복된다면 그것이 매우 효과적이다. 극단적 보수주의나 근본주의적인 입장을 고수하는 사람들은 흔히 이런 입장을 취한다. 어떤 사람들에게 돌봄은 고통받는 사람들과 동행할 때 효과적이다. 우리는 이것을 정통주의적 입장으로 본다. 그들의 목표는 그 사람과 함께함으로써 그와 맺는 관계를 포함하여 그의 삶에 나타난 하나님의 공급하심을 확인하는 것이다. 진보적인 입장에 있는 다른 이들은 사람들이 신학적으로나 영적으로 어떤 입장을 취하든지 간에 모든 사람을 환영하는 분위기가 조성될 때 돌봄이 가장 좋은 효과를 가져온다고 본다. 그들의 목적은 각 사람을 있는 그대로 포용하고 받아들이는 분위기를 조성하는 것이다.

우리는 종종 극단적 보수주의/근본주의 신학을 갖고 있는 목사들과 이야기를 나누곤 하는데, 그들은 문지기와 제한 역할을 하는 관행에 관여하는 경향이 있다. 그들은 제자도의 목적이란 고결하고 경건한 삶을 살기 위한 행동의 기대치를 요약적으로 보여주고, 그들의 권위 아래 있는 각 개인이 이런 기대를 충족하기 위한 조치를 취할 수 있는지의 여부를 판단하는 것이라고 믿는다. 이 접근법에서 한 개인이 지속적인 관계를 계속 유지하는 것은 기독교 신앙과 관련해 특정한 도덕적·윤리적 기준을 준수하거나 순응하려는 의지에 달려 있다. 만약 청소년이 다른 그리스도인과 관계를 맺거나, 종교 공동체·가족·동료 집단에 속하기 위해 올바른 신학을 갖고 있어야 한다고 말하거나 그들이 그렇게 느끼게 한다면, 신학과의 씨름으로 인해 보살핌을 받지 못하게 될 수도 있다. 성별 정체성을 탐색하는 젊은이의 경우에는, 담당 목사가 바이젠더 청년에게 생물학적 성별에 맞춰 자신을 표현하고 정체성을 바이젠더라고 인식하는 것을 "회개"하지 않는 한 교회 소그룹에서 환영받지 못할 것이라고 말하는 것이 그런 예에 속한다. 이런 방침을 강요하면 관계를 더 깨끗하게 유지할 수는 있겠지만, 그 청년은 가치 있는 관점을 보여줄 수 있는 신자들과 동떨어져서 홀로 성별 정체성 문제를 해결해나갈 수밖에 없을 것이다.

정통 신학의 토대 안에서 도덕성 틀을 강조하는 사람들이 더 잘 할 수 있는 일은, 성별 위화감을 느끼지 않는 청소년들이 보다 적응력 있는 전통적인 성 역할에 안착하는 데 도움이 될 수 있는 지침을 찾고 질문하는 것이 어렵지 않은 사회적 환경을 조성하는 것이다. 그러나 성별 위화감을 갖고 있고 전통적인 성별 역할 내에서 관리가 용이하지 않은 사람들에게는 이런 환경이 어려울 수 있다. 이는 특히 극보수적/근본주의적 접근 방식이 좌초될 수 있는 지점이므로, 미묘한 차이가 있고 영리한 관계적 접근법이 필수적이다.

청년 목회의 접근 방식과 관련하여 일부 목회자들은 자신들의 목회 목표가 개방적인 열린 정책임을 강조하며 다양성 편향적인 접근법을 취해 왔다. 한 개인이 교회에 들어올 때 교회는 모든 사람을 환영하며 그가 지닌 도덕성과 미덕에 관해서는 별로 주목하지 않는다. 이런 경우 개인의 선택에 도덕적 가치를 부여하는 것은 비판적이고 가혹하며 사랑이 없는 행위로 인식될 수 있다. 따라서 성별 정체성에 문제를 가진 사람들을 위한 사역은 판단주의에 대한 두려움에 의해 좌우된다. 이런 두려움 때문에 교회는 새로운 성별 정체성에 관해 어떤 규범도 가르칠 수 없다고 결정하고, 교회는 그리스도인이 각자의 성별 정체성을 삶 속에서 그리고 그들의 삶을 통해 보여주는 방식에 대한 지침을 줄 수 없다고 판단한다. 많은 교회가 이런 입장을 점점 더 지지하고 있는데, 그럼으로써 사람들이 "어떤 과정 중에 있는" 것을 환영하고 윤리적 결정에 도달해야 한다는 압박감을 느끼지 않는 편안한 환경을 조성할 수 있기 때문이다.

우리는 목회나 다른 관계가 오직 행동에 대한 기대치나 출입문에 걸려 있는 환영의 표시에만 초점을 맞출 경우 어떤 부작용이 발생하는지 목격했다. 일반적으로 신앙 공동체에 참석하거나 기독교 신앙을 고백하는 사람들은 자신의 삶, 생활 방식, 결정에 대해 그리스도의 말씀에 기반한 지침을 구하고 있다. 결국 그리스도인들은 예수께 복종하여 모든 것에 대한 지도를 받기 때문에 그리스도인의 삶이 구별된다는 것을 알고 있다. 하지만 그분의 제자가 되는 방법은 항상 명확하지 않으며 때로는 큰 희생과 대가가 필요하다. 사람들은 희생이 따르는 순종이 어떤 것인지 알고 싶어 하며, 진부하거나 지나치게 단순화된 답변은 어떤 식으로든 제자로서의 길을 잃고 방황하게 만든다.

그리스도인이 성별 위화감에 대처하는 문제도 마찬가지다. 어떤 이들은 목사나 동료 그리스도인의 입에서 성별 정체성을 관리하는 방법이 악마적이거나 도덕적으로 전혀 도움이 되지 않는다는 말이 나올 때 만족스럽지 않았다고 털어놓았다. 그들은 하나님께 영광을 돌리는 방식으로 성별 위화감에 대처하는 방법을 구하는 과정에서 존경받는 그리스도인의 지도를 받고 싶어 하며, 일부는 도덕의 범위를 벗어난 특정한 방법을 고려하기도 한다. 하지만 이 그리스도인들은 돌봄을 받고 소속감을 느끼기 이전에 먼저 행동에 관한 요구를 들이미는 교회, 가족, 공동체 안에서 어려움을 겪어왔다. 이런 상호 작용 속에서 성별 위화감에 대처하는 그리스도인들은 사랑이 조건적이며, 특정한 욕망을 갖고 행동하는 사람에게는 하나님의 사랑의 손이 닿지 않는다는 인식을 갖게 된다. 이런 느낌은 특히 어떤 결정이 비난의 대상이 될지 명확하지 않기 때문에, 비난받을 만한 결정을 내리는 것에 대해 이미 갖고 있는 불안감을 고조시킬 뿐이다. 반대로 그저 환영의 표시에서 멈추는 사역은 그들에게 아쉬움을 남긴다.

우리가 사역, 돌봄, 관계에 대해 설정한 목표는 특정한 개인이 기독교의 사랑과 자비의 열매를 얻는 데 장애물이 될 수 있기 때문에 중요하다. 이런 이유로 우리는 무리한 행동 준수를 요구하거나 한 사람이 내리는 모든 선택에 맹목적인 동의를 요구하는 엄격한 목표를 정하지 말라고 경고한다. 우리는 초기에 생길 수 있는 의견 불일치에 근거하여 사람들과의 관계의 가능성을 부정하지 않을 것이며, 마치 이런 것들이 관계를 만들어나가기에 앞서 먼저 합의되어야 하는 것처럼 우리의 의견에 이미 동의하거나 우리가 원하는 목표에 동의하는 사람들에게 우리의 돌봄을 제한하지 않을 것이다. 또한 처음부터 어떤 사람과 함께할 수 있는 최선의 방법을 모른다고 해서 그 사람과의 관계를 거부하지도 않을 것이다. 초기 제자들이 이런 방식으로 행동했다면 그들은 극소수의 사람들과만 접촉할 수 있었을 것이다.

우리는 올바른 사고와 올바른 실천 사이의 긴장으로 돌아가서 양극단 사이의 평균을 추구하고자 한다. 관계의 문을 열고 모두를 안으로 초대한다고 해서 규범이 무의미하다는 뜻은 아니며, 도덕적 기준을 명확하게 분별하기 어렵다고 해서 도덕과 미덕에 대한 신중한 성찰을 버려야 한다는 것도 아니다. 기독교 지도자들은 신학적 인류학이 무엇인지 분명히 설명하고 성과 성별에 대한 명확한 규범을 제시할 필요가 있다. 이것은 쉬운 과제가 아니다. 역사적인 기독교 윤리의 적용 방법을 분별하려는 시도조차도 일부의 비난을 받을 것이다. 이는 우리가 만나는 모든 사람을 마주하고 그들과 동행하고자 할 때 정통성을 적용하기 위한 지혜, 신중함, 분별력이 우리에게 필요하다는 사실을 더욱 강조할 뿐이다.

　정통적이고 통합된 동행의 자세는 혼란을 일으킬 수도 있다. 그것은 누군가와 어떻게 대화하고 관계 맺을 것인가에 대한 모든 답을 미리 알고 있다거나, 결과가 어찌 될지 완전히 인지하고 있다는 뜻은 아니다. 하지만 모든 답을 알지 못한 채 관계를 맺는 일은 나쁜 것이 아니며 준비가 부족한 것도 아니다. 오히려 그 과정에서 하나님께서 도움을 주실 것을 믿으라는 뜻이다. 그것은 또한 그리스도인에게 있어서 인류를 향한 하나님의 계획을 그들의 삶에 통합하기 위해 애쓰며 다른 사람과 함께 더 온전히 살아가려고 하는 것보다 가치 있는 일은 없다는 것을 우리가 섬기는 사람들에게 알려준다.

그리스도 중심 접근법

그리스도인들은 그리스도가 그리스도인으로서 우리의 삶과 증거의 모델이 된다고 주장한다. 따라서 (그것이 전문적인 사역이든, 소명에 의한 것이든, 비공식적인 관계든) 우리의 사역은 예수를 반영해야 한다. 우리가 영향력을 미칠 수 있는 특정 영역이 무엇이든 상관없이, 역사적으로 그리스도인들은 제사장·예언자·왕으로서의 그리스도의 역할을 반영하려고 시도해왔다. 제사장은 하나님의 제단에서 사람들을 대신해서 제물을 바쳤다. 예언자는 하나님과 인간 사이에서 메시지를 전달했다. 왕은 하나님 나라와 그분께 복종해야 하는 세속적인 세력 간의 통합을 보여주었다. 그리스도가 완벽하게 구현하신 이런 역할들은 우리 자신이 그리스도의 증인이 되기 위한 토대를 마련하고 일상생활에서 그리스도를 어떻게 반영하는지에 관해 세 가지 뚜렷한 목표를 제시한다. 우리가 이런 역할을 어떻게 구현해야 하는지 생각해보자.

제사장적 증인

성경에 따르면 그리스도인들은 "[그들을] 어두운 데서 불러 내어 그의 기이한 빛에 들어가게 하신 이의 아름다운 덕을 선포하게 하려"(벧전 2:9)고 택함을 받았다. 제사장으로서의 역할 수행과 관련해, 긍휼을 얻은 우리는 이 자유와 하나님의 구원하시는 빛과 다른 사람들을 향한 긍휼을 선포하라는 부르심을 받았다(2:10). 여기서 우리는 잠시 멈춰서 하나님으로부터 긍휼을 얻은 것이 결실을 맺는 사역을 위한 필수적이고 지속적인 비결임을 상기해야 한다. 하나님의 긍휼을 우리의 삶 속에서 계속되는 현실로 마주할 때만 진정으로 그 긍휼을 다른 사람들과 공유할 수 있다. 이는 "우리가 날마다 범하는 일상의 죄와 불완전함을 받아들인다는 것을 의미하고, 그리스도의 긍휼을 경험함으로써 다른 사람과 그들의 잘못에 대해 좀 더 너그러워질 수 있다"는 뜻이다.[8] 게다가 하나님의 긍휼 앞에서 우리가 갖는 겸손은 "하나님의 구원의 사랑이 그들 안에서 틀림없이 신비롭게 작용한다는 것을 인정하게 해준다. 왜냐하면 우리는 매일의 분투 속에서 그의 사랑을 경험했기 때문이다."[9] 따라서 하나님의 긍휼을 생각하는 것은 우리가 특히 성별 정체성을 탐구하는 사람들을 대상으로 사역할 때 필수적으로 성찰해야 할 부분이다. 그리스도 안에 있는 생명인 경이로운 빛을 증언하기 위해 우리는 지속적으로 하나님께 의존해야 한다.

제사장적 증인은 우월한 위치에서 다른 사람들을 가르치려 들지 않는

---

8   Edward Sri, *Pope Francis and the Joy of the Gospel: Rediscovering the Heart of a Disciple* (Huntington, IN: Our Sunday Visitor, 2014), 66.

9   Sri, *Pope Francis*, 66.

다. 우리는 위대한 대제사장 그리스도가 인류를 위해 내려오셨기 때문에 "우리의 연약함을 동정하지 못하실 이가 아니[고]" 그것을 잘 알고 계신다 (히 4:15)는 사실을 기억해야 한다. 그러므로 우리는 다른 이들과의 연대의 자리에서 사역할 때, 타인의 고통과 실패, 어려움과 갈등의 깊이를 이해할 수 있고 겸손한 자세로 그들과 여정을 함께하기를 간절히 바라는 마음을 하나님께 구해야 한다. 이렇게 하면 사람들로 하여금 보살핌과 지원을 받기 위해 "옳은 말을 해야 한다"는 느낌을 갖게 하기보다는 신뢰를 줄 수 있다. 성별 위화감의 경우, 비록 한 개인이 갖고 있는 문제 중 일부에 많은 그리스도인이 우려할 만한 조치가 포함되더라도, 그들이 자신의 문제가 지닌 취약성을 공유하도록 권하고 싶다.

다른 사람의 회개에 응답하여 자비를 베푸는 것, 즉 일상의 죄와 불완전함을 겸허히 받아들이는 것은 분명 제사장 역할에서 비롯된 사역의 일부다. 전반적으로 우리는 오로지 한 사람의 성별 정체성과 연관되지는 않은 악덕과 영적 문제들을 식별하는 회개의 정신을 장려한다. 우리의 돌봄을 받는 당사자들이 성별 불일치에 대응함에 있어 무엇이 죄인지에 대해 고민할 수 있다는 점이 회개 및 성별 정체성 문제와 관련하여 특히 더 복잡해질 수 있다. 사람들이 성별 위화감을 관리하기 위한 방법을 알아내고자 할 때 자유롭게 취할 수 있는 특정한 조치가 무엇인지, 하나님의 뜻에 반하는 조치가 무엇인지 궁금해 할 것이다. 그들이 성별 정체성 문제와 고통에 대처하는 방법과 관련하여 무엇을 회개해야 하는지 항상 확신하는 것은 아니다. 크로스드레싱을 하고 싶은 충동이 죄가 될까? 헤어스타일을 바꾸거나 가벼운 화장을 하기로 결정한 것도 회개해야 하는가? 당신 역시 이 부분에 대해 잘 모를 수 있다. 많은 정직한 목사, 부모, 우리가 사랑하는 사람들은 이 문제에 대해 어느 정도의 혼란과 불확실성이 있다고 토로했다. 우리는 큰 그림을 이해하기 위한 상호 간 지혜와 특정한 의사 결정을 위한 신중함을 달라고 기도할 수 있다. 만약 몇몇 사람이 문제를 야기할 것이라고 믿을 결정이 내려질 경우 우리는 하나님께 인도하심을 구하고 분별력, 자비를 달라고 기도할 수 있다.

성별 위화감 때문에 의학적인 조치를 취했던 한 지인은 수년 전에 그런 결정이 정말 죄를 짓는 것인지 확신하지 못했다고 고백했다. 극심한 성별 위화감과 목숨을 잃을 수도 있는 위험으로 인해 의학적 조치를 선택했기 때문에, 그녀는 지금 어떻게 해야 하는지 고민하고 있었다. 그녀는 좋은 질문을 던졌지만, 그녀를 잘 아는 사람들조차도 정답이 무엇인지 확신할 수 없었다. 누군가 회개를 강요당하는 느낌을 받는다면, 우리는 그들에게 동참할 때 우리가 보여주는 긍휼을 마치 우리가 소유한 것처럼 행동하지 않도록 조심해야 한다. 우리는 우리에게 값없이 거저 주어진 긍휼을 그들에게 거저 주는 것이다. 긍휼히 여기는 마음(misericordia)을 갖는다는 것은 타인의 고통을 볼 때 마음 깊은 곳에서 움직임이 일어난다는 뜻이다.[10] 이 움직임은 단순히 멀리서 그들의 고통을 냉정하게 평가하는 것이 아니라 다른 사람을 향해 움직여 나아가는 것이다. 우리는 제사장 역할을 목표로 삼음으로써 자칫 바리새인들의 자세를 갖지 않도록 우리 자신을 보호한다. 바리새인들은 무거운 짐을 나르는 사람들을 돕기는커녕 그들에게 무거운 짐을 지웠다(마 23:4).

만약 어떤 사람이 자신의 행동을 뉘우친다고 해도 그 이후의 행동에 어떤 의미가 있는지는 불분명하다. 예를 들어 지인 한 명이 몇 년 전 의료적

---

10 Mother Mary Francis, *Come, Lord Jesus: Meditations on the Art of Waiting* (San Francisco: Ignatius, 2010).

조치를 취하는 실수를 저지른 것에 대해 죄책감을 느끼고 있다고 가정해보자. 15년 전이나 20년 전에 벌어진 일이어도 그것을 되돌려야 할까? 당시에는 그 조치를 취함으로써 생명을 구할 수 있다고 생각했다면 어떻게 해야 할까? 이런 복잡한 질문에 대한 답을 찾아내는 것은 어려울 수 있지만, 제사장의 역할에서 비롯된 사역은 분별의 과정 내내 하나님의 긍휼을 강조하며, 하나님이 그분의 자비를 얻을 수 있는 길에 대해 말씀하실 때 사람마다 다른 결정을 내릴 수 있다는 사실을 인정한다.

예언자적 증인

예언자 역할을 한다는 것은 하나님의 메시지를 그분의 백성에게 전달하는 선생이 된다는 의미다. 하나님의 메시지를 전하려면 기도와 희생이 필요하며, 무엇보다도 그분의 말씀에 귀를 기울여야 한다. 우리는 물어보기 전까지는 결코 무엇을 하라는 지시를 받을지 알 수 없고, 모든 답을 알지 못한 채 행동하고 말해야 하는 경우가 많기 때문에 이런 신뢰의 훈련은 큰 용기를 필요로 한다. 우리가 만나는 많은 기독교인은 성별 정체성 문제에 대처하는 사람에게 하나님이 어떤 말씀을 하실지 간절히 알고 싶어 하지만, 정작 자신은 그럴 준비가 되어 있지 않다고 느낀다. 하지만 우리 자신에 대한 확신이 부족하다고 해서 사역에 대한 예언자적 증인의 역할이 면제되는 것은 아니다. 그건 오직 하나님만 신뢰하라는 의미일 뿐이다. 우리는 하나님이 모세에게 명령하시고 약속하신 것을 기억해야 한다. "이제 가라. 내가 네 입과 함께 있어서 할 말을 가르치리라"(출 4:12).

　　예언자적 소통의 관점에서 구체적으로 무엇을 말해야 할지 전부 다 알기는 어렵다. 어떤 진리는 기독교 신학적 인류학, 성과 성별에 관한 규범, "현세와 내세 사이에서"(우리의 타락한 성적 지향 및 성별 경험의 현실과 씨름하는 인간의 타락과 만물이 새롭게 되는 예수의 재림 사이에서) 산다는 것의 의미와 관련이 있을 수 있다. 이는 본질적인 남성성과 여성성을 확립함에 있어 하나님이 지금까지 하신 일에 대해 우리가 이해하는 바를 나눈다는 뜻이기도 하다. 설령 이런 남성성과 여성성이 우리 대다수의 확고한 고정 관념 안에 정확히 들어맞지 않고 우리 중 일부에게 큰 고통의 원인이 될지라도 말이다. 우리는 고통의 현실에 대해 공유하고 현실을 인내하며 거기서 의미와 중요성을 발견한 그리스도인의 사례에 관해 이야기를 나눌 수도 있다. 또한 하나님이 자신을 버리셨거나 포기하셨다고 느꼈던 신실한 그리스도인이 나중에 믿음 안에서 어떻게 성장했는지에 대해 또는 특정한 고통의 순간에는 쉽게 드러나지 않지만 하나님의 인도와 공급하심을 믿을 수 있었던 그들의 능력에 대해 말할 수도 있다.

예언자적 소통을 하는 사람은 이런 복잡한 상황에 처한 사람들에게 "도덕성!"을 외치는 기독교 지도자가 아니다. 우리는 하나님과 동행하면서 성령께서 우리에게 **무엇을, 어떻게, 언제** 말해야 할지에 대해 지혜롭고 신중하게 행동할 수 있는 능력을 주시기를 간구한다. 예를 들어 고통을 견딤으로써 발견할 수 있는 의미와 중요성을 말해야 한다고 생각된다면, 무엇을, 어떻게, 언제 말해야 할지를 알 수 있는 지혜와 신중함을 하나님께 구하기 바란다. 다른 사람들이 얼마나 고통을 견뎌냈는지 연구하고, 그들이 슬픔을 직접 경험하면서 타인에게 어떤 권면을 할 수 있었는지, 그 여정이 그들에게 어떻게 전개되었는지, 그리고 시간이 지남에 따라 성령의 사역을 통해 그들이 어떤 진리를 깨닫게 되었는지를 주목하라. C. S. 루이스는 아내가 죽은 다음 이렇게 말했다. "종교의 진리에 대해 말한다면 나는 기쁘게 들을 것입니다. 종교의 의무에 대해 말한다면 나는 순종적으로 들을 것입니다. 하지만 종교가 주는 위안에 대해서는 나에게 말하지 마세요. 그래도 말한다면 나는 당신이 이해하지 못한다고 생각할 것입니다."[11]

　　한 솔직한 친구는 성별 위화감에 대해 이야기하고 이 문제를 겪고 있는 사람과 소통하는 방법을 고민하다 보니, 그런 노력을 포기하고 싶은 마음이 들었다고 털어놓았다. 그는 "너무 복잡하다"고 말했다. 자신이 제대로 준비가 되어 있지 않은 것 같아서 이 문제를 회피하고 가족을 보지 않은 채로 복잡한 질문에 대해 다시는 생각하지 않고 싶었다. 그러나 그는 이 주제를 영원히 회피할 수는 없었고, 어떤 수준에서는 아직 방법을 모르더라도 하나님이 자신을 이 문제에 관여하라고 부르셨음을 깨닫게 되었다. 그는 모세가 그랬던 것처럼 하나님이 다른 사람을 보내시길 원했다. 그는 모세와 같이 선택되었기 때문에 그가 절실히 필요로 하는 도움을 얻지 못한 채 방치되지는 않았을 것이다. 하나님은 현재 문화의 모습을 보고도 놀라시지 않는다. 우리가 직면한 문제의 복잡성 때문에 혼란을 느끼시거나 당황하시지 않는다. 그분은 우리가 당혹스러워하는 순간에도 상황에 맞는 예언자적인 역할을 수행하는 데 필요한 도움의 은총을 주시기로 약속하셨다.

왕다운 증인

그리스도인의 왕다운 역할은 오늘날 우리가 볼 수 있는 세상의 많은 통치자의 역할과는 상당히 다르게 보인다. 하지만 그 역할은 왕족과는 거리가 멀지라도 우리에게 해당된다. 그리스도 자신도 예상과는 전혀 다른 왕이었다. 지상의 다른 왕들은 우리의 모델이 될 수 없지만, 그리스도는 확실히 우리의 모델이 된다. 그분은 온유하고 겸손한 마음을 지녔으며 본디오 빌라

11　C. S. Lewis, *A Grief Observed* (San Francisco: HarperCollins, 2001), 25. 『헤아려 본 슬픔』(홍성사 역간).

도조차도 침묵하게 만드는 담대함과 신념을 갖고 있었다.

그렇기 때문에 그리스도인은 압제적인 왕의 권력이 아닌 고난을 당하는 종의 마음을 갖기를 간절히 바라야 한다. "예수께서 제자들을 불러다가 이르시되 '이방인의 집권자들이 그들을 임의로 주관하고 그 고관들이 그들에게 권세를 부리는 줄을 너희가 알거니와 너희 중에는 그렇지 않아야 하나니 너희 중에 누구든지 크고자 하는 자는 너희를 섬기는 자가 되고 너희 중에 누구든지 으뜸이 되고자 하는 자는 너희의 종이 되어야 하리라. 인자가 온 것은 섬김을 받으려 함이 아니라 도리어 섬기려 하고 자기 목숨을 많은 사람의 대속물로 주려 함이니라'"(마 20:25-28). 우리는 성별 정체성 문제를 탐색하는 사람들을 어떻게 섬길 수 있을까? 어떻게 하면 하나님의 겸손함을 지니고 여정을 함께 하는 동반자로서 그들을 섬기면서 우리 자신을 내어줄 수 있을까? 우리가 그들에게 반응하는 방식을 통해 하나님께 영광을 돌리려면 어떻게 해야 할까?

왕다운 사역을 한다면 겸손한 마음으로 그 사람에게 헌신할 수 있다. 우리는 상대방과 동행하면서 그들이 홀로 그 여정을 감당할 필요가 없다는 것을 확신시켜준다. 우리는 결과에 따라 동행 여부를 결정하지 않는다. 오히려 하나님 앞에서 그 사람의 가치와 존엄성을 반영하는 지속적인 관계를 맺는다. 왕의 자녀로 입양되어 상속자가 된다는 것이 무엇을 의미하는지 지속적으로 재발견하는 일에 그들을 초대함으로써 자신의 문제가 하나님과의 관계를 막는 것이 아닌지 궁금해하는 사람들에게 치유의 힘을 준다. 우리는 그들의 이런 의심 앞에서 그들을 향한 아버지의 사랑과 그들이 하나님의 가족에 속한다는 사실에 대한 확신 그리고 흔들림 없는 믿음을 전해줄 수 있다.

이를 통해 우리는 기독교 사역자의 기본 목표를 통합하는 지점에 도달한다. 우리는 가장 탁월한 사역이란 인류를 위해 하나님의 사랑을 성육신적으로 구현하는 것이라고 믿는다. 또한 제사장 역할을 통해 동료 그리스도인과 비그리스도인, 특히 현재 성별 정체성 문제에 영향을 받는 사람들이 절실히 필요로 하는 시기에 자비를 베풀 수 있다. 그러기 위해서는 자비로우신 하나님과의 만남을 새롭게 함으로써 우리에게 값없이 주신 긍휼을 다른 사람들에게 베풀어야 한다. 예언자 역할을 수행함으로써 이런 어려운 주제들에 관해 대화하고 간절히 기도하며, 무엇을 말해야 할지를 알려주시는 하나님의 도우심과 인도하심을 신뢰해야 한다. 우리가 강연자로 초대받는 경우 겸손하고 자신 있게 하나님의 사랑에 대해 나눌 수 있는데, 이때 세상을 향한 하나님의 비전이 성별 정체성에 관한 우리의 대화에 어떤 도움을 주는지와 관련해 우리가 이미 알고 있는 것과 아직 알지 못하는 것을 이야기할 수 있다. 또한 왕다운 역할을 수행함으로써 담대하게 관계 속으로 들어갈 수 있는데, 이는 우리 자신의 이익을 위해서 혹은 우리의 지식이나 교리적 순종을 증명하기 위해서가 아니라, 다른 사람들 심지어 우리 중 가장 작은 자로 보이는 사람들의 겸손한 종으로 살기 위해서다.

모든 그리스도인에게 요구되는 이 세 가지 역할은 당신 앞에 있는 특정한 사람에게 반응함에 있어 미묘한 차이가 필요하다. 바로 이 지점에서 초자연적인 도움이 요구된다. 성별 정체성을 다루는 천편일률적인 모델을 찾기보다 특정한 순간에 하나님의 목소리를 듣고 우리를 인도해달라고 요청하는 것이 우리의 목표다. 하지만 우리가 그런 모델을 찾는다 하더라도 그것은 인간의 근본적인 존엄성이 드러나는 모델이 되어야 한다. 결국 그리스도는 각 사람을 하나님의 형상을 따라 그분과 닮은 모습으로 만드는 급진적인 신학을 구현하셨다. 성별 정체성 문제로 고민하는 사람들과 관계 맺는 방식에서 이 본질적인 진리를 놓친다면 우리가 놓은 모든 기반이 무의미해질 것이다.

목표로서의 사랑

우리가 지닌 특정한 역할, 자세, 제스처에 상관없이 모든 그리스도인은 하
나님을 사랑하고 다른 사람을 우리 자신처럼 사랑하라는 그리스도의 두 가
지 명령에 참여하도록 부르심을 받았다(막 12:30-31). 결국 우리 삶 전체는
이 명령을 수행하기 위한 것이다. 그리고 그리스도는 다른 사람을 사랑하
는 일에 있어서 우리 가운데 새로운 성별 정체성을 채택하는 사람들을 예
외로 두시지 않았다. 어떤 식으로든 우리와 달라 보이는 사람, 심지어 하나
님의 법에 어긋나는 방식으로 사는 것처럼 보이는 사람을 거부하면서 그런
행동의 근거로 그리스도를 제시해서는 안 된다. 모든 사람으로부터 사랑받
을 가치가 없다고 무시당했던 사람들과 관계를 맺으신 그리스도를 본받음
으로써 우리의 반응을 얼마나 잘 표현하는가에 따라 그리스도인의 진정한
표식이 드러난다.

새로운 성별 정체성에 대해 어떤 생각을 가져야 할지 또는 그들에게
어떻게 반응해야 할지 모를 수도 있다. 무엇에 동의하고 동의하지 않는지
잘 모를 수도 있다. 아니면 무엇을 누구에게 동의하지 않는지에 대해 확고
한 생각을 가질 수도 있다. 그럼에도 불구하고 성별 정체성 대화에서 존재
나 의견을 통해 당신을 가장 불편하게 만드는 사람을 떠올려보길 바란다.
단순히 신학에 대해 말하는 것뿐만 아니라 그들을 바라보고 대화하며 그들
에 관해 이야기하는 방식을 통해 그리스도의 사랑을 보여주거나 그분의 구
원의 사랑을 전하는 기쁜 소식을 그들과 나눈 적이 언제였는가? 당신의 사
랑이 부족한 이유는 상대방의 잘못 때문이라고 주장하고 싶은 유혹을 느낄

수도 있다. 그들이 더 친절하거나 개방적이었다면 그들과 관계를 맺거나 그들에 관해 말하는 방식을 통해 사랑을 전달할 수 있었을 것이라고 말이다. 하지만 조건 없는 사랑, 우리의 자세와 제스처를 통해 드러나는 애정은 마음을 닫은 가장 불친절한 사람에게도 적용된다는 사실을 기억하길 바란다.

이런 통합적이고 그리스도 중심적인 접근 방식이 오히려 관계를 혼란스럽게 만들지는 않을지 궁금하다면, 그럴 수도 있다. 더 정직하게 말한다면, 혼란스러운 것을 불편하게 생각하는 사람이 많기 때문에 우리는 다른 렌즈들을 배제하고 하나의 렌즈를 택하곤 한다. 이에 대해 기독교 목사인 칼렙 칼텐바흐는『혼란스런 은혜』(Messy Grace)라는 책에서 도덕성에 집착하는 교회를 향해 다음과 같이 도전했다. "예수가 십자가 위에서 죽으신 것은 매주 모여 (나쁜 행동은 감추면서) 선한 행동을 한 것에 대해 자화자찬을 늘어놓거나, 주중에는 무리 지어 만나지만 지역사회에 손을 내미는 일은 아무것도 하지 않는 소규모 친목 단체를 만들기 위함이 아니다. 그것은 예수가 이 땅 위에 세우시고자 하는 교회가 아니다."[12]

그리스도의 명령에 순종하며 살지 않는 사람들과 교류할 때 당황할 필요는 없다. 칼텐바흐의 말처럼 당신이 도덕성 렌즈의 시각에 공감한다면, "당신이 인정하지 않는 특정한 방식으로 행동하거나 생활하는 사람이 주변에 있을 것이다. 친구나 가족이 이런 사람일 가능성이 높다. 당신이 예수의 본을 따르고자 한다면 그들을 포기하거나 덜 사랑하진 않을 것이다."[13] 관계를 기초로 삼고 그 위에 은혜를 더하면 무엇이든 가능하다.

---

12   Caleb Kaltenbach, *Messy Grace: How a Pastor with Gay Parents Learned to Love Others without Sacrificing Conviction* (Colorado Springs: Waterbrook, 2015), 158.

13   Kaltenbach, *Messy Grace*, 107.

칼텐바흐는 같은 책의 다른 단락에서 "잘못된 생각에 갇히는" 우리의 경향을 강조하면서 이렇게 말한다. "우리는 하나님의 말씀과 반대되는 방식으로 사는 사람들을 사랑해서는 안 된다고 생각한다. 이런 사람들의 일에 관여하면 골치가 아프고 혼란스러울 같아서 그렇게 하기를 두려워한다."[14] 그는 "예수께서 우리가 너무 골치 아픈 존재라 관여할 수 없다고 생각하시지 않은 건 정말 다행스런 일이다"라고 언급한다. 그는 심지어 "영적 성숙의 진정한 표식은 우리와 다른 사람을 대하는 방식"이라고 주장한다.[15] 이는 다양성 렌즈를 선호하는 사람뿐만 아니라 도덕성 렌즈를 선호하는 사람에게도 적용된다.

요한복음 8:1-11에 나오는 간음한 여인에게 다가오신 그리스도의 모습을 묵상하면서 이 장을 마무리하고자 한다. 주님은 그녀를 먼저 사랑하셨다. 여인이 회개하는 기미를 보이기 전에도 그녀를 변호하셨다. 그리고 그녀의 행동이 종교법을 위반한 것이라는 이유로 그녀의 존엄성을 훼손한 사람들에게 도전하셨다. 종교지도자들은 그곳에서 자신들이 매일 매일 지켰던 하나님의 율법을 거역해버린 괴물을 보았던 반면, 예수는 그곳에서 하나님의 자녀를 보셨던 것이리라. 그분은 많은 죄인 가운데 있는 한 죄인을 보셨다. 그리고 위대한 대제사장으로서 정죄가 아닌 긍휼을 강조하며 그녀에게 말씀하셨다. 그녀에게 과감하게 덕을 추구하라고 권면하심으로써 예언자의 면모를 보이셨지만, 분에 넘치는 사랑을 보여주신 만남이 있고 난 뒤에야 그런 권면을 하신 것이다. 우리는 그녀가 "가서 다시는 죄를 범하지 말라"(요 8:11)는 그분의 말씀에 주저하지 않은 이유가 있다고 생각

---

14   Kaltenbach, *Messy Grace*, 31.
15   Kaltenbach, *Messy Grace*, 32.

한다. 그렇게 되기까지는 그녀가 줄곧 찾던 진정한 사랑과의 만남이 있어야 했다. 그녀의 진정한 왕은 겸손하게 그녀 앞에 서 있었다. 그녀를 섬기신 그분의 사랑으로 인해 그 순간부터는 그녀가 그분을 섬기게 되었다.

통합적이고 유연한 동행의 자세는 무엇보다도 그리스도를 드러내는 것을 목표로 한다. 이런 자세를 갖춘 사람은 적절한 제스처를 통해 각 사람이 존엄하고 그들이 지닌 인간성의 본질상 동행할 가치가 있다는 메시지를 전달한다. 또한 사랑과 관계의 전제조건으로 여겨지는 고정된 결과를 멀리한다. 더 나아가 그 사람과 함께 고통받고자 하는 바람과 긍휼히 여기는 마음을 강조하고, 가능한 한 고통을 줄이는 방법을 신중하게 결정한다. 비록 그 길을 닦는 데 시행착오가 발생해서 골치 아픈 여러 문제가 생기고 그리스도의 몸 전체가 많은 수고를 해야 할지라도 발전적인 길을 찾는 데 도움을 아끼지 않는다. 이제 이런 동향 모델을 갖추고 특정한 영역에서의 뉘앙스들을 살펴보기로 하자.

5장

참여 영역 찾기

우리는 1장에서 성별 불일치를 의학적 또는 정신과적 현상으로 취급하다가 공개적 정체성 및 정치적 정체성으로 간주하게 된 변화를 반영하는 언어와 범주의 역사에 대해 논의했다. 이제 다시 이런 구분을 살펴봄으로써 당신이 참여할 수 있는 영역을 찾는 데 도움을 주고자 한다.

세 가지 잠재적 참여 영역

우리는 성별 정체성과 관련하여 1) 정치적 정체성, 2) 공개적 정체성, 3)개인적 정체성이라는 세 가지 잠재적 참여 영역을 식별하는 행위가 도움이 된다는 것을 발견했다.[1] 세 영역 모두 트랜스젠더 및 새로운 성별 정체성에

---

1 우리는 다음 기고문에서 이런 구분을 처음 소개했다. Mark A. Yarhouse and Julia Sadusky, "The Complexities of Gender Identity: Toward a More Nuanced Approach to the Transgender Experience," in *Understanding Transgender Identities: Four Views*, ed. James K. Beilby and Paul R. Eddy, 101–30 (Grand Rapids: Baker Academic, 2019).

대한 광범위한 문화적 대화와 관련이 있지만, 성별 불일치를 경험하는 각 개인에게 세 가지가 모두 똑같은 중요성을 지닌 것은 아니며 모든 그리스도인이 이 세 영역에 동일하게 참여하도록 부름을 받은 것도 아니다. 우리 가운데 대부분은 젠더 비순응이나 트랜스젠더로 공개적 정체성을 채택한 사람들을 알게 될 것이다. 우리 중 몇몇은 개인적으로 성별 정체성 문제를 고민하는 사람들과 동행하게 될 것이다. 정치적 정체성 및 공공 정책 차원에서 성별 정체성 문제에 관여하라는 부름을 받는 사람은 좀 더 적을 것이다. 각 참여 영역에서 만나는, 특별한 하나님의 형상을 지닌 이들의 모습을 놓치지 않도록 이런 각각의 정체성 영역에서 그런 정체성을 채택하는 특정한 사람들에 대해 생각해볼 필요가 있다.

매니(Manny)는 트랜스젠더 성인으로 학교 교육 제도에 관련된 지역 정책을 거침없이 비판해왔다. (정치적)

레이첼(Rachel)은 두 집 건너에 사는 당신의 이웃이다. 그녀의 10대 자녀 에이사(Asa)는 최근 전환을 했고 지금은 트랜스젠더로 자신을 소개한다. 얼마 전 에이사는 당신과 연락을 하고 베이비시터로 일했다. (공개적)

크리스(Chris)는 당신이 출석하는 교회의 청소년 모임에 다니는 10대다. 그는 성별 정체성과 신앙에 대한 문제로 어려움을 겪어왔고, 그의 어머니는 청소년 사역자인 당신에게 멘토링을 요청했다. (개인적)

매니, 에이사, 크리스는 세 가지 다른 정체성과 잠재적인 참여 기회(및 도전)를 보여준다. 세 가지 참여 영역 모두 어떤 반응을 요구하는 것처럼 보인다. 당신이 각 영역 안에서의 동행에 대한 부름을 받지 않을 수도 있지만 말이다. 이 장은 세 가지를 구분하여 당신을 향한 하나님의 구체적인 부르심을 발견할 수 있도록 돕는다. 매니 같은 사람들에게 트랜스젠더는 정치적인 정체성이 되었으며, 그들은 성별 정체성에 관한 규범 해체를 가장 노골적으로 지지하는 옹호자가 될 수 있다. 이것이 매니의 목표가 되는 한 매니와의 만남은 정책과 지지에 대한 논쟁으로 성급하게 발전될 가능성이 있다. 이와 달리 레이첼의 10대 아들인 에이사처럼 공개적인 트랜스젠더 정체성을 가진 사람들이 이웃, 직장 동료, 가족인 경우가 있다. 이들은 정치적 논쟁과는 무관하게 우리 삶의 일부이며 기독교적 조언을 구하지 않을 수도 있기 때문에 이런 관계에서 성별 정체성은 논의될 수도 있고 논의되지 않을 수도 있다. 마지막으로 크리스 같은 개인적 정체성을 가진 사람들은 현재 성별 정체성 문제로 인해 어려움을 겪고 있으며, 내적 갈등을 극복하는 방법에 대해 도움을 필요로 할 가능성이 높다. 우리는 이 세 가지 영역에서 독자들이 자신의 영향력의 범위와 참여 기회를 발견할 수 있도록 도울 것이다.

정치적 정체성

정치적 트랜스젠더나 새로운 성별 정체성을 생각할 때, 우리는 트랜스젠더 정체성과 경험이 사회 내에서 보호받게 되고, 트랜스젠더가 정치 영역에서 옹호될 필요가 있는 공동체라고 인식되는 방향으로의 변화를 지지하는 개인들을 생각한다. 정치적 정체성을 표현하는 사람은 정부와 사회가 성 및 성별 규범을 생각하는 방식에 개혁을 추구하면서 정치 분야에서 활동할 가능성이 높다. 적극적으로 정치적 목소리를 내는 사람들은 성과 성별 규범이 억압적인 것이며 생물학적 성과 성별의 연관성은 사회적 구성 개념

(social construction)의 결과일 뿐이라고 믿는다. 결과적으로 그들은 성별 정체성 때문에 소외된다고 믿는 집단을 보호하는 정책의 변화를 촉진하는 목소리를 낸다. 정신의학계에서도 이런 목소리를 내면서 성별 위화감을 진단 범주에서 삭제해야 한다고 요구할 수 있다. 이들은 이런 진단을 사용함으로써 자연적으로 나타나는 정상적인 변화를 병리화하고 우리가 긍정적으로 수용하고 환영해야 할 다양성의 측면을 질병으로 잘못 인식할 수 있다고 우려한다. 이들은 대안적인 성별 정체성을 가진 사람에 대한 유일하고도 적절한 대응은 개인이 원하는 방식으로 전환을 지원하는 것이라고 생각한다.

이런 목소리는 미디어에서 두드러지게 나타나고 있으며, 사회가 성별 정체성을 기반으로 공중화장실 사용을 허용하고 자신이 보기에 적합한 방식으로 자기의 신체 부위를 바꿀 수 있는 절대적인 자율권을 줌으로써 성별 다양성을 보여주는 방식을 존중하고 있음을 나타내야 한다고 촉구한다. 또한 전통적인 성과 성별 규범을 이 영역의 진보와 발전에 대한 위협으로 간주하여 학교, 교회, 사회 전반에서 이런 규범에 도전하고 그것을 근절해야 한다고 촉구한다. 우리는 이런 목소리를 대변하는 선도적인 심리학자들과 대화를 나눴다. 그들은 "당신의 신체는 당신의 성별 정체성을 전혀 반영하지 않는다"라고 말하며, 개인이 자신의 성별 정체성에 대해 절대적인 자율성을 갖는 "성별 혁명"을 촉구했다.

당신은 아마도 이런 정치적 정체성을 표현하는 사람을 만난 적이 있거나, 아니면 최근 소셜 미디어에서 공유된 기사를 통해 그들과 교류하고 있을지도 모른다. 어쩌면 당신이 자녀와 함께 저녁 뉴스를 보는 동안 텔레비전 인터뷰를 통해 그들의 목소리를 듣고 있을 수도 있다. 어쩌면 자녀들과 관련된 일이기 때문에, 과거에 강한 반감이 들어 기독교의 사랑의 입장에서 그렇게 하지는 못했더라도 이 순간을 아이들에게 가르침을 줄 수 있는 적절한 기회로 삼아야 한다는 압박감을 느낄 수도 있다.

앞서 언급한 것처럼 이런 역학의 비개인화 가능성을 피하기 위해 특정 인물을 생각해보고자 한다. 이 장의 서두에서 학교 정책에 대해 비판적인 목소리를 낸 트랜스젠더 매니를 소개했다. 매니가 화장실 출입에 대한 학교의 최근 정책에 대응하여 당신이 다니는 교회 밖에서 시위를 하기로 결정했다고 가정해보자. 당신의 교회가 성별에 관해 어떤 입장인지는 정책 토론에서 직접적으로 언급되지 않았지만 여전히 억압적인 이분법적 관점을 반영하고 있다는 것이 매니의 생각이다. 예배당에서 나올 때 당신은 매니를 어떤 눈으로 바라보겠는가? 매니가 당신이 말하는 소리를 듣든지 그렇지 않든지, 당신은 그에 대해 어떻게 말하겠는가? 만약 예배당을 떠날 때 매니가 당신에게 말을 건다면, 심지어 당신이 지닌 믿음까지 비난한다면 어떻게 반응할 것인가?

정치적 정체성을 채택한 매니 같은 사람들에 대해 들어본 적이 있을 것이다. 하지만 당신이 들은 말은 그다지 도움이 되지 않을 것이다. 매니 같은 사람들은 강단에서 "가족의 가치"를 위협하는 인물로 언급되었을 가능성이 높다. 우리의 신념에 정면으로 도전하는 사람들에 대해 "그들"(they/them), "그 사람들"(those people) 또는 "다른 편"(the other side) 같은 언어로 말하는 것을 피하라고 권하는 칼렙 칼텐바흐의 경고에 감사를 표한다. 칼텐바흐는 "'그들'을 적으로 생각하기를 멈추는 것이 중요하다. '그들'은 적이 아니다"라고 말한다.[2] 그는 이어서 이렇게 이야기한다. "'그들'은 우리

2 Caleb Kaltenbach, *Messy Grace: How a Pastor with Gay Parents Learned to Love Others without Sacrificing Conviction* (Colorado Springs: Waterbrook, 2015), 50.

와 크게 다르지 않다. 우리는 장벽을 만들거나 '그들'로부터 안전한 거리를 유지해서는 안 된다. 우리 대(對) '그들'이라는 사고방식을 버려야 한다."[3] 우리가 매니를 적으로 보는 시각에서 벗어날 수 있다면 무엇을 향해 나아갈 수 있을까?

인격 긍정하기

그리스도인들은 하나님이 인간이 되셔서 타락한 우리 인류를 구원하셨다는 급진적인 믿음을 고수한다. 우리는 각 사람이 하나님에 의해 창조되었기 때문에 불변의 존엄성과 가치를 지니고 있다는 사실에 엄청난 확신과 믿음을 갖고 있다. 그러므로 본질적인 출발점은 우리가 만나는 각 인간의 거룩함을 염두에 두는 것이다. 그들은 우리가 사랑해야 할 이웃이다. 기독교 철학자 에디트 슈타인(Edith Stein)은 다음과 같이 설명한다. "우리 가까이에 있으면서 우리를 필요로 하는 사람은 누구든 우리의 '이웃'이 되어야 한다. 그가 우리와 관련이 있든 없든, 도덕적으로 도움을 받을 자격이 있든 없든 상관없다. 그리스도의 사랑에는 한계가 없다. 그 사랑에는 끝이 없다."[4] 매니 역시 우리의 이웃이다.

그렇다면 당신은 매니에게 어떻게 반응하겠는가? 당신은 하나님의 자녀로서 매니가 지닌 존엄성을 존중하고 그의 인격을 긍정할 수 있는가? 매니에게 보일 수 있는 가장 간단하면서도 중요한 첫 반응은 침묵의 기도가 될 수 있다. **"어떻게 하면 이 사람에게 그리스도의 사랑을 보여줄 수 있겠습니까? 제가 경멸, 비난, 증오의 눈빛이 아닌 동정, 공감, 관계를 위한 갈망**

---

3   Kaltenbach, *Messy Grace*, 50-51.
4   Quoted in Mary Kuharski, *Prayers for Life: Forty Daily Devotions* (Notre Dame, IN: Ave Maria Press, 2014), 24.

의 눈빛으로 매니를 볼 수 있도록 도와주소서." 이렇게 잠시 멈춰서 자신을 돌아보는 기도는 우리가 만나는 사람의 정체성에 관계없이 우리를 붙들어 주고, 성령이 우리의 상호 작용을 통해 그리고 그런 상호 작용 속에서 활동 하실 수 있는 공간을 만들 수 있다.

정치적 정체성을 채택한 사람 중 일부는 매니처럼 기독교 신앙의 신 학적·인류학적 사상에 강한 이의를 제기할 수 있다. 그러나 예수가 추종자 들에게 명하신 사랑하라는 분명한 명령에는 어떤 제한도 없다. 그분은 "너 희 원수를 사랑하며 너희를 박해하는 자를 위하여 기도하라. 단 매니를 포 함해서 사상적, 정치적, 사회적, 인류학적 이유로 너희와 의견이 맞지 않는 사람들은 제외하라"고 말씀하시지 않았다. 또한 "그들의 신학은 잘못되었 으니까 너희들을 박해하는 자들을 경멸하고 조롱하고 놀리고 비방하라"고 말씀하시지도 않았다. 일부 그리스도인들은 어떤 근거로 매니 같은 사람들 을 함부로 대하는 것일까?

어쩌면 매니가 좀 더 상냥하게 말하고 옷을 좀 더 점잖게 입고 큰 소리 로 외치지 않는다면 좀 더 긍휼을 베풀 가치가 있어 보일 수도 있다. 그러나 우리 그리스도인은 모든 인간이 거룩한 존엄성을 지니고 있다고 주장하는 사람들이다. 우리가 모든 단계에서 인간의 생명을 옹호하는 것은 바로 이 런 근거에서다. 기독교 인류학을 신뢰하는 사람들은 매니가 "좀 더 위엄 있 게 행동할 때까지" 그의 존엄성을 깎아내리기보다는 매니에게서 하나님의 형상을 보아야 할 책임이 있다. "타자"로 간주하는 사람의 존엄성을 보지 못할 때 우리 모두가 고통받는다는 사실을 기억해야 한다. 우리는 일관성 있게 사랑을 갖고 매니를 바라보아야 한다. 우리는 매니와 다른 활동가들 이 친절하게 말하거나 점잖게 옷을 입거나 정중하게 말하지 않을 수도 있 음을 잘 알고 있다. 그러나 솔직히 말하자면 우리도 마찬가지다.

로버트 배런 주교는 현재 우리의 사회 문화적 교착 상태가 의견의 차이를 표현하는 기술을 상실한 것에 뿌리를 두고 있다고 설명했다. 그는 이런 사회 문화적 풍토에서 우리 모두 동의하지 않는 의견에 대해 양극단 중 한쪽의 극단적인 방식으로 대응한다고 주장한다. 우리는 동의하지 않는 사람에 대해 격렬하게 반대하거나 온유하게 참아내는 둘 중 하나의 방법을 택한다. 그는 건강한 논쟁을 위해서는 두 가지 접근법 모두 위험한 점이 있다고 강조한다. 그는 이 주제에 대한 팟캐스트에서 "마음을 통한 합리적이고 평화적인 참여"라는 중도적인 입장을 제시한다.[5] 이런 논쟁의 목표는 서로 공통점을 찾기를 바라는 마음으로 좀 더 많은 정보에 입각하여 문제를 제대로 인식하는 더 나은 입장을 추구하는 것이다. 건강한 논쟁은 모든 사람에게 큰 의미를 지닌 문제를 다루면서, 다른 사람의 관점을 존중하고 진지하게 받아들이며 자신의 관점을 지킬 수 있는 능력과 더불어 타인을 사랑하고자 하는 의지를 포함해야 하는데, 배런은 이것을 "이기고 싶은" 우리의 욕망을 내려놓고 "기꺼이 다른 사람의 유익을 추구하려는" 의지라고 표현한다.

아마도 우리 중 대다수는 누군가를 진정으로 사랑하면서 동시에 그 사람의 생각에 동의하지 않는 것이 과연 가능한지 의문이 생길 것이다. 점점 더 상대주의적으로 변하는 사회에서 살면서 사람들은 어느 때보다 이 가능성을 부정하게 된다. 하지만 우리는 당신이 누군가를 절대적으로 사랑하면서도 그에게 동의하지 않을 수 있다고 믿는다. 심지어 매우 중요한 문

---

5   Robert Barron, "How to Have a Good Religious Argument," *The Word on Fire Show*, episode 158, December 17, 2018.

제에 관해서도 말이다. 모든 부부는 이런 현실을 보여준다. 동의하지 않는 방식, 존중하는 마음, 상대의 관점을 고려하는 마음, 이 모든 것이 우리가 상대를 사랑할 가치가 있는 사람으로 여기며 그가 지닌 존엄성을 인정하는지의 여부를 알려준다. 사실 우리가 어떻게 논쟁하느냐는 우리가 어떤 의견에 얼마나 동의하지 않느냐보다 훨씬 더 중요하다. 사랑과 동의의 차이를 파악하지 못하면 많은 피해를 입는다.

하지만 우리는 그리스도인들이 종종 정중하게 동의하지 않으려고 분투한다는 점도 인정한다. 우리 가운데 많은 이들이 무례한 방식으로 이의를 제기하거나 트랜스젠더를 향해 증오, 혐오, 조롱으로 반응함으로써 다른 사람들에게 상처를 준 것에 대해 사과할 필요가 있다. 어쩌면 길에서 마주치는 트랜스젠더나 뉴스에서 본 트랜스젠더 옹호자들과 관련하여, 우리가 그들을 사랑하는 일에 자주 실패했음을 인정할 때가 된 것 같다.

우리가 실패를 인정하는 한 자신의 죄를 회개할 수 있다. 뿐만 아니라 우리는 다른 사람의 존엄성을 발견할 수 있는 능력을 키우기 위해 노력할 수 있다. 이런 성장 과정에서 우리는 매니 같은 사람들과 교류함으로써 유익을 얻을 수 있고, 사랑하는 법을 배우는 관계를 형성할 수 있다.

당신과 나 같은 사람들이 매니 같은 사람들에게 준 고통에 대해 이미 오래전에 사과했어야 했는지도 모른다. 비록 매니가 우리의 신앙을 공격하고 우리가 고수하는 전통을 조롱한다고 해도, 우리가 그리스도의 자녀를 조롱할 때 그리스도께서 우리 모두에게 보여주시는 것과 같은 인내심과 비통한 사랑으로 그들을 대할 수 있을까? 풀턴 신 대주교는 우리에게 다음 내용을 상기시켰다. "하나님은 모든 사람을 사랑하신다. 모두가 사랑스러워서가 아니라 모든 사람에게 자신의 사랑을 쏟으시기 때문이다. 다른 사람들에게 우리의 사랑을 쏟는 것이야말로 본질적으로 우리가 해야 할 일이다. 그렇게 하면 원수라도 사랑스러워진다."[6]

우리가 만나는 모든 사람으로부터 사랑받는다고 느끼거나 우리가 듣는 모든 이야기를 통해 신학적인 확신을 갖는 것은 그리스도인의 책임이 아니다. 대신 우리가 소통하고 상호 작용하는 과정에서 선을 실천하고 각 사람에게서 하나님의 형상을 발견하며 그에 따른 반응을 하고 사랑하라는 명령에 제대로 부응하지 못할 때 회개하는 것이 그리스도인의 소명이다.

관점을 수용하기

최근 학회에서 트랜스젠더 연설가이자 정치적인 활동을 하는 제인(Jane)이라는 여성이 나와 자신이 수년간 성매매의 피해자였다고 이야기했다. 그녀는 그 강연에서 그리스도인들이 동의하지 않을 만한 이야기를 많이 했다. 제인은 성과 성별 규범을 부정하면서 그것들이 우리가 살고 있는 세상에 나타난 폭력의 근원이라고 말했다. 그녀는 기독교 전체와 기독교를 믿는 사람들을 조롱했다. 우리는 신학, 인류학, 철학의 여러 측면에 대해 의견을 달리했다. 그건 당연한 것이다. 하지만 그녀의 이야기는 우리의 마음을 사로잡았다.

제인은 세 살 때부터 가족에게 지속적인 학대를 당하고 그리스도인인 부모에게 자신이 트랜스젠더라고 말한 뒤 집에서 쫓겨난 경험을 이야기했다. 그녀는 고통스러운 경험에 대처하기 위해 수년간 마약을 투약했고, 그녀에게 애정을 보인 포주에 의해 성매매에 연루되었으며, 그 결과 HIV에 감염되었다. 12년 후 그녀는 성매매에서 탈출하여 서서히 삶을 다시 세워 나가기 시작했다. 그녀는 자신의 학대 경험과 매춘부로서 지역 교회에 출

---

6   Fulton J. Sheen, *The Power of Love* (New York: Image Books, 1968), 9.

석했다가 돌아가는 사람들에게 들었던 말에 대해 떨리는 목소리로 말했다. 그녀가 말한 고통은 무시하거나 통제할 수 없는 깊은 것이었다. 우리는 그녀의 고통을 헤아릴 수는 없었지만, 그녀의 상실감에 공감할 수 있었다.

제인이 자신과 같은 트랜스젠더를 보호하기 위해 목소리를 내기 시작하면서 그녀의 목소리는 점점 더 강해지고 커지고 확신에 가득 찼다. 그녀가 "오늘 여러분들 앞에 서 있는 나는 더 이상 피해자가 아닙니다"라고 밝힌 것처럼, 그녀의 연설은 자신이 분명히 회복되었음을 보여주는 하나의 행위였다. 그녀는 다른 전제를 가지고 우리와 다른 방식으로 트랜스젠더를 옹호했으며, 우리와 그녀의 차이점은 분명 중요한 것이었다. 하지만 그녀가 매니와 함께 당신의 교회에서 시위한다면, 제인의 이야기에 대해 당신이 알고 있는 지식이 당신의 반응에 어떤 도움이 될 수 있었을까?

관점을 수용하는 것은 제인과 매니가 어떻게 지금 같은 상황에 처하게 되었는지 상대방의 눈으로 바라보고, 그들이 소외되고 학대받는 트랜스젠더를 보호하려는 열망에 의해 움직인다는 것을 이해하는 마음가짐을 포함한다. 어떤 사람들은 너무 학대받고 소외된 나머지 자살만이 고통의 유일한 탈출구라고 생각한다. 제인과 매니는 이런 학대를 경험했으며, 제인은 수년간 소외되었다. 따라서 비록 그들의 방법이 당신의 방법과 다르더라도, 그들은 무언가 좋은 것을 보호한다는 동기를 부여받았다. 세리와 함께 식사하셨던 예수를 본받아 우리가 예배 후에 매니와 제인을 점심 식사에 초대할 수 있을까? 설령 그들의 관점에 깔려 있는 전제가 우리를 공격한다는 느낌을 받더라도 그들의 관점을 알려달라고 요청하고 그 이야기를 들으면서 식사할 수 있을까? 제인이나 매니 또는 우리와 의견이 다른 사람들을 악인으로 몰아붙이지 않으면서도 우리가 문제가 있다고 생각하는, 공공 정책에서 의견이 불일치되는 부분에 관해 차분하고 열정적으로 설명할 수 있을까?

관점의 수용이 다른 사람이 각자의 삶을 사는 방식에 강하게 동의하지 않는 등 논쟁의 여지가 있는 부분까지 배제하는 것은 아니다. 우리가 이런 의견 불일치 영역에서 앞장서지는 않겠지만, 확신과 존중하는 마음으로 다양한 견해를 명확히 표현할 수 있기를 바란다. 물론 제인은 학대나 성매매 같은 고통스럽고 충격적인 경험에 대해 오해받지 않을 것이다. 그렇다고 해서 그것이 그녀의 관점을 설명하는 다른 영역에서 그녀가 항상 옳음을 의미하지는 않는다. 우리는 제인에게 공감과 연민을 드러내고 하나님이 그녀를 사랑하신다는 것을 보여주기 원하며, 이를 위해 제인과의 관계에서 최선을 다한다. 동시에 성별 정체성에 대한 그녀의 관점, 특히 기독교나 성 및 성별에 대한 규범을 해석하는 그녀의 시각에 대해 동의하지 않을 수도 있다. 우리는 의견을 달리하는 부분에 관해 대화를 나누는 것이 좋을지 고민하고, 만약 그렇다면 특히 성과 성별에 관한 규범뿐만 아니라 하나님의 인도하심이 인간의 발전과 행복을 끌어낼 수 있는 더욱 폭넓은 기독교적 삶의 관점과 방식에 대해 그녀와 가장 잘 소통할 수 있는 방법(**무엇을, 어떻게, 언제** 말해야 할지)을 지도해달라고 하나님께 기도하면서 유연하고 기민한 자세를 취해야 한다.

상위 목표 발견하기

다른 저자들은 LGBTQ+ 커뮤니티와 가교를 놓는 것의 가치에 대해 이야기했다. 매니와 제인이 "그리스도인들이 트랜스젠더를 혐오하면서 어떻게 사랑에 대해 말할 수 있겠는가? 기독교는 악하지 않은가?"라고 물을 때 우리는 의견의 차이를 넘어 그들과 함께 상위 목표를 찾을 수 있을까? 해결책에 대한 생각은 다를 수 있지만, 우리는 특히 많은 그리스도인이 트랜스젠더를 향해 표출하는 증오를 종식시킴으로써 모든 사람에게 더 안전한 세상을 만들고자 하는 공통된 열망을 인정할 수 있다. 세상을 더 안전하게 만들기 위해 어떤 조치가 필요한가에 대해서는 이견이 있을 수 있지만, 외모, 옷차림, 행동 등으로 인해 누군가 조롱받고 구타를 당하는 사회가 용납될 수 없다는 데는 동의할 수 있다.

칼텐바흐는 우리가 그동안 너무 멀리해온 LGBTQ+ 커뮤니티와 그리스도인의 공통점을 다시 한번 명료하게 설명함으로써 유용한 성찰을 제공한다. 이런 공통점에는 창의성, 타인에 대한 사랑, 정의를 위해 싸우고자 하는 열정, 우리가 믿는 대의명분에 대한 강한 헌신과 이를 위해 행사를 개최하는 것, 사랑하는 사람과 우리의 관점을 공유하고자 하는 뜻, 공동체 생활에 대한 헌신, 어떤 대가를 치르더라도 신념을 알리고자 하는 의지, 타인에게 이해받으려는 열정, 우리가 가진 신념을 지지하는 그룹에 참여하는 것, 미디어의 자료를 통해 신념을 소통하는 것 등이 포함된다.[7] 이런 상위 목표를 함께 추구함으로써 우리는 공통점과 차이점 모두를 존중하고 더 넓은 LGBTQ+ 커뮤니티와 협력 가능한 방법을 더 많이 발견할 수도 있을 것이다.

비록 그들의 삶과 특정 영역에 대한 의사 결정이 인류를 향한 하나님의 최선에서 벗어나 있다고 여기더라도 우리가 새로운 성별 정체성을 채택한 사람들을 보호하고 옹호하는 일에 매니와 함께할 수 있을까? 이것은 반드시 대답해야 할 중요한 질문이다. 만약 보수적인 신학을 지닌 그리스도인들이 취약한 트랜스젠더를 포함한 모든 사람을 위해 화장실 이용과 직장폭력 같은 문제에서 이들을 보호하는 정책의 개발과 지지에 정치적으로 적극적인 LGBTQ+처럼 헌신할 수 있다면, 인류학 등에 대해 의견의 차이가

---

7   Kaltenbach, *Messy Grace*.

있더라도 현재의 양극화 현상이 완화될 수 있을 것이다.

정치적 정체성에서 공개적 정체성으로 넘어가면 우리는 정치적, 공개적, 개인적인 세 가지 정체성의 모든 영역에서 주로 일대일 접근 방식을 취하거나 다른 사람과 사랑하고 개인적이며 지속적인 관계를 맺는 소명을 받았다고 느끼는 사람에게 초점을 맞추고 있다는 사실을 깨닫게 된다. 만일 우리가 광범위하게 해석되고 여기서 논의하는 세 가지 유형과는 별도로, 독립적인 다른 소명과 우선순위가 있음을 인식하지 못하면 그것은 태만한 처사일 것이다. 예를 들어 우리는 목회자가 강단에서 이 문제에 대해 설교할 때는 모든 사람의 복지를 염두에 두어야 하며, 성 및 성별 분야의 교리적 입장이나 특정 정책을 개발할 때 종종 그런 것처럼, 교회 문화를 형성하는 것이 우선시될 수 있음을 잘 알고 있다. 우리는 개인(또는 미시적 수준의 대인 관계)에 대한 우리의 강조가 그런 설교와 정책(또는 거시적 수준의 제도적 정책)의 수립에 도움이 되길 바라지만, 이것들에 관한 개인의 소명과 노력은 다를 수 있음을 알고 있다.

통역사 역할

새로운 성별 정체성을 탐색하는 젊은이들과 관계를 맺다 보면 마치 외국어를 배우는 것 같은 느낌을 받는다. 테이 메도우는 트랜스 청소년에 관한 책에서 한 어머니를 묘사하면서, 그녀가 자신이 말할 수 없는 외국어를 저자와 그녀의 트랜스젠더 아들이 함께 공유하고 있는 것 같다고 설명한다. 저자와 아들 사이의 상호 이해는 "외국어를 유창하게 구사하는 것, 즉 우리가 지닌 성별의 특수성에 내재된 일종의 육체적·정신적 지식과 비슷한 것을 사용하는 행위"와 같다. 저자는 그 어머니에 대해 "통역사가 필요했다"고 기록한다.[9] 여러분도 이와 비슷한 느낌을 받을 수 있다.

새로운 성별 정체성의 외국어를 배운다는 것은 무엇을 의미하는가?

교회 안에서 이 언어의 통역사 역할을 한다는 것은 무엇을 의미하는가?

현재의 모든 문화적 내러티브를 절대적인 진리로 내면화하지 않으면서 문화의 학생이 된다는 것은 어떤 것일까?

우리는 새롭게 개발된 언어가 "올바르다"거나, 당신이 언어 변화에 대응하여 새로운 교리적 입장을 채택해야 한다고 주장하지 않는다. 그보다는 당신이 관련 언어에 익숙해짐으로써 소통하고 있는 사람들과 좀 더 친숙해지자고 제안하는 것에 가깝다.

a.   Tey Meadow, *Trans Kids: Being Gendered in the Twenty-First Century* (Oakland: University of California Press, 2018), 15.

공개적인 정체성

자신이 트랜스젠더라고 공개적으로 정체성을 밝혔거나 새로운 성별 정체성을 선택한 사람들이 도처에 존재한다. 그들은 자신이 성별 이분법 사이의 어느 지점이나 그 너머 또는 그 바깥 범주에 있다고 공개적으로 밝힌 우리의 직장 동료, 친구, 친척 또는 이웃일 수 있다. 마트에서 당신 앞을 지나가는 사람이나 학교에서 집까지 태워다 달라고 부탁하는 자녀의 친구가 이 그룹에 속할 수도 있다. 청소년 모임에 처음 왔거나 당신이 집에서 진행하는 성경 공부에 참석하는 사람일 수 있다. 그들은 자신의 정체성, 이름, 인칭 대명사를 탐색하는 과정에 당신을 초대하지 않는다. 이미 당신 없이 이 탐색을 했고 편안하게 다른 사람들과 공개적으로 공유할 수 있는 정체성을 선택하는 데 충분한 결론에 도달했다. 그들은 특정한 방식으로 당신에게 자신을 소개하거나 나타내 보이며, 당신이 본 그들의 공개적 정체성은 논쟁의 대상이 아니다.

우리는 이 장 앞부분에서 레이첼과 그녀의 자녀 에이사를 소개했다. 레이첼은 당신의 이웃이다. 그녀는 당신에게 에이사를 소개했다. 그녀는 최근 애덤에서 에이사로 사회적 전환을 했으며 지금은 레이첼의 딸이다. 에이사는 성/성별 규범이 해체되어야 한다는 개념에 동의할 수도 있고 그렇지 않을 수도 있으며, 최근 몇 년 동안 모든 면에서 큰 긴장과 우려를 야기한 공공 정책의 변화를 지지할 수도 있고 지지하지 않을 수도 있다. 당신은 에이사나 레이첼과 이런 정치적인 대화를 나누지 않을 수도 있다. 당신은 그저 그들의 이웃이다. 그들과의 관계는 성별 정체성과 무관한 것에 초점이 맞춰져 있다. 공공 정책에 대한 레이첼이나 에이사의 (혹은 당신의) 관점에 대해 그들과 인위적으로 대화를 나눈다면 그리스도의 사랑을 전할 수 있는 기회를 놓칠 것이다. 솔직히 당신은 그들에게 그리스도의 사랑을 보여줄 기회를 결코 얻지 못할 수도 있다.

하지만 그들과 관계를 맺을 기회가 있다고 가정할 때 당신은 그리스도인으로서 어떻게 반응해야 할지 궁금할 것이다. 데이트하러 나가야 하는 날 밤에 아이를 돌봐줄 사람을 구하는 전단지를 붙였는데, 에이사가 그 일을 해주겠다고 제안하는 경우를 상상해보라.

어떻게 반응할지 생각하기에 앞서, 비슷한 상황에서 다양한 그리스도인들이 어떻게 대응해왔는지 생각해보자. 어떤 기독교 공동체 안에서는 에이사 같은 사람들을 악한 사람으로 간주하거나 블랙리스트에 올리거나 불쌍히 여겨 기도해줄 대상으로 삼았다. 다른 공동체에서는 전환을 한 사람들을 용감하게 자아실현을 이룬 인물로 간주함으로써 이들을 긍정적으로 수용하고 환영해왔다. 성별 정체성 윤리에 관해 전통적인 시각을 가진 공동체에서는 에이사처럼 자신이 선호하는 이름과 인칭 대명사를 사용하는 것이 남녀 성별 차이에 대한 하나님의 창조 의도와 연관된 그들의 신학을 위협하는 행위라고 보기도 한다. 에이사가 아기를 돌볼 수 있게끔 허락하거나 심지어 애덤이 아닌 에이사라고 부르는 것조차, 하나님의 창조 의도를 위반한 그녀의 행위를 묵인하는 것으로 보일 수 있다.

이런 상호 작용 속에서 관계를 맺는 접근 방식은 다양하다. 우리는 어떤 그리스도인이 "아니, 그거 말고 네 진짜 이름은 뭐니? 네가 태어났을 때 이름 말이야"라고 말하는 것을 들은 적이 있다. 상대방이 올바른 행동을 하도록 도전하기 위해 그런 말을 한 것 같다. 우리는 이 방법이 효과적이라는 말을 들어본 적이 전혀 없으며, 이런 방식은 흔히 본질적인 남성성과 여성성을 언급할 때 사용된다. 이 전략은 상처를 주는 것으로 받아들여지는 경향이 있고, 이렇게 하다 보면 신학적인 교훈을 놓칠 가능성이 높다. 일부 그리스도인은 그런 사람과의 교류를 거부하거나, 교류하더라도 나중에 조용히 뒷담화를 함으로써 그 사람을 알아가야 할 하나의 인격체가 아닌 구경거리로 만들기도 한다. 만약 누군가 우리를 이런 식으로 대한다면 그 사람이 우리와 의미 있는 관계를 형성하려는 의도를 갖고 있다고 받아들이지 않을 것이다.

환대

아마도 여기서 중요한 기본 원칙은 환대가 될 수 있을 것이다. 환대는 당신 앞에 있는 에이사를 있는 그대로 인정하고 그녀와 관계를 맺는 것이다. 환대는 상대방을 알기 위해 질문하고 친절히 대하며 진심으로 환영함으로써 관계를 발전시키는 것이다. 에이사에 대한 이런 호기심은 "네가 한 모든 결정에 찬성한다"보다는 "만나보니 너에 관해 알고 싶은 마음이 생긴다"는 메시지를 보낸다. 에이사와 그녀의 어머니가 성별 정체성에 대해 내린 결정에 관해 갈등하는 그리스도인이 많을 것이다. 당신은 에이사가 자신의 생물학적 성과 다른 성별 정체성을 채택하기로 결정한 방식에 전적으로 반대할 수 있다. 또는 에이사가 이전에 알려진 것과는 다른 이름과 인칭 대명사를 채택하게 된 과정에 의문을 가질 수 있다. 환대의 정신은 당신이 이 영역에서 그녀의 선택을 긍정하지 않거나 그녀를 그런 용어로 생각하지는 않더라도, 에이사가 자신에 대해 사용하는 이름과 인칭 대명사를 당신이 쓸 수 있도록 해준다.

에이사가 아기를 돌봐주겠다고 제안하거나 자신을 소개할 때, 그녀는 아마도 자신이 올바른 선택을 한 것에 대한 승인이나 검증을 당신에게 요구하는 것은 아닐 것이다. 어쩌면 서로 신뢰를 쌓아가면서 자신이 어떻게 그 길을 선택하게 되었는지 공유할지도 모른다. 자신이 선택한 것에 대해 확인받는 느낌을 공유하거나 반대로 잘못된 결정을 내린 것에 따라오는 두려움을 공유할 수도 있다. 그녀가 어떤 이야기를 하든 거기에 동의하지 않을 수도 있지만, 그녀가 어떻게 현재의 위치에 이르게 되었는지 대해서는 이해하게 될 수도 있다. 이를 통해 그녀가 하나님, 자기 자신 및 다른 사람들과의 관계를 발전시키는 데 도움을 줄 수 있는 그런 관계를 형성할 수도 있다.

따뜻함

물론 에이사는 개인적인 믿음에 대해 당신과 절대 논의하지 않을 수도 있다. 어쨌든 그녀가 아기를 봐주겠다고 제안한 순간은 매우 중요하다. 기독교 신자와의 한 번의 긍정적인 소통, 혹은 심각한 상처를 남긴 한 번의 대화가 지닌 힘을 결코 과소평가해서는 안 된다. 많은 이들이 형편없는 서비스를 경험한 식당에 다시 가지 않는다. 이처럼 에이사 자신을 향한 하나님의 사랑에 대해 어떤 신자와 나눈 한 번의 적대적인 소통이 미칠 힘을 상상해보라. 당신의 따뜻한 태도는 에이사에게 훈계를 하고 혐오감을 느끼며 그녀를 하나의 위협으로 인식하던 이전의 수많은 사람이 보였던 소통과 대조될 것이다. 그 따뜻함을 그녀의 모든 세계관을 지지하는 것으로 이해하지 않고서도 그녀를 따뜻하게 환대할 수 있다면 얼마나 큰 선물이 되겠는가?

우리가 에이사에게 보여줄 수 있는 따뜻함은 교회에 처음 나온 신자, 마트 계산대의 직원, 진료실에서 대화를 시작하는 사람에게 다가가는 방식과 비슷하다. 우리가 사람들을 따뜻하고 친근하게 대하기 전에 세상에 대한 그들의 철학적, 신학적, 인류학적 견해를 탐구하는 경우는 많지 않다. 그렇게 한다면 우리는 그들의 생각이 우리의 생각과 완벽하게 일치하지는 않으며 항상 우리가 용납하는 방식으로 나타나지도 않는다는 점을 발견하게 될 것이다. 그럼에도 우리는 상대방이 하는 이야기에 너무 당황하지 않고, 그 과정에서 진정으로 배우고자 하는 소통의 기반을 마련할 수 있다.

상호성

선교 여행을 가본 적이 있다면 준비 과정에서 팀원들과 공유했던 희망 사항들을 떠올릴 수 있을 것이다. "이들에게 그리스도의 빛을 전하고 싶다" 또는 "나는 도움이 필요한 사람들을 돕고 싶다" 같은 것들 말이다. 봉사 후 당신과 팀원들이 섬기러 왔다고 생각한 사람들에게 당신이 준 것보다 그들로부터 훨씬 더 많은 것을 받았다며 팀원들과 나눈 이야기를 기억할 수도 있다. 그리스도인으로서 우리는 섬김을 받으러 온 것이 아니라 섬기기 위해 오신 그리스도처럼 되기를 원한다. 이것은 분명 아름다운 소망이다. 그리스도는 우리를 **통해** 우리가 만나는 사람들을 섬기시지만, 우리는 그리스도가 우리가 만나는 사람들을 통해서도 **우리를** 섬기신다는 사실을 너무 빨리 잊어버린다. 이는 그리스도를 증언하는 일이 갖는 아름다움의 일부다.

단순히 "가진" 사람들이 "갖지 못한" 사람들에게 주는 것이 아니다. 이처럼 한 방향으로만 관계가 움직인다면, 돌봄을 받는 사람들을 비인간화할 수도 있다.

그 누구도 후원의 대상이나 자선 행위의 한 사례로 취급되는 걸 좋아하지 않으며, 에이사와 그녀의 어머니도 예외는 아니다. 당신을 존중하는 사람과 냉담하고 시혜적인 태도로 일관하는 사람들이 당신의 삶에 얼마나 다른 영향을 미쳤는지 생각해보라. 사람들이 당신의 신앙, 자아의식, 정체성, 행동, 죄의 영역에서 당신에게 도전했을 때 어떤 접근 방법이 가장 효과적이었나? 당신을 잘 모르는 사람이 당신을 험담꾼이라고 비난하면서 그 죄를 극복하기 전에는 더 이상 자기와 대화할 수 없을 것이라고 말했을 때였는가? 아니면 오래된 친구가 당신을 학대하는 파트너와 당신이 재결합한 이유를 듣고 건전한 경계를 세우는 일이 얼마나 어려운지를 이해하고 난 후에 비로소 건전하지 못한 관계가 당신의 건강에 미치는 영향을 진지하게 고려하라고 도전했을 때였는가? 직장 동료가 당신의 이혼을 성경에 어긋나는 일로 보고 당신과 대화하기를 거부했던 때였는가? 아니면 당신의 이혼 소식을 듣고 연락해서 안부를 물어보면서 "이혼 소식을 듣게 되어 유감입니다. 그냥 어떻게 지내는지 알고 싶어서 연락했습니다"라고 말했을 때였는가? 어떤 접근 방법이 영적 성장을 촉진하고 당신을 향한 하나님의 자세를 반영했는가? 무엇이 더 큰 고립감과 저항과 분노를 갖게 만들었는가? 보통 진부한 대답을 하기보다는 우리의 삶을 알고, 그 안의 복잡성을 이해하며, 동행과 공감과 그 도전들에 대한 이해를 보여줄 때, 그 사람은 우리의 삶에 대해 효과적으로 말할 수 있다.

만약 우리가 그리스도의 증인이 된다는 것을 높은 지위에서 시혜적으로 무언가를 베푸는 방식으로 본다면, 에이사처럼 우리와 관계를 맺고 있는 사람들은 당연히 자신이 무가치하다고 느낄 것이다. 성적 취향과 성별을 탐색하는 사람들은 종종 자신들이 오늘날 교회 안의 나병 환자 같다는 느낌을 받아왔다. 사람들은 그들을 연민과 두려움의 눈길로 보고, 어떤 경우에는 노골적인 혐오감을 표출했다. 그들이 자신의 성별 불일치를 죄악으로 보든, 인류의 타락의 결과로 보든, 다양성의 한 측면으로 보든 간에 그들은 외면당했다. 솔직히 말하면 우리는 그들**로부터** 듣기는 고사하고 그들**에게** 말하기보다 그들에 **관해** 말하는 데 훨씬 더 많은 시간을 소비했다. 우리 중 많은 사람은 몸이 자신에게 이질적으로 느껴지는 것, 즉 당신이 그 몸 안에 살고 있지만 그것에 속해 있지 않은 껍데기처럼 느껴지는 것이 어떤 기분인지 이해하기 어려울 것이다. 타인의 고통을 인식하지 못한다고 해서 그 고통이 사라지는 것은 아니다. 다만 그것은 우리의 돌봄을 덜 효과적으로 만든다.

우리는 타인에 대한 보살핌이 의도적으로 관계적인 것일 때 가장 좋은 결과를 가져올 수 있음을 배웠다. 당신의 아기를 봐주겠다고 제안한 사람들에게 하는 것처럼, 에이사를 초대해서 처음으로 같이 차를 마시게 되었다고 상상해보라. 에이사와 함께 앉아 있으면 그녀가 재미있고 똑똑하고 사려 깊은 사람임을 알게 되고 주저함 없이 그녀와 친해진다. 그녀를 더 알게 되면, 뉴스와 미디어에서 들었던 트랜스젠더에 대한 대부분의 이야기가 그들을 소외시키거나 양분화시키는 데 일조했다는 걸 알게 된다. 그리고 당신은 그녀가 누구인지 더 잘 이해할 수 있도록 그녀의 이야기를 들을 수 있을지 직접 물어볼 수 있다.

거드름을 피우며 무시하는 자세로 에이사에게 남성과 여성의 성적인 차이점에 대한 성경 말씀을 인용하거나 하나님이 출생 시에 지정된 성별 정체성 이외의 다른 성별 정체성을 추구하는 사람에게 복을 주지 않는다고 주장하는 것은 냉담한 접근 방식의 대표적인 예다. 당신은 지식, 사실, 성경 구절을 가지고 당신의 신학적 관점을 옹호하고 나서, 에이사에게 여전히 아이를 돌보고 싶은지 물어볼 수도 있고, 아니면 그녀의 자아 정체성 때문에 그녀를 고용하고 싶지 않다고 자신 있게 말할 수도 있다. 이것은 가능한 한 가지 전략이다. 하지만 이런 식의 대화를 통해서는 당신이 에이사의 유머, 지성, 성실함을 얼마나 가치 있게 느끼는지 그녀가 알 수 없겠지만 말이다. 그녀는 당신이 그녀를 알아가는 시간을 좋아하고 그녀가 훌륭한 베이비시터라고 생각한다는 사실을 놓칠 수 있다. 이런 접근 방식은 대화를 촉진하기보다는 차단할 수 있다.

상호성을 토대로 관계를 맺는다고 해서 당신이 제공할 것이 전무하다는 의미는 아니다. 당신이 성별 정체성에 관해 에이사와 다르게 생각하는 한, 그녀와 관계를 맺으면서 성별 정체성에 대한 에이사의 관점에 도전하는 말을 할 수도 있다. 하지만 성별에 대한 대화가 우월함이나 거만함이 아닌 관계의 맥락 안에서 나온다면 매우 다르게 들릴 것이다. 먼저 나를 알고 싶어 하지 않은 사람에게 멘토링을 받아봤자 아무도 유익을 얻지 못한다. 그렇기 때문에 우리는 먼저 동정심이 아닌 호기심을 갖고 에이사의 이야기를 들을 필요가 있다.

에이사의 제안에 대해 부모마다 다르게 반응할 것이다. 어떤 사람들은 그녀와 지속적인 관계를 맺음으로써 그들의 가정생활이 풍요롭게 될 것이고, 그녀의 제안을 받아들이지 않았다면 알지 못했을 세상의 경험에 대해 자녀들이 배울 수 있기를 희망하면서 그녀의 제안을 받아들일 것이다. 현재 우리가 비전형적인 성별 경험에 대해 아는 내용이 거의 없음을 고려할 때, 어떤 부모들은 에이사를 베이비시터로 받아들이는 것이 그녀가 현재 성별에 관한 어려운 결정을 탐색해나가는 행동을 인정하는 것처럼 인식될까 봐 주저할 수도 있다. 그들은 이런 이유로 즉시 정중하게 에이사의 제안을 거절할지도 모른다. 또 다른 부모들은 에이사와 대화를 나누며 그녀를 알게 되어 얼마나 영광인지 이야기하고, 그녀의 제안을 받아들일 것인지를 결정하는 데 도움을 줄 수 있는 지속적인 관계의 문을 열어둘 것이다. 그들은 단순히 성별 정체성만으로는 알 수 없는 그녀의 성숙함, 신뢰감, 책임감의 수준을 보고, 그것을 통해 그녀에게 아이를 편안히 맡길 수 있는지 결정하기 위해 먼저 에이사와 친구가 되려고 할 수도 있다. 만약 그들이 에이사를 베이비시터로 받아들인다면, 에이사가 그녀의 트랜스젠더 경험에 관해 자녀들과 소통하는 방식에 대한 상호 이해를 목표로 할 수도 있다. 이와 관련하여 공통점과 상호 신뢰가 유지되는 한 그들은 앞으로 몇 년 동안 멘티(mentee)이자 베이비시터인 친구를 얻을 수 있을 것이다.

마지막으로, 우리는 에이사 앞에서 "내 아이들을 너한테 맡긴다고?"라며 비웃는 반응을 보이지 않아야 한다. 다른 모든 청소년과 마찬가지로 에이사 역시 의심할 여지 없이 성별과 관련된 문제, 질문, 어려움을 갖고 있다. 이 문제는 성별 문제를 포함하고 있지만 성별에만 국한되어 있는 것은 아니다. 성별 문제로만 축소하는 것은 누구에게도 도움이 되지 않는다. 모든 답을 알 수는 없지만 그래도 그녀의 삶과 존재에 대한 감사를 전할 수는 있다. 여느 정직한 관계와 마찬가지로, 서로 의견이 맞지 않는 부분이 있을 수 있으며, 그녀의 생각, 믿음, 세상에서의 존재 방식에 대해 의문을 가질 수도 있다는 점을 인정하는 것이 중요하다. 이와 관련하여 상대방이 대화에 열려 있는지 물어보는 것이 좋다. 하지만 무엇보다도 당신이 그녀를 알고 싶고 그녀의 이야기를 더 많이 듣고 싶으며, 당신 또한 자신의 이야기를 나누고 싶어 한다는 것을 에이사에게 알려주는 것이 좋다.

개인적인 정체성

사적 또는 개인적인 성별 정체성이라고 하면 우리는 성별 정체성 문제를 절박하게 느끼는 사람들을 상상한다. 개인적인 정체성을 탐색하는 사람들은, 이 정체성이 특정 명칭을 통해 표현되든 아니면 혼란스러움으로만 포착되든 간에, 흔히 그들이 탐색하는 것 자체가 현재 그들이 느끼는 상당한 고통의 원인임을 알게 된다. 앞서 논의한 공개적 정체성을 가진 사람들과 마찬가지로, 이웃, 친구, 직장 동료, 자녀, 조카, 당신이 멘토링하는 청년 등 그 누구나 개인적인 성별 정체성을 탐색하는 사람이 될 수 있다. 하지만 이들은 공개적 정체성을 가진 사람들과 달리 그들의 성별 정체성 경험이나 표현에 대해 당신이 말해주기를 바라며 당신에게 도움을 요청하고 있다.

이 장의 서두에서 우리는 교회의 청소년 그룹에 출석하면서 성별 정체성과 신앙에 관한 질문으로 어려움을 겪고 있는 10대 청소년 크리스에 대해 언급했다. 그는 최근 성별 위화감을 진단받았지만 수년 간의 정서적 혼란을 세련된 헤어스타일과 미소로 숨기고 있었다. 그는 고통을 관리하기 위해 자신이 내리는 결정에 관해 깊이 염려하고 있다. 그렇기 때문에 현재 직면한 도전 속에서 하나님이 자신을 어떻게 생각하시는지, 자신이 앞으로 어떻게 나아가야 하는지에 대해 당신의 지도를 구하고 있는 것이다. 그는 이런 삶의 영역에서 자신이 내리는 결정이나 자신이 남성도 여성도 아닌 호칭을 선호한다는 사실이 하나님과 자신 사이의 관계를 가로막지 않을까 걱정하고 있다.

성호르몬 사용에 대해 궁금하다고 털어놓은 크리스는 최근 유명한 복음주의 목사의 팟캐스트에서 성호르몬의 사용이 "명백히 부도덕하다"는 말을 들었다. 따라서 크리스는 하나님을 섬기기 위해 이 선택지를 고려하는 것을 그만두어야 하는지, 아니면 이 선택지에 대해 생각하는 것 자체가 죄인지를 궁금해한다. 목사의 관점에서 이 팟캐스트는 필요한 신학적인 명확성을 제공한다. 그러나 크리스는 일부 그리스도인에게는 답이 분명해 보이는 윤리적 질문과 씨름하고 있는 자신이 과연 복음주의 신앙 공동체에 소속될 수 있을지를 궁금해하고 있다. 앞서 말했듯이 성과 성별에 대한 신학을 갖는 것(올바른 생각)은 복음의 효과적인 사역자(올바른 실천)가 되는 것과는 별개의 문제다. 신학을 너무 단정적으로 주장하는 것은 신학에 대해 질문이 있는 사람이 질문의 장에서 돌봄을 받을 수 있는 여지를 만들지 않는 것으로 해석될 수 있다.

장기적인 관점에서 보기

크리스와 동행하기 위해서는 장기적인 관점을 갖는 것을 기본 원칙으로 삼아야 한다. 장기적인 시각을 갖는다는 것은 일반적으로 며칠이나 몇 주 안에 이런 질문(또는 좀 더 일반적으로 기독교 제자도)을 해결할 수 없다는 뜻이다. 오히려 우리는 시간이 아무리 오래 걸리더라도 우리가 그 사람들과 함께하는 동안 그들과 동행하면서 그들의 여정이 우리가 함께하는 시간 후에도 지속되리라는 것을 잘 알고 있다(이것은 부모들에게도 동일하게 적용되는데, 아이들이 성숙해짐에 따라 부모의 영향력이 감소하는 것과 같다). 먼저 개인적인 정보를 공유하는 모든 사람에게 그러하듯, 크리스에게 그의 이야기를 공유해준 것에 대해 감사하는 것이 좋다. 당신이 현재 듣고 있는 개인적인 정보가 당신이 직접 경험하지 않은 내용을 설명하는 경우, 이에 대한 당신의 이해가 부족하다는 사실을 털어놓고 그가 겪은 일들을 더 잘 이해할 수 있게 해달라고 요청하는 것이 도움이 될 수 있다. 크리스의 질문이 당신이 공유하는 질문이라면, 그것들이 대답하기 매우 어려운 질문이라는 점을 참작하고 동행하는 자세를 취하는 것이 가장 좋다. 크리스의 모든 질문에 대한 답을 가지고 있다고 생각하더라도 자판기처럼 답을 내놓는 것은 도움이 되지 않을 것이다. 질문하면서 괴로워하는 과정 중에 있는 인간에게 가장 필요한 것은 해답이 아니다. 오히려 어려운 질문으로 인해 당황하지 않고 그 질문을 두려워하지 않는 사람, 질문 가운데서 예수를 모델로 따르는 사람을 필요로 한다. 예수가 어려운 질문을 다루실 수 있으며 그런 질문들에 놀라시지 않고 답을 찾고자 애쓰신다는 확신을 크리스에게 심어줌으로써 그를 안심시킬 수 있다. 이런 접근법은 그의 질문을 인간화하며 그가 예수의 인도를 바라보게 만든다.

몸을 중요하게 여기기

데이비드 베너는 영적인 삶을 사려 깊게 탐구한 저서『영혼이 깃든 영성』(*Soulful Spirituality*)에서 몸과 영혼이 하나라는 점을 성찰하는 것의 중요성을 강조한다. 우리는 사람을 그 몸으로 축소하지 않으면서 그 사람의 몸을 귀하게 여기는 균형 잡힌 시각을 가져야 한다. 그는 "우리의 영성은 우리가 몸과 거리를 둘 때마다 우리를 삶에서 멀어지게 한다.…우리 몸에 대한 우리의 관계가 약해질 때마다 현실과의 관계도 똑같이 깨지기 쉽다"고 경고한다. 그는 이어서 "인간이 된다는 것은 육체를 지닌다는 것이기 때문에, 몸을 중요하게 여기지 못하는 영성은 필연적으로 우리의 인간성을 약화시킨다"고 말했다.[8]

이 원리를 크리스의 성별 위화감에 적용할 때 우리는 누군가가 자신의 육체를 이질적인 것으로 여길 때 발생하는 고통의 깊이를 존중해야 한

---

8   David G. Benner, *Soulful Spirituality: Becoming Fully Alive and Deeply Human* (Grand Rapids: Brazos, 2011), 5.

다. 크리스가 거울을 보고 자기 자신이 낯선 사람처럼 느껴질 때 받는 고통을 잠시 생각해보자. 우리 모두는 육체를 어떤 식으로든 소멸되거나 변하는 것으로 치부하지 말고 크리스가 겪는 고통의 정도와 중요성을 인식해야 한다. 그 과정에는 그가 느끼는 고통의 공통적인 원인을 알고 성별 위화감이 그의 영적 삶과 사회적 관계에 영향을 미치는 특정한 방식을 이해하는 것이 포함된다. 그가 육체를 지닌 자로서 경험하는 고통을 가볍게 여겨서는 안 된다. 트랜스젠더 그리스도인들이 우리에게 공유한 바에 따르면 가까운 사람들이 그들의 고통의 깊이에 대해 믿어주는 것이 가장 도움이 되는 대처법이었다고 한다.[9]

또한 몸을 중요하게 여기는 것은 신체의 일부를 혐오하는 자세에서 벗어나 그들의 몸이 성령이 거하시는 성전이라는 점을 발견하고 그 몸을 소중히 여기는 데 관심을 쏟는 행위를 의미할 수도 있다. 어떤 사람들은 육체적으로는 성별 위화감으로 고통을 받지만, 자신의 독특한 인간성이 몸 안에서 그리고 몸을 통해 어떻게 표현될 수 있는지를 탐구하는 것이 도움이 된다는 사실을 발견했다. 그들은 스스로에게 묻는다, "육체를 지닌 내 존재에 대해 감사할 수 있는 부분들은 무엇인가?" "설령 의료 개입을 통한 조치를 포기하더라도 나의 특별한 몸을 갖고 어떻게 하나님께 영광을 돌릴 수 있겠는가?" 이런 접근 방식은 심각한 성별 위화감을 갖고 있는 사람들에게 항상 가능한 접근법은 아니며, 가능한 정도도 사람에 따라 다르다. 하지만 여전히 이 접근법은 그들이 처한 어려운 상황을 감안하여 그들의 삶을 위한 "차선책"을 재빨리 가동하시지 않는 하나님을 신뢰할 수 있는 좋

---

9   Mark A. Yarhouse and Dara Houp, "Transgender Christians: Gender Identity, Family Relationships, and Religious Faith," in *Transgender Youth: Perceptions, Media Influences, and Social Challenges*, ed. Sheyma Vaughn, 51-65 (New York: Nova Science Publishers, 2016).

은 방법이 될 수 있다. 비록 그 접근법은 그들을 괴롭게 하는 측면도 있지만, 어떤 사람이 어느 정도 거리를 두고 자신의 몸을 긍정적으로 생각할 수 있게 해주기도 한다.

고통의 신학 개발하기

관계를 위한 또 다른 지침은 크리스가 적극적으로 참여할 수 있는 견고한 고통의 신학을 개발하는 것이다. 역사상 기독교는 상당한 고통의 신학을 제공해왔다. 또한 많은 그리스도인이 고통받는 사람들과 함께하기 위해 고군분투해왔다. 비록 예수는 산상 수훈에서 심령이 가난한 자, 애통하는 자, 온유한 자에게 복이 있다고 말씀하셨지만, 우리는 자신의 가난과 결핍을 직면하는 것이 어렵다(마 5-7장). 우리가 사랑하는 사람들의 문제는 말할 것도 없고, 심지어 자신의 고통에서 비롯되는 문제를 껴안고 사는 것만으로도 충분히 힘들다.[10] 우리 중 많은 이들은 성급한 해결책을 내놓고 진부한 대답을 하거나, 맥락에 맞지 않는 성경 본문에서 증거 구절을 선택해서 보내거나, 밝은 희망을 강조함으로써 현실적이고 지속적인 고통을 인정하지 않고 그 고통을 빨리 해결하고 무시하려고 노력한다.

　　하지만 여기서 주의해야 할 점이 있다. 고통에 대한 기독교적인 관점

10　교황 요한 바오로 2세는 고난에 대한 묵상에서, 존중할 가치가 있으면서도 접근하기 매우 두렵게 만들 수 있는 고난의 신비한 본질을 말한다. "구원을 베푸는 고난의 능력을 선포하면서, 사도 바울은 다음과 같이 말한다. '그리스도의 남은 고난을 그의 몸된 교회를 위하여 내 육체에 채우노라.'…인간의 고난은 긍휼을 불러일으키며, 그것은 또한 **존경심**을 불러일으키고 그것 자체의 방식으로 위협한다. 고난 속에는 특별한 신비의 위대함이 담겨 있기 때문에…인간의 고난이 인간에게는 말로 표현할 수 없는 신비로 남아 있다." John Paul II, *Salvifici Doloris: Apostolic Letter on the Christian Meaning of Suffering* (Rome, Italy: Libreria Editrice Vaticana, 1984), http://w2.vatican.va/content/john-paul-ii/en/apost_letters/1984/documents/hf_jp-ii_apl_11021984_salvifici-doloris.html.

은 급진적인 금욕주의를 의미하지 않는다. 그런 견해는 비관적이며, 절망을 피하기 위해 반드시 필요한 의미화 구조(meaning-making structures)가 결여되어 있다. 다시 말해 고통의 신학은 인간의 고통을 완화하기 위해 합리적인 조치를 취하지 말아야 한다는 것과는 다르다. 오히려 그것은 고통을 완전히 피할 수 없다는 현실적인 이해와 균형을 이루는 것이다. 따라서 고통을 피할 수 없다면, 사회적 또는 의학적 전환이 모든 고통을 근절하지 못한다면, 가장 문제가 되는 것은 무엇일까? 크리스 같은 사람이 성별 정체성에 대한 조치를 취하더라도, 그가 고통을 받는다는 것이 현실이다. 우리가 할 수 있는 일은 고통의 원인을 "진단"하는 것이 아니라 그가 삶의 충만함을 발견하도록 돕는 법을 배우는 것이다. 그런 점에서 우리는 배워야 할 것이 많다.

고통을 간과해버리는 쉬운 대답을 통해 크리스에게 답을 제시하려고 한다면, 당신은 "음, 창세기에서 하나님이 남성과 여성을 창조하셨다는 것을 기억해라. 하나님은 실수하시지 않는단다"라고 말할 수 있을 것이다. 이에 대해 우리는 크리스가 다음과 같이 질문할 것이라고 상상한다. "그럼 난 뭐죠? 하나님이 나에게 실수를 하셨나요? 나는 실수하신 것처럼 느껴져서요." 하지만 크리스는 이런 질문들을 말로 표현하는 대신 고개를 끄덕이고 침묵을 지킬 수도 있으며, 그렇게 함으로써 정작 그가 묻고 싶은 더 깊은 질문에 대해서는 전혀 답을 얻지 못할 가능성이 훨씬 더 높다. 그는 그를 바른길로 나아가게 하려는 상대방의 조급한 시도 때문에 소외감을 느낄 수도 있다. 이렇게 상대방을 고치려 드는 행위는 그가 느끼는 고통을 인정하고 진지하게 받아들이거나 성경이 그가 내면적으로 느끼는 고통을 과연 이해하고 있는지 검토하는 데 거의 도움이 되지 않는다.

"음, 너는 그 문제에 대해 더 기도해야 한다. 예수님은 네가 십자가를 지고 그분을 따라오도록 도와주실 거야"라는 식의 말은 크리스에게 흔하지만 불충분한 또 다른 대답이다. 이 말은 사실이긴 하지만 지나치게 단순화된 답변이다. 이런 문장은 종종 다음과 같이 해석된다. "(무엇을 말해야 할지 나는 모르기 때문에 너 혼자서) 더 기도해야 해. 예수님은 네가 십자가를 지고 그분을 따라오도록 도와주실 테니까(나는 그저 그렇게 되기를 바랄 뿐이야. 왜냐하면 나는 널 어떻게 도와야 할지 전혀 모르겠거든)."

우리는 이 일이 어렵다고 포기하기 전에 성별 위화감을 다루는 논의에서 기독교가 무엇을 제공**할 수 있는지** 물어보아야 한다. 신앙을 가진 사람들은 자신이 겪는 고통이 종교적으로 납득될 때, 즉 그들이 자신들의 신앙과 영성을 통해 고통을 극복하는 힘을 얻고 신앙과 영성을 자원이라고 생각할 때, 그 고통을 더 잘 극복한다는 것을 우리는 알고 있다. 비록 종교적자원이 형편없거나 교활하게 사용될 수 있다는 가능성을 인식해야겠지만, 종교적 자원을 배제할 필요는 없다. 그것은 우리의 의도가 아니다.

응용된 고통의 신학으로부터 우리가 도움을 얻을 수 있는 자원들이 있다.[11] 성경 자체가 "고통에 관한 위대한 책"이다.[12] 우리는 그리스도의 고난에 참여하는 것이 어떤 의미인지 묻는 것을 포함하여 그리스도인으로서 고통에 어떻게 반응해야 하는지에 대한 질문으로 돌아갈 것이다.

---

11 Thomas McCall, *Forsaken: The Trinity and the Cross, and Why It Matters* (Downers Grove, IL: IVP Academic, 2012); Peter Kreeft, *Making Sense out of Suffering* (Ann Arbor, MI: Servant Books, 1986); Jacques Philippe, *The Way of Trust and Love* (New York: Scepter Books, 2012); Arthur C. McGill, *Suffering: A Test of Theological Method* (Philadelphia: Geneva Press, 1968); John Stackhouse Jr., *Can God Be Trusted?*, 2nd ed. (Downers Grove, IL: InterVarsity, 2009); C. S. Lewis, *A Grief Observed* (San Francisco: HarperCollins, 2001); John Paul II, *Salvifici Doloris*.

12 John Paul II, *Salvifici Doloris*.

시편은 정직함에 대한 모델이 됨으로써 기도하는 법을 가르쳐준다. 시편 150편 중 3분의 1은 비탄에 빠진 탄식이자 이 세상의 불의와 고통을 하나님께 아뢰며 부르짖는 기도다. 많은 그리스도인은 자신이 느끼는 의구심, 분노, 불안감을 표현하기만 해도 죄를 짓는 것처럼 느끼며 하나님께 자신의 애통함을 표현하는 것을 부끄러워하고 두려워한다. 예수가 겟세마네 동산에서 기도하셨을 때의 열정과 고뇌의 성격을 띤, 기도를 통해 정직함을 긍정하고 격려하는 돌봄은 우리를 공동 기도 시간에 감사와 정중한 요청으로 이뤄진 듣기 좋은 기도로 자신을 제한하는 습관에서 벗어나게 해준다.

유익한 동행은 성별 위화감을 탐색하거나 새로운 성별 정체성을 탐색하는 사람들에게 기도를 통해 그리스도께 질문하고 그분의 대답에 귀를 기울이도록 격려할 수 있다. 프란치스코 교황의 말처럼 하나님은 "당신이 질문을 해도 화를 내시지 않는다. 그분은 당신이 그분에게 말하지 **않을 때**, 그분과 대화할 마음을 열지 않을 때 걱정하신다. 성경은 야곱이 하나님과 씨름했다고 말하지만(참조. 창 32:25-31), 그 사건이 있고 난 뒤에도 그의 여정은 계속해서 끈기 있게 이어졌다. 주님은 우리에게 '오라. 우리가 서로 변론하자'(사 1:18)고 말씀하신다. 그분의 사랑은 실제적이고 진실하며 매우 구체적이어서 우리를 솔직하고 유익한 대화를 나눌 수 있는 관계로 초대한다."[13] 그리스도는 분명 고통과 하나님께 버림받은 것 같은 인간의 느낌을 모르시는 분이 아니다. 동시에 그분은 하나님 아버지를 거부하거나 그의 존재를 부정하시지 않았다. 그리스도는 십자가에서 하나님께 기도하며 부

---

13   Francis, *Christus Vivit: To Young People and to the Entire People of God* (Huntington, IN: Our Sunday Visitor, 2019), 117, http://w2.vatican.va/content/francesco/en/apost_exhortations/documents/papa-francesco_esortazione-ap_20190325_christus-vivit.html.

르짖으셨다. 우리는 기도할 때 정직하게 모든 감정의 무게를 실어 그분의 말씀을 반향할 수 있다. "나의 하나님, 나의 하나님, 어찌하여 나를 버리셨나이까?"(마 27:46) 전통적인 성별 신학을 지지하면서 개인적인 정체성과 씨름하는 사람들은 자신의 신학이 성별에 대한 경험을 설명할 수 있는지와 관련해 일어나는 혼란스러운 감정을 하나님께 가져올 수 있다. 이 씨름은 또한 하나님과의 더 깊은 만남을 위한 기회가 될 수 있으며, 이는 다른 사람들을 더 진실하게 섬길 수 있는 문을 열어준다.

함께 섬기기

트랜스젠더 그리스도인들의 경험에 대한 연구를 통해 우리는 섬김이 고통에 대처하기 위한 하나의 수단임을 알게 되었다. 한 트랜스젠더 생물학적 여성은 "다른 사람들의 문제에 초점을 맞춰 그들을 돕는 것"을 통해 자신의 성별 위화감에 대응했다고 말했다. 그녀는 "나는 하나님을 사랑하고 사람들을 사랑하기 위해 창조되었다. 하나님이 나를 너그럽고 공감할 수 있는 사람으로 만들었다는 사실이 중요하다"라고 이야기했다.[14] 이 증언은 우리가 자신을 드림으로써 하나님으로부터 받는다는 것을 표현하는 성경 본문(잠 11:25; 마 10:8; 눅 6:38; 고후 9:11; 갈 5:13)들이 사실임을 보여준다. 우리 중 다수는 하나님과의 관계 속에서 씨름하면서 다른 사람들의 고군분투에 더 온전히 참여할 수 있으며, 그 과정에서 그들을 섬기고 초월적인 의미를 찾으려는 동기가 좀 더 강해진다.

공적인 트랜스젠더 혹은 새로운 성별 정체성을 가진 사람들에게 접근하는 방법에 대한 이전 논의에서, 우리는 우월한 위치에서 관계를 형성함

---

14   Yarhouse and Houp, "Transgender Christians," 58.

으로써 접촉하는 사람을 동정하거나 심지어 어린아이 취급하게 되는 공통적인 위험성을 설명했다. 개인적인 정체성으로 인해 씨름하는 사람들과 동행하는 것도 이와 마찬가지다. 그들을 경멸하는 시선은 도움이 되지 않는다. 성별 정체성 영역에서 아픔과 고통을 경험하는 것이 반드시 결함이 있음을 나타내는 표시는 아니다. 우리는 고통받는 사람들이 열등한 그리스도인이라는 말이 틀렸음을 지적하고 반박해야 한다. 예수의 모든 사역은 아들 됨과 고통이 서로 배타적이지 않다는 심오한 진리를 드러냈다. "그는 아들이시면서도 받으신 고난으로 순종함을 배우셨다"(히 5:8). 하나님의 아들은 고통 속에서도 아들 됨을 멈추지 않았다. 우리도 마찬가지다. 우리는 십자가에 못 박힌 자신을 발견할 때 하나님의 자녀로서의 정체성을 확인받는다. 고난받는 종은 우리가 지금까지 알고 있던 것과는 달리 하나님과 세상을 위해 제물로 바쳐졌다. 예수의 추종자들이 그분께 순종함으로써 생겨난 고통이 어떻게 그들도 예수처럼 세상을 섬기도록 준비시킬 수 있었을까?

우리는 우리 중 가장 큰 자가 다른 사람들을 섬기는 자가 될 것이며(마 23:11), 예수의 사명은 "섬기려 하고 자기 목숨을 많은 사람의 대속물로 주려 함"이라는 것을 알고 있다(마 20:27-28; 막 10:45). 그리스도인들은 특히 성별 정체성과 씨름하는 사람들을 위해 시간과 재능을 교회에 아낌없이 드림으로써 희생적이고 겸손한 방식으로 섬김에 대한 그리스도의 부르심에 응답하는 아름다운 모델을 제시한다. 교회의 미래는 우리가 어떻게 섬기느냐에 달려 있으며, 특히 역사적으로 우리가 소외시킨 자들을 어떻게 섬기느냐에 달려 있다. 우리는 성별 정체성 문제를 탐색하는 사람들로부터 다른 그리스도인들이 성별 정체성 문제로 고민하는 일부 사람들에게 성별과 관련된 고통을 유발하는 사건이 발생한 후 그들에게 전화를 걸어 그들이 직면한 지속적인 도전에 대해 나누도록 초대함으로써 그들을 섬길 수 있다는 이야기를 들었다. 다른 그리스도인들은 성별 정체성과 관련된 괴로움을 죄의 범주에서 제외시키고, 성별 위화감이 지닌 경험적 현실을 우선시하고 진지하게 받아들임으로써 타인을 섬길 수 있다. 그러나 이런 문제로 고통받는 그리스도인들을 가장 크게 섬기는 행위는 성별 정체성 문제를 빌미로 그들을 열등하게 취급하지 않는 것이다.

성별 위화감을 지닌 사람들을 단순히 기독교 섬김의 수혜자로 전락시킬 위험에 직면한 상황에서 그들이 섬김에 참여할 수 있는 다양한 방법이 있음을 고려하지 못할 경우 한 몸인 우리가 함께 고통받는다는 사실을 인식해야 한다. 교회 내에는 성별 정체성 문제를 탐색하는 사람들이 특별하게 봉사할 수 있는 많은 역할이 있다. 성별 정체성을 탐색하는 사람들은 우리에게 많은 것을 가르쳐준다. 우선 그들은 비슷한 도전을 탐색하는 다른 사람들과 동행하는 방법을 가르쳐주는 모델이 될 수 있는 충분한 준비가 되어 있다. 그들을 성별 위화감에 관한 "내부 전문가"로 생각하지 않는 것은 중요하지만, 그들은 확실히 성별 정체성, 목회적인 돌봄 문제, 교회가 효과적인 돌봄을 위해 더 잘 준비할 수 있는 방법에 관한 대화에 구체적인 통찰력을 제공함으로써 기여할 수 있을 것이다. 그들은 교회에 큰 피해를 입히고 수 세기에 걸쳐 많은 억압을 초래한 성별 정체성에 관한 해로운 신학적, 목회적 시도에 능숙하게 대응할 수 있다. 교회에 대한 그들의 봉사는 경직된 고정 관념이 모든 그리스도인에게 해를 끼치고 독특한 각각의 영혼을 향한 하나님의 마음을 잘 반영하지 못한다는 점을 강조하는 형태로 이루어질 수 있다.

성별 정체성의 영역을 넘어 개인적인 정체성과 씨름하는 사람들은 신앙에 대한 독특한 관점뿐만 아니라 다양한 재능, 성격, 경험 등을 가지고 있다. 많은 이들이 예수의 인격에 대해 알고 삶 속에서 그분의 통찰을 구하기 위해 기도하고 성경을 읽으며 씨름해왔다. 이는 종종 성별 정체성 문제가 사람들로 하여금 그리스도인들이 거기서 배울 수 있는 엄정한 영적 질문을 하게 한 결과다. 우리는 성별 정체성 문제를 가진 사람이 하나님이 그들의 삶 속에서 자신을 드러내신 방식을 공유하도록 그들을 초대함으로써 우리가 얻게 될 영적 성숙의 정도를 과소평가해서는 안 된다. 그들은 계속되는 영적 문제들을 갖고 있지만, 그렇게 씨름하는 중에도 우리에게 기여할 수 있는 많은 영적 해답을 갖고 있다. 우리는 개인적인 정체성과 씨름하는 이들의 삶, 성찰, 지혜를 통해 확연히 드러나는 아름다움에 감격하며 눈물을 흘려왔다. 이런 사람들을 지도자로, 안내자로, 믿음의 문제에 대한 소중한 자원으로 초대하지 않는 한, 교회는 결핍을 겪게 된다.

함께 고통 당하기

세 번째 길은 고통과 고난에 대한 그리스도의 모델을 따르는 것이다.[15] 한 부부가 상담을 받으러 우리를 찾아와서 성별 위화감으로 오랫동안 고통받은 아내의 이야기를 했다. 그녀는 어떻게 대처해야 할지 확신하지 못했고 호르몬 치료와 수술을 하는 것에 대해 거리낌이 있다고 말했다. 그녀는 자기 교회의 목사에게 도움을 요청했고, 그 목사는 "그냥 당신의 십자가를 지고 예수님을 따르세요. 우리 모두는 그렇게 해야만 합니다"라고 대답했다. 아내는 우리를 쳐다보며 말했다. "저도 사실 그것을 믿어요. 문제는 그게 무슨 뜻인지 전혀 모르겠다는 거예요. 십자가를 진다는 것이 여기서 어떤

---

15 우리는 이전에 성별 위화감과 관련된 고통의 신학을 개발하고 그 복잡성에 대해 썼다. 다음을 보라. Mark A. Yarhouse and Julia Sadusky, "Gender Dysphoria and the Question of Distinctively Christian Resources," *In All Things*, January 30, 2018, https://inallthings.org/tag/gender-dysphoria/.

의미일까요? 저는 솔직히 목사님도 전혀 모른다고 생각해요."

　그 목사의 말은 이 구체적인 사례에서 십자가를 받아들인다는 것이 어떤 의미인지를 간파하려는 노력을 회피한 것이다. 슬퍼하는 사람에게 "울지 마라, 네 가족은 천국에 있다"고 말하는 것처럼, 그 목사의 답변은 비록 그것이 사실일지라도 당시의 고통을 덜어주지 못했다. 그러나 더 큰 문제는 그 답변만으로는 그녀가 앞으로 자신의 비통함을 어떻게 고결하게 헤쳐나가야 하는지에 대한 모델을 제시하지 못한다는 것이다. 우리가 만약 고통을 통해 얻을 수 있는 귀중한 결실을 강조하는 로마서 5:3-5을 인용하면서 대화를 끝맺는다면, 이는 그 사람을 계속해서 홀로 고통받게 내버려 두는 처사다.

　그 목사에게는 고통을 직시하고 성별 위화감의 혼란 속으로 들어가는 불편함이 너무 컸을지도 모른다. 그래서 (선의를 갖고 있는 다른 많은 목사들도 그랬겠지만) 그는 이 문제를 회피하고 성경을 인용하면서 만남을 끝냈다. 그렇게 함으로써 현실에서 고통을 받아들이는 것에 대한 성경의 원칙을 실천해야 하는 부담을 당사자에게 다시 떠넘겼다. 그녀는 그 목사가 자신의 고통의 깊이를 이해하지 못한다고 생각했고, 그가 짊어지라고 권면한 십자가가 얼마나 무거운지 제대로 알지 못하는 것 같은 느낌을 받았다. 이것은 정확히 목회적 돌봄의 영역에 속한다. 목회적 돌봄이 성경을 인용하는 데서 그친다면 조력의 질을 떨어뜨린다. 확고한 고통의 신학은 우리 모두가 삶 속에서 실제로 살아내야 하는 것이지, 지속되는 고통 속에서 거룩함을 추구하는 방법을 분별하려고 할 때 적용할 수 있는 단순하고 포괄적 진술이 아니다. 정답을 갖고 그것을 제시하는 것은 돌봄이 아니다. 그들과 동행하는 것이 바로 돌봄이다. 여기에는 성별 위화감 같은 현실을 견디기 위해 고군분투하는 사람들과 함께 기도하고 그들을 섬기면서 함께 고통받는 것이 포함된다.

실제로 고통은 지금까지 다양성 프레임워크 가운데 한층 더 감정적으로 만족스러운 영역으로 여겨져 왔던 정체성과 공동체의 일부 요소를 이해하는 통로일 수 있다. 그러나 고통은 청소년들에게 특히 더 어려운 주제가 될 수 있다. 이는 10대들이 그들의 고통에서 의미를 발견하도록 돕는 것을 우리가 회피한다는 뜻이 아니라, 그들이 느끼는 고통 자체를 진심으로 이해한 후 그 의미를 사려 깊게 파악할 수 있는 방향으로 도움을 주어야 한다는 의미다. 이를 올바르게 수행할 경우 고통, 애통함, 영혼의 문제를 **진지하게 다루는** 소통 방식은 시간이 지남에 따라 젊은이들에게 자신의 경험과 하나님을 포함한 다른 사람들과의 경험에 영향을 미칠 수 있는 더 많은 의미 형성과 깊은 이해로 이어질 수 있다고 생각한다.[16]

『신뢰와 사랑의 길』(*The Way of Trust and Love*)에서 자크 필리프는 고통받는 그리스도인들은 먼저 그들이 겪는 시련의 현실을 받아들인다고 말한다. 그것 자체만으로도 시간이 걸릴 것이다. 그런 다음 그들은 점차 시련의 의미를 발견할 수 있는 여러 가지 질문을 던지는 단계로 넘어갈 수 있다. "하나님은 내가 어떤 자세로 이 상황을 바라보기를 원하시는가? 여기서 요점은 '왜'에서 '어떻게'로 바뀐다는 것이다. 진짜 중요한 질문은 '왜 나에게 이런 일이 일어나는 걸까?'가 아니라 '내가 이런 일들을 어떻게 견디고 이겨낼 수 있을까?'다. '내가 이 상황을 어떻게 직면하라는 소명을 받았는가?' '이것을 통과하면서 나에게는 어떤 성장을 이루어야 할 소명이 있는

---

16 교황 요한 바오로 2세는 고난 속에서 생겨나는 질문들의 불가피성을 영적 결핍의 표시로 보기보다는 정상적인 것으로 보는 것이 중요하다고 강조한다. "사람들이 다양한 방식으로 고난을 견뎌내는 것과 동시에 온 세상이 고난받는 것을 생각할 때, 필연적으로 '왜?'라는 질문이 생긴다. 그것은 고통의 원인과 이유, 그리고 그 목적에 대한 질문이며, 간단히 말해서 그것은 고난의 의미에 대한 질문이다." John Paul II, *Salvifici Doloris*.

가?' 그 질문에는 항상 답이 있다."[17]

　이것이 가장 정확한 진단으로 보인다. "나는 이 상황에 어떻게 직면하라는 부르심을 받았는가?"라는 질문은 성별 정체성 문제를 탐색하는 모든 젊은이가 그것을 탐색해나가는 과정에서 도움을 필요로 함을 나타낸다. 극보수/근본주의 및 자유주의 신학의 목소리는 젊은 사람들이 상황에 어떻게 직면해야 하는지에 대해 그들만의 설명을 제공할 것이다. 또한 이들은 동료, 엔터테인먼트 및 미디어로부터 감정적으로 설득력 있는 답변을 얻고 있다는 사실도 명심하라. 성별 정체성 문제를 어떻게 직면해야 할지에 관해 흥미로운 문화를 다룬 이야기도 쏟아져나오고 있다. 그들이 성별 정체성을 둘러싼 문제를 어떻게 직면하라는 부름을 받았는가라는 질문을 탐구하는 것은 더욱 가치 있는 일이다. 왜냐하면 젊은 사람들은 전통적인 성별 정체성으로부터의 어떤 변화를 보여주는, 모든 사람에게 적용되고 있는 단순히 지배적인 문화 내러티브를 반영하는 답변을 성급하게 배제할 수도 있기 때문이다.

　마찬가지로 정체성과 공동체는 "이를 통해 나에게 어떤 성장의 소명이 주어지고 있는가?"라는 질문의 다른 측면에서 발견될 수도 있다. 심리학자로서 우리의 경험에 따르면 지속적인 고통의 다른 쪽에는 넓은 공간이 펼쳐져 있는데, 이것은 고난을 뚫고 앞으로 나아가 그 어려운 지형을 횡단한 사람들의 공동체로 이어지는 길이다. 그곳에서 정체성과 공동체가 모두 발견될 수 있다. 하지만 그것은 교회 안과 밖에 나타난 현재의 문화적 상황을 고려할 때 많은 사람이 실현 가능하다고 보기 어려울 수도 있는 일종의 개방성과 성숙함을 필요로 한다. 우리는 성별 위화감으로 고통받는 젊은이

17　Philippe, *Way of Trust and Love*, 129.

들에게 그저 참고 견디면 된다고 말하기보다는 그 안에서 어떻게 성장할 수 있는지를 그들과 함께 탐색해야 한다. 성장은 성별 위화감의 관리 방법을 결정하는 것과 관련이 있을 수 있지만, 적어도 어느 정도는 관리 방법에 대한 논의와 독립된 방식으로도 탐색할 수 있다.

고통을 견디는 것에 대한 모든 논의에서 다루어야 할 가장 중요한 주제 중 하나는 두려움이다. 그 두려움은 바로 하나님이 우리가 당하는 고통 속에서 우리와 함께 계시지는 않는다는 것이다. 하나님은 우리를 정말 사랑하시는가? 또는 고통의 한가운데서 어떤 목적이나 의미가 쉽게 드러나지 않는 것처럼 보이기 때문에, 우리가 버림받은 것은 아닐까? 하나님은 정말 우리와 함께 계시는가?" 토마스 맥콜의 『버림받음』(Forsaken)은 두려움과 우리를 향한 하나님의 사랑에 대해 신학적인 지침을 주는 책이다.[18] 당신을 그들과 함께하도록 준비시키는 데 도움을 줄 수 있는 성경의 진리를 탐구한 자료들을 읽어보길 바란다. 그리스도인들은 자신을 향한 하나님의 사랑에 대해 불안해하고 있는 사람들과 동행하고 우리가 바라보고 앞으로 나아가야 할 부동점 혹은 "나침반의 진정한 북쪽"을 제시할 수 있게 돕는

---

18 McCall, *Forsaken*. 우리는 또한 Mark Talbot의 새로운 시리즈인 Suffering and the Christian Life를 추천한다. 그 시리즈의 첫 번째 책은 다음과 같다. *When the Stars Disappear: Help and Hope from the Stories of Suffering in the Scripture* (Carol Stream, IL: Crossway, forthcoming). 마찬가지로 Arthur McGill은 그의 책 *Suffering*에서 사랑은 하나님의 본질이며, 베푸는 것은 사랑의 본질이라고 주장한다. "다른 사람을 위해 자신을 드리는 것과 자기를 부정하는 것은 그런 사랑과 떼려야 뗄 수 없는 것이다"(50). 이것은 아리우스와 아타나시오스 그리고 "아버지와 아들 사이에는 완전하고 상호적인 자기 희생의 관계가 존재한다"는 McGill의 견해 차에 관한 논쟁에 대한 통찰력 있는 설명으로 이어진다. 그러므로 그리스도의 추종자는 "자기를 포기"하고 "서로에게 복종"하라는 명령을 받는다. 비록 우리가 고통을 원하지는 않지만, 우리는 모두 고통과 슬픔의 대상이 되며, "우리의 존재는 그리스도의 고난과 승리를 모두 반영한다"는 것을 알고 있다(111). 우리는 "자신의 전 인격과 영광을 자기 아들에게 부어 주신" 아버지의 "전능하심" 안에서 안식을 누릴 수 있다(113).

책임을 맡고 있다. 고통을 당하는 경우 진정한 북쪽은 우리를 향한 하나님의 사랑과 우리를 위한 "속죄의 근원"이 되는 하나님의 "죄에 대항하는 거룩한 사랑"[19]을 통해 발견된다. 맥콜은 다음과 같이 제안한다. "하나님은 우리를 위하신다. 하나님의 **일부**가 우리를 위하시는 것이 아니다. 어떤 신적인 인물이나 속성들이 나를 대적하는 반면, 다른 신적인 인물들이나 속성들은 나를 위하는 것처럼 말이다. 근본적으로 **우리를 위하시는** 분은 삼위일체적인 삶의 단순함 가운데 거하시는 바로 그 **하나님**이시다. 예수의 죽음 때문에 하나님이 우리를 사랑할 수 있게 된 것이 아니다. 예수의 죽음은 우리가 진정으로 하나님의 사랑을 깨닫고 하나님을 사랑할 수 있게 한다."[20] 결국 우리가 어떤 상황에 처하더라도 보다 더 나은 방향으로 우리를 변화시키는 것은 사랑이신 하나님과의 만남이다.

희망의 내러티브 발견하기

크리스의 사례로 돌아가서 우리는 그의 고통 속에서 희망의 내러티브를 함께 발견하는 것이 구체적으로 무엇인지 생각해보고자 한다. 그리스도인들이 성별 위화감을 가진 사람에 대하여 쓴 내러티브에는 "죄악" 또는 "장애"라는 제목이 붙는 경우가 너무 많다. 선의를 갖고 있는 그리스도인들조차 이런 표현을 사용하는데, 유감스럽게도 그들은 요한복음에 등장하는 맹인으로 태어난 사람의 이야기를 계속 적용한다. 즉 그의 고통의 원인은 그 사람이나 그의 가족의 죄라는 것이다. 크리스는 자신이 어떤 식으로든 이런 고통을 야기한 것인지, 아니면 그것이 자신의 죄 또는 회복할 수 없는 깨어

---

19   McCall, *Forsaken*, 89.
20   McCall, *Forsaken*, 91(강조는 원저자의 것임).

짐(brokenness)의 표시인지 궁금했을 것이다. 그들의 개인적인 내러티브가 거기에 머물러 있다면 누가 행복한 삶을 살 수 있겠는가? 우리는 예수가 군중에게 하신 말씀을 기억한다. "이 사람이나 그 부모의 죄로 인한 것이 아니라 그에게서 하나님이 하시는 일을 나타내고자 하심이라"(요 9:3). 만약 이것이 성별 위화감을 지닌 사람에게 일관적으로 보인 목회적 반응이었다면 어땠을까? 우리가 만났던, 고통 속에서 하나님의 계획을 이해하고자 했던 부부가 목사로부터 다음과 같은 말을 들었다면 어땠을까? "이런 일이 일어난 이유는 하나님의 역사가 여러분 안에 나타나기 위해서입니다."

성별 위화감을 치유해달라고 기도했지만 결국 아무 소용이 없었던 크리스에게 궁극적인 치유의 희망이 있다. "우리가 치유되는 것은 고통을 피하거나 고난에서 도망치는 것이 아니라, 그것을 받아들이며 성숙해지고 무한한 사랑으로 고난받으신 그리스도와의 연합을 통해 의미를 발견하는 능력을 통해서다."[21] 그렇다면 크리스가 고통을 받아들이는 능력을 키울 경우 그에게 희망은 무엇일까?

기독교 신앙에 따르면 "구속" 곧 구원은 단순히 주어진 것이 아니다. 구속은 우리에게 신뢰할 수 있는 진정한 희망이 주어졌다는 의미에서 우리에게 베풀어지며, 우리는 그 희망으로 말미암아 현재를 직면할 수 있다. 비록 현재가 고달프더라도 우리가 목표를 향해 나아가고 그 목표를 확신할 수 있으며, 그 목표가 그것을 견뎌내는 과정의 노력을 정당화할 수 있을 만큼 위대한 것이라면, 우리는 이 현재를 살아낼 수 있고 현재를 받아들일 수 있다.…그리스도인

---

21 Benedict XVI, *Saved in Hope: Spe Salvi* (Rome, Italy: Libreria Editrice Vaticana, 2007), http://w2.vatican.va/content/benedict-xvi/en/encyclicals/documents/hf_ben-xvi_enc_20071130_spe-salvi.html.

에게는 미래가 있다는 점에서 다른 이들과 구별된다. 이는 그들이 무엇이 자신을 기다리고 있는지에 대해 세부적으로 잘 알고 있다는 것이 아니라, 자기의 삶이 공허하게 끝나지 않을 것임을 대략적으로 알고 있다는 뜻이다. 미래가 긍정적인 현실로서 확실해져야 현재를 사는 것도 가능해진다.[22]

고통 속에서도 의미를 발견할 수 있고 그리스도의 십자가에 비추어 자신의 고통을 반추할 수 있는 기회가 이런 희망의 비전 안에서 크리스에게 주어진다. "그리스도의 상처 자국이 우리에게 무엇을 가르쳐주는가? 그것들은 우리에게 삶이 고난이라고 가르친다. 우리가 얻게 될 최종적인 부활의 조건은 예수의 조건과 정확히 똑같다. 우리의 삶에 십자가가 없는 한 빈 무덤은 없다. 성금요일이 없는 한 부활주일도 없다. 가시관이 없다면 빛의 후광도 결코 없을 것이다. 우리가 그와 함께 고난을 겪지 않는 한 그와 함께 다시 살아나지 못할 것이다."[23]

우리가 그리스도와 함께 고난받을 때, 그리스도의 몸을 이루는 신자들과 함께 고난받을 때, 아무리 큰 고통이라 할지라도 장차 다가올 영광에 비추어 그 의미를 발견할 수 있다. 의미를 형성해나가는 것이 고통을 없애지는 않지만, 그 속에서 깊은 이해를 갖게 한다. 우리는 또한 크리스에게 새로운 비전을 제시함으로써 이 어려운 경험 속에서 그리고 이 어려운 경험을 통해 명백하게 드러나는 크리스의 미덕과 장점을 강조할 수 있다. 그가 자신의 이야기를 공유하기 위해서는 대단한 용기가 필요하다. 그리고 그가 그런 복잡성과 사회적 긴장이 팽배한 영역에서 하나님의 인도를 구하고자

22   Benedict XVI, *Saved in Hope.*
23   Diane L. Ruzicka, *Redemptive Suffering in the Life of the Church: Offering Up Your Daily Suffering to Cooperate with Christ in Redeeming the World* (self-pub., 2015), 94.

하는 고귀한 바람을 지닌 것은 찬사를 받아 마땅하다. 그가 사려 깊은 질문을 공유할 때 보여주는 정신적 성숙함을 부각시킨다면 그가 이 모든 것을 다 이해할 수 없어 부끄러움을 당하리라고 예상할 경우에도 그에게 뜻밖의 기쁨이 생길 수 있다. 하나님이 그와 함께 계셔서 그가 매일 점점 더 경건한 사람이 되도록 도우시리라는 확신은 자신이 과연 그리스도를 닮을 수 있을지 의심할 그를 안심시킬 수 있다.

사실 우리는 크리스 자신이 알고 있는 것보다 그가 훨씬 더 그리스도와 닮았다는 것을 강조하는 방향으로 나아갈 것이다. 그는 가치 있을 뿐만 아니라 그리스도의 몸을 이루는 데 필요한 지체로서 하나님의 형상을 독특하게 반영한다. 그는 자신의 육신으로 인해 제약을 받으며 인간이 처한 상황 속에서 끊임없이 고통당하는 가운데서도 고통을 받아들이고 그 고통을 영적 삶의 심오한 교훈으로 제시한 하나님의 증인이다. 이는 그의 삶에 초월적인 의미를 부여하고, 그의 성별 불일치 경험을 변화시키며, 그것이 개인적 결핍의 표시가 아닌 그리스도를 증언하는 기회로 보이게 할 것이다.

우리는 또한 크리스와 함께 예수의 고통이 어떻게 그를 향한 삼위일체 하나님의 사랑과 연관되어 있는지 살펴볼 수 있다. 맥콜은 십자가에서 예수가 부르짖는 모습을 생각한다. "버림받음으로 인한 부르짖음은 성부가 우리와 우리의 구원을 위해 아들을 이 죄 많은 백성들에게 내주심으로써 그들의 손에 죽게 하셨다는 것을 뜻한다. 이는 삼위일체 하나님이 우리가 가장 희망하고 바라는 것을 뛰어넘는 방식으로 우리를 **위하고 계심**을 의미한다."[24] 우리가 앞서 인용한 바와 같이 (여기서 다시 언급할 가치가 있는 것으로 보인다) 맥콜은 계속해서 다음과 같이 말한다. "예수의 죽음 때문에 하

---

24   McCall, *Forsaken*, 47.

나님이 우리를 사랑할 수 있게 된 것이 아니다. 예수의 죽음은 우리가 진정으로 하나님의 사랑을 알 수 있게 하고, 우리로 하여금 하나님을 사랑할 수 있게 만든다."[25] 이런 내용은 희망의 내러티브에서 매우 중요한 주제이기에 크리스나 다른 젊은이들을 그 내러티브 안으로 초대할 필요가 있다. 그 이야기는 그리스도인인 우리 모두와 마찬가지로 한 젊은이가 "도덕적 노력"이 아니라 "인간의 온전한 변화"로 특징지어지는 삶을 살도록 부르심을 받는 이야기다.[26] 젊은이들은 이런 신학적 진리를 개인적으로 더 깊이 체험하고, 이런 진리를 깨달은 다른 그리스도인들과 긴밀한 교제를 나눔으로써, 성별 정체성을 둘러싼 질문과 고민을 어떻게 이해하고 탐구할 수 있을지 함께 기도하는 사람들로부터 유익을 얻을 수 있다. 우리는 또한 그들이 성별 정체성 문제를 해결하려고 할 경우 때때로 혼란스러울 수도 있는 성화의 과정에서 그들과 동행할 수 있다. "따라서 거룩함의 방식에 대한 혼란으로 위협받을 때 우리는 예수를 바라본다."[27] 성화나 거룩함의 방식, 즉 "우리를 위한 삼위일체 하나님의 사역은 우리에게 자신의 아들과 성령을 주시는 아버지의 뜻이며, 이것은 우리의 정화와 갱생을 위해 자기 자신을 내어 주신 중재자가 공급해주시는 것이고, 다른 위로자로 오시는 성령의 은혜로운 역사다.[28]

우리는 이 모든 질문에 어떤 답이 주어질지 그리고 앞으로 무엇이 최선일지 완전히 이해하지 못할 수도 있다. 우리가 경험적으로 알게 된 것은 사람마다 답이 다 달랐다는 것이다. 탐색하는 청소년은 성별 위화감을 겪

---

25   McCall, *Forsaken*, 91.

26   McCall, *Forsaken*, 139.

27   McCall, *Forsaken*, 141.

28   McCall, *Forsaken*, 143.

는 청소년과 다르며 가벼운 불쾌감을 느끼는 청소년은 보통 수준의 불쾌감이나 심각한 불쾌감을 느끼는 청소년과 다르다. 우리는 그리스도를 아는 모든 젊은이의 삶에 삼위일체 하나님이 일하고 계신다는 것과 어떤 해답도 그들을 구속받지 못하게 할 수 없음을 알기 때문에 희망을 갖고 있다.

성별 위화감을 지닌 많은 사람은 아무도 할 수 없는 방식으로 하나님을 반영하기 위해 특별히 선택되었으며 그들 안에서도 하나님이 일하고 계신다는 말을 결코 듣지 못하고 산다. 이런 말은 고통이 준 타격을 약화시키지는 않지만, 그래도 변화시키는 힘을 갖고 있을지도 모른다. 우리 중 어느 누가 하나님의 선택을 받아서 우리가 견뎌낸 경험 속에서 그리고 그 경험을 통해 그분이 하신 일을 독특하게 드러내야 하는 은사를 거부하겠는가? 누가 젊은이들에게 이 근본적인 진리를 일깨워 줄 것인가?

바로 이 부분에서 그리스도의 몸은 큰 의미를 지닌다. 성별 위화감과 관련하여 기독교 공동체 안에서 이미 오래전부터 짐을 나눠서 졌어야 했다. 우리가 공동체 안에서 그것을 포용할 때 그 모든 것의 의미가 어느 때보다도 더 분명해질 것이다.

이 장에서는 성별 정체성을 탐색하는 사람들의 세 가지 유형에 관해 개괄적으로 설명하고, 모든 그리스도인이 이 세 영역에 전부 참여하라는 부름을 받은 것은 아니라고 언급했다. 당신이 정치적 정체성, 공개적 정체성, 개인적 정체성을 가진 사람들과 관계를 맺도록 부르심을 받았는지 생각해보기 바란다. 또한 사람에 따라 다르게 관계를 맺기 위한 몇 가지 제안들에 대해 고려해보고, 각 방식에 대해 우리 모두가 좀 더 미묘한 차이가 있는 접근법을 고려할 때 어떻게 지혜를 구해야 하는지에 대해서도 고심해보길 바란다.

6장

인생의 장(chapter) 파악하기

관계-내러티브 접근법

이 장에서는 관계에 뿌리를 둔 접근법의 토대를 마련한다. 성별 정체성을
탐색하는 사람과의 관계에서는 관계 자체가 모든 것을 좌우한다. 그러나
이런 관계 형성은 우리가 지닌 경험의 차이 때문에 어려울 수 있다. 우리 중
많은 이들은 신체와 일치하지 않는 내적 자아감을 가지는 것이 어떤 경험
인지 알지 못한다. 경험의 차이가 관계를 더 어렵게 만들 수는 있겠지만 관
계 형성이 아주 불가능한 것은 아니다. 경청은 이 모든 일의 시작이 될 수
있다.

우리는 경청하고자 하는 의도적인 움직임이 "진정한 영적 만남 없이
도 친밀감을 줄 수 있는 열린 마음"을 전달하고 표현할 수 있기를 바란다.[1]
아무리 많이 들어도 이 영역에서 알기 원하는 것을 충분하다고 느낄 수 있
을 정도로 다 파악할 수는 없다는 것이 현실이다. 그럼에도 불구하고 우리

---

1   Francis, *Evangelii Gaudium: The Joy of the Gospel* (Dublin: Veritas Publications, 2013), 81-
    82.

는 그들과 관계를 맺고 소통하라는 부르심을 받았다. 우리는 모든 것을 알아내야 한다는 내외부의 압력에 대응하기보다는 진심으로 경청하는 데 모든 에너지를 쏟는 편이 낫다. 다른 사람의 이야기를 경청하는 것은 모든 친밀한 관계 형성의 중요한 출발점이며, 그렇게 함으로써 이토록 친밀하고 상처받기 쉬운 관계에서 가장 많은 결실을 맺을 수 있다.

당신이 관계를 맺기 위해 신중하게 경청할 준비를 하는 경우에, 트랜스젠더들이 경험하는 몇몇 공통적인 인생의 여러 시기나 단계 또는 장(chapter)을 알아두면 차츰 관계를 맺어가면서 그들의 이야기에 관련된 적절한 질문을 하는 데 도움이 될 것이다. 이런 핵심적인 인생 경험을 파악하기 위해 우리는 젊은 트랜스젠더 그리스도인을 대상으로 한 최근 연구에 의존할 것이다. 이 연구에서 그들 인생의 각 시기는 성별 정체성 발달 및 개인적인 신앙과 관련된 것들로 세분화되었다.

내러티브-발전 관점

우리는 종종 당신이 동행하는 사람의 삶을 여러 장(chapter)으로 구성된 책에 비유한다. 실제로 우리가 신앙을 가진 트랜스젠더들을 대상으로 그들의 삶에 관해 인터뷰했을 때, 그들은 종종 서로 다른 시기의 공통적인 경험을 이야기하면서 일종의 청사진을 보여주었다. 자주 언급된 시기에서 우리가 발견한 사항을 요약한 다음에 그 시기와 단계가 우리의 접근 방식에 어떤 정보를 제공할 수 있는지 논의해보자.

한 사람의 성별 정체성은 일반적으로 두 살에서 네 살 사이에 형성된다. 즉 사람은 꽤 어린 나이에 자신을 소년이나 소녀로 인식하거나—말로 표현하지 못할 수도 있는—자신에 대한 다른 경험을 하게 된다. 따라서 이 청사진의 첫 장(어떤 사람의 인생 가운데서 아주 초기에 발생한 사건)은 어린 시절과 표준을 벗어난 것으로 인식되는 성별 표현에 중점을 둔다. 예를 들어 한 인터뷰에서 자신을 여성이라고 밝힌 어느 생물학적 남성은 자신의 삶의 첫 장의 제목을 "무지는 행복이다"라고 붙인 다음, "나는 뭔가 잘못되어 있다는 것을 알았다. 유치원에 다니는 동안 나는 가끔 인형과 교감을 나누었다. 소꿉장난을 하는 것처럼 말이다. 설명할 수 없는 불안을 자주 느꼈고 자주 울음을 터뜨렸지만, 대체로 놀이에는 관심이 많았다"고 말한다.[2]

청사진의 다음 장은 보통 부모나 다른 사람이 성별 규범에 벗어난 행동을 하는 아이에게 제한을 두면서 겪게 되는 갈등에 관한 것이다. 우리가 인터뷰한 트랜스젠더들이 말하는 첫 장이 일반적으로 "무지" 또는 "순진함"으로 특징지어졌다면, 두 번째 챕터는 종종 정상적인 존재 방식처럼 느껴지는 것에 대한 갈등으로 정의되었다. 갈등은 언제든지 발생할 수 있지만, 주로 유년기 후반과 청소년기에 보고되는 경향이 있었다. 예를 들어 한 생물학적 남성은 12세에서 18세 사이에 "무언가를 숨기고 억제해야 한다는 것에 수치심을 느끼고 우울해지기 시작했지만, 동시에 나의 믿음은 진정한 믿음으로 변화되었고 삶의 목적이 생겼다"고 말했다.[3]

청사진의 3장에서는 그리스도의 추종자들로서 그들의 정체성과 신앙에 초점을 맞춘 변화를 다루었다. 이들은 자신이 그리스도께 가까이 나아가 영적 자원을 추구하면 성별 정체성에 관한 이런 갈등이 사라지기를 바랐다. 이런 변화는 주로 청소년기 후반이나 성인기 초기에 종종 일어났다.

---

2   Mark A. Yarhouse and Dara Houp, "Transgender Christians: Gender Identity, Family Relationships, and Religious Faith," in *Transgender Youth: Perceptions, Media Influences, and Social Challenges*, ed. Sheyma Vaughn (New York: Nova Science Publishers), 55.
3   Yarhouse and Houp, "Transgender Christians," 56.

우리가 인터뷰한 사람들의 신앙은 성과 성별에 대한 그들의 믿음뿐만 아니라 결과적으로 무엇이 가능하거나 바람직한지에 대한 여러 가지 가정을 반영한다.

개인의 신앙에 의존하는 문제를 다룬 3장에 이어 4장에서는 종종 다시 성별 정체성 문제로 돌아갔다. 다시 말해 신앙에 의지한다고 해서 성별 정체성을 둘러싼 갈등이 해소되지 못한다는 것이 증명되었다.

마지막 5장에서는 트랜스젠더가 성별 정체성 경험에 대처하는 법을 어떻게 배우게 되었는지를 다루었다. 트랜스젠더라고 밝힌 한 생물학적 여성은 "나는 내 불쾌감을 관리하기 위해 특정한 방식으로 옷을 입는다. 말괄량이처럼 입으면 도움이 된다. 여자에서 남자가 되는 것은 더 쉽다. 나는 예복을 입어야 하는 행사와 성별에 대한 기대치가 높은 파티 같은 상황을 피한다. 나는 나를 곤경에 빠뜨릴 수 있기 때문에 피해야 할 상황이 뭔지 잘 알고 있다"고 말했다.[4]

내러티브-발전 관점은 우리의 접근 방식에 관해 무엇을 알려 주는가?

우리가 이런 여러 "장"에서 살펴본 내러티브-발전 관점이 당신의 접근 방식에 관해 어떤 것을 알려줄 수 있을까? 먼저 당신이 돌보고자 하는 사람들의 연령대를 파악할 수 있다. 만약 당신이 부모나 어린이를 대상으로 사역한다면 위에서 설명한 1장과 2장을 발견하게 될 가능성이 있다. 10대를 대상으로 사역한다면 3장과 4장을 더 많이 접할 수 있을 것이다. 당신은 각 장/시기에 대해 얻은 지식을 대화의 출발점으로 삼아, 자신의 성별 정체성

---

4   Yarhouse and Houp, "Transgender Christians," 56.

에 관해 갓 이야기를 나눈 사람과 동행할 때 어디서부터 시작해야 할지 모르는 막막한 느낌을 갖기보다는 적절한 질문을 하는 데 필요한 유용한 정보의 출처로 사용할 수 있다. 부모들은 이런 시기를 되돌아보면서 그들이 사랑하는 사람이 그 주요 시기에 대해 여러 다른 기억을 갖고 있다는 사실을 발견할 수도 있다. 하지만 이런 이유 때문에 그 시기들에 대해 심문해서는 안 된다. 기억을 추궁하는 질문이 아니라 호기심을 자극하는 질문을 함으로써 사랑하는 사람이 방어적인 자세를 취하지 않도록 해야 한다. 우리는 모두 나중 시기의 맥락에서 한 사람과 교감하게 되면서 그 사람의 이전 시기에 관해 배울 수 있는 기회를 얻게 되길 바란다. 모든 사람은 각자의 이야기를 가지고 있기 때문에 여기에 설명된 내용과 동일하지는 않겠지만, 이런 시기는 당신이 관계를 맺고 있는 사람이 그 이전 시기에 관해 더 공개하기로 마음먹는다면 그로부터 더 많은 이야기를 들을 수 있는 대략적인 안내서가 될 수 있다.

1장에서 일반적으로 고려해야 할 사항들: 유아기

만약 당신이 해당 어린이의 핵가족 범위에 포함되지 않는다면 개인적으로 첫 번째 시기에 관련되지 않을 것이다. 이 단계에서는 가까운 친구인 아이의 부모가 당신과 문제를 공유하거나 집에서 보고 들은 것에 관해 기도를 요청하는 등 가족의 일원이 당신의 주의를 끌 수 있다. 경험상 대부분의 부모는 성별 비전형적인 표현을 발달의 한 과정으로 보고 그것에 관심을 갖지 않는다. 물론 이런 놀이, 옷차림, 표현은 아이들이 자신의 정체성을 탐구하기 위한 행동의 기대범위 안에 속하기 때문에 종종 그들의 생각이 옳을 때도 있다. 하지만 성별 위화감이 나타날 경우 이런 놀이는 겉으로는 성별 위화감이 없는 정상적인 경우와 동일하게 보이지만 다른 의미를 갖게 되며(즉 아이가 그것을 다른 방식으로 경험한다), 그 과정을 거치지 않고 (몇 주 또는 몇 달 안에) 부모나 다른 성인들과 갈등을 일으키는 2장으로 이어질 수 있다. 아동기 성별 위화감은 대부분 저절로 완화될 가능성이 높지만, 그렇다 하더라도 많은 부모들이 바라는 대로 단기간에 완화되지는 않는다.

이 시기에 당신이 제공하는 돌봄은 부모의 지원 형태를 띠게 될 것이다. 당신이 한 어린이의 삶에서 이 단계를 목격할 때, 아이가 어떻게 행동하고 있는지, 아이가 자신의 성별에 대해 어떻게 말하는지, 아이가 성별에 관해 무엇을 물어보는지 등을 부모에게 질문하는 것이 도움이 될 수 있다. 부모는 이 불확실한 시기에 두려움과 자신들의 생각을 털어놓고 자문을 구할 사람이 필요할 수도 있다. 우리는 성별 정체성이 부모가 미래에 대한 두려움을 염려하거나 투영할 수 있는, 자녀의 경험의 한 측면에 불과하다는 것을 명심해야 한다. 이는 부모가 걱정하는 자녀의 경험의 다른 측면, 즉 아이가 자긍심과 자신감을 갖고 성장할 수 있는지 또는 든든한 친구가 생길지 같은 측면과 다르지 않다. 부모는 자녀의 성별 문제가 앞으로 계속될 경우 발생 가능한 결과를 걱정하느라 많은 에너지를 쓰기보다 **현재**의 건강한 발달을 지원하는 데 적극적으로 나설 수 있도록 격려할 필요가 있다. 현실을 받아들인다고 해서 자녀 양육에 자유방임적인 태도를 취하는 것은 아니다. 부모가 다른 부모, 자녀의 형제자매나 친구들의 조롱섞인 발언으로부터 자녀를 적극적으로 보호하는 것이 중요하다. 우리는 괴롭힘 특히 취약한 아이들을 대상으로 하는 괴롭힘은 절대 용납되어서는 안 된다는 데 모두가 동의하기를 바란다.

자녀가 특정한 장난감이나 활동 또는 관심사를 선호하는 모습을 보일 때 그렇게 선호하는 행동에 더 큰 뜻이나 도덕적 의미를 부여하지 않고 이 시기에 발생하는 아이의 성별 탐색 행동이 정상이라고 부모에게 말할 수 있다. 목회적인 관점에서 볼 때, 특히 자녀의 성별 비전형적 관심사, 버릇, 행동에 대해 부모들이 과민 반응을 보이거나 자신 또는 자녀를 비난하는 경향이 있는 경우, 이런 부모들을 돕는 우리는 이런 차이를 보이는 현상들이 흔하게 발생한다는 점을 언급함으로써 그들을 안심시킬 수 있다. 우리는 또한 부모가 아이의 행동을 교정해야 한다고 느끼는 위기감을 진정시킬 수 있다. 자녀가 성별 비전형적인 놀이나 관심사, 옷차림에 흥미를 보이는 것은 부끄러워할 일이 아닐뿐더러, 그런 행동에 대한 과민 반응은 아이를 바로잡는 데 도움이 되지 않는다. 자녀의 행동을 교정하려는 부모의 시도가 오히려 징계와 수치심으로 느껴지면, 일부 아이들은 포기하게 된다. 그렇게 포기하는 아이들은 자신의 성별 정체성 표현을 숨겨야 하거나, 더 심하게는 그것이 근본적인 부적절함의 신호라는 메시지를 받는 경향이 있다. 이런 믿음은 욕망과 그에 따른 수치심에 관해 아이에게 큰 혼란을 초래한다. 또한 몇 년이 지난 후 이런 행동이나 표현이 갑자기 나타나면 부모도 혼란스러워진다.

2장의 일반적인 고려 사항들: 이후의 갈등

두 번째 시기에는 성별에 대한 갈등과 문제들을 더 직접적으로 생각할 것이다. 우리가 관찰한 갈등은 옷차림, 행동, 기타 성별 비전형적 관심사에 대한 부모의 제한 설정에서부터 초등학교 육상팀 참여, 화장실 사용 등 "더 큰 문제"에 관한 고려에 이르기까지 다양하다. 부모들은 이런 상황에서 무엇을 어떻게 해야 할지 고민할 것이다.

가장 먼저 해야 할 일은 경청이다. 부모에게 경청이란 성별 비전형성으로 나타나는 자녀의 욕구에 귀를 기울이는 것을 의미한다. 다시 말하지만 당황하고 공포심을 갖지 않으려고 노력하는 것이 중요하다. 성별 위화감을 가진 아이들 대다수가 성인이 되면 이런 증상을 경험하지 않는다. 자녀가 이런 경우에 속하든 아니든 간에, 아이들은 자신의 이야기를 들어주고 직면한 긴장을 깊이 이해하려는 부모의 의지에 긍정적인 영향을 받을 수 있다.

두 번째 고려 사항은 아이가 자신의 행동에 대해 다른 사람들로부터 받을 수 있는 피드백이다. 성별 정체성 문제가 있는 아이들은 자신의 성별 비전형적인 관심사가 다른 사람들에게 "발각"될까 봐 두려워서 다른 아이들로부터 자신을 격리시키는 경향이 있다. 특히 부모, 형제자매나 다른 사람들이 눈치를 챈 경우 부모의 불안을 잠재우고 따돌림당하는 것을 피하기 위해 엄격한 고정 관념에 따라 행동할 수도 있다. 성별 순응적인 행동을 요구하는 일이 경직된 성별 고정 관념을 반영한다면, 그것은 부모-자녀 관계의 신뢰성을 저해할 수 있기 때문에 위험하다. 아이가 가정에서 성별 비전형성이 용납되지 않는다고 느낀다면 자신이 씨름하는 문제에 대해 부모에게 말하는 것을 꺼릴 수도 있다.

이 단계에서는 학교와 교회를 포함한 다른 환경에서 아이가 **집단 괴롭힘**(bullying)이나 따돌림을 당하는지 본인에게 직접 확인하는 것이 매우 중요하다. 많은 아이들이 괴롭힘이라는 단어를 통해서는 그들이 어떤 취급을 받는지를 파악하지 못하기 때문에, 만약 당신이 이런 단어의 사용을 피한다면 부모들은 아마도 자녀로부터 그 사실에 대해 가장 솔직하게 알게 될 것이다. 대신 부모들은 **놀림**(teasing) 같은 단어를 사용하거나 성별 비정형적인 관심 때문에 다른 아이들이 어떻게 반응하는지에 대해 서술적인 예를 제시함으로써 아이로부터 이런 사실을 확인할 수 있다. 괴롭힘이 발생하면 부모는 자녀에게 그런 상황에 대응할 수 있는 방법을 제시함으로써 또래의 유해한 반응에 직면한 자녀의 회복력과 자율성을 길러줄 수 있다.

또래의 도움 또한 이 아이들에게 중요하다. 우리는 종종 부모들에게 아이들이 공통된 취미 생활을 통해 또래들의 강력한 도움을 받게 하라고 조언한다. 설령 이런 취미가 다른 성별보다 특정한 성별과 더 많이 교류하는 것을 의미하더라도 말이다. 이런 상호 작용을 통해 아이들에게 가치 있는 공동체를 형성하도록 격려하는 것은 틀에 박힌 소년/소녀의 활동에 참여하도록 강요하는 것보다 훨씬 더 건설적이다. 아이의 자존감을 높이면서도 안정된 성별 정체성 인식에 의존하지 않는 놀이나 또래 상호 작용을 위한 방법을 찾는 것도 중요하다. 일부 부모들은 아이들이 이런 형성기에 자신의 재능을 발견하게 되면서, 여전히 성별 정체성에 대한 스트레스가 존재하긴 했지만 이전에 비해 덜 심해졌다고 보고했다. 아이의 정체성을 형성하는 다른 부분에 주의를 기울이면 아이의 성별 정체성 여정이 어디로 향하든 부모는 자녀의 안녕과 행복을 위해 행동할 수 있는 능력과 방향을 지니고 있다는 느낌을 갖게 된다.

부모를 돕는 사람들은 부모가 집에서 관찰한 내용과 그것이 부모에게 어떤 영향을 미치는지를 공유해달라고 요청하라. 그 내용을 통해 일정 및 주요 사건, 주제 등에 대해 감을 잡을 수 있다. 직접적인 조언을 하고 싶은 충동을 자제하라. 경청하라. 경청은 행동, 의미, 반응이라는 세 가지 영역을 중심으로 진행될 수 있다.

- **행동:** 그들은 무엇을 보고 있는가? 양쪽 부모(또는 아이를 돌보는 사람) 모두 아이가 같은 행동을 하는 것을 관찰하고 있는가, 아니면 아이가 누구와 소통하는가에 따라 행동이 달라지는가? 그들이 그 행

동을 발견한 지는 얼마나 되었는가?

- **의미:** 이런 행동은 각자에게 어떤 의미가 있었는가(또는 그들이 본 것에 대해 어떻게 생각해왔는가)?

- **반응:** 그들은 각각 어떻게 반응했는가? 부모들은 같은 생각을 하고 있는가, 아니면 생각, 신념, 가치관이 다르기 때문에 각자 보는 것에 다르게 반응하고 있는가? 성별 표현, 역할, 행동, 정체성에 대해 어떤 제한을 두어왔는가?

부모를 위한 조언: 메시지를 깊이 생각하기

이 시점에서 우리는 부모들에게 당신이 보고 있는 것과 당신이 그것에 어떻게 반응했는지에 주의를 기울이길 추천하고 싶다. 당신이 배우자 혹은 (한 부모 가정이라면) 친한 친구와 함께 무엇을 보고 있는지에 관해 이야기를 나누면 도움이 될수 있다. 당신은 다른 사람들이 보는 것과 동일한 것을 보고 있는가? 당신이 알아차리고 있는 행동이 무엇을 의미한다고 생각하는가? 그 행동은 당신이 첫 단계에서 발견한 행동의 연속인가, 아니면 새로운 행동인가? 지금까지 어떻게 대응해왔는가? 어떻게 해야 도움이 된다고 생각하며, 왜 그것이 도움이 될 것 같은가? 도움이 되지 않는 행동은 무엇이라고 생각하는가? 왜 그것이 도움이 안 된다고 생각하는가? 다시 말해 행동, 의미, 반응이라는 세 가지 영역의 관점에서, 그것이 첫 단계의 연장선상에 있는지, 아니면 동일하거나 다른 의미를 지닌 새로운 행동인지를 판단하고, 도움이 되는 반응과 도움이 되지 않는 반응을 어떻게 이해하게 되었는지에 관해 숙고해야 한다. 어떤 것이 유용한 반응인지 아닌지를 결정하는 방법은 당신의 자녀가 갖고 있는 자아의식과 성별 정체성 인식에 대해 당신이 어떤 메시지를 전달하고자 하는지와 밀접한 연관이 있을 것이다. 지금은 바로 당신의 반응을 통해 전달한 메시지를 되돌아볼 수 있는 좋은 시간이다. 그렇게 하는 과정에서 자녀의 가치, 자녀에 대한 당신의 사랑, 그들을 향한 하나님의 사랑 등에 대

한 과거의 메시지, 현재의 메시지, 잠재적인 미래의 메시지를 깊이 생각하는 것이다. 또한 비슷한 문제를 탐색하는 중이거나 이미 탐색을 마친 다른 부모들에게 도움을 요청하는 것이 좋다. 그들은 자신의 양육 과정에서 배운 것을 통해 당신에게 해결의 실마리를 전해줄 수 있다.

3장의 일반적인 고려 사항들: 기독교 신앙

세 번째 단계인 3장에서는 일반적으로 청소년기나 성인기 초기에 기독교 가정에서 자란 젊은이들이 자신의 성별 정체성에 의문을 품고 신앙을 찾게 되는 경우가 많다. 그들은 신앙이 성과 성별에 대해 무엇을 가르치는지 지적 차원에서 탐구할 수도 있다. 신앙에 대한 의지가 적용과 실천으로 이어질 수도 있다. 자신들의 성별 위화감을 해결해달라고 하나님께 기도할 수도 있고, 하나님이 그들을 어떻게 보실지 그리고 그들의 가치에 대해 어떻게 생각하실지 하나님께 질문할 수도 있다.

이런 지적인 질문과 적용에 관한 논의를 당신과 할 수도 있다. 당신이 목사, 멘토, 그리스도인 부모라면 트랜스젠더 논의에 기독교가 무엇을 기여할 수 있는지 질문을 받을 수도 있다. 만약 누가 자신의 성별 정체성에 대해 기도하고 있거나 기도해달라고 요청한다면, 당신은 그들이 무엇을 기도하고 있는지, 그 과정에서 당신이 그들을 위해 어떻게 기도해주기를 바라는지 함께 하나씩 분석하고 풀어나갈 수 있다.

우리는 기존 연구와 임상 경험 및 상담을 통해 사람들이 성별 정체성 문제를 해결하기 위해 기독교 신앙에 의지하는 모습을 흔히 볼 수 있었다. 이는 종종 성경 공부나 기도의 형태를 취한다. 당신은 성경이 자신의 경험에 어떻게 응답하는지를 이해하기 위해 함께 성경 공부를 하자는 요청을 받을 수도 있다. 이 시기는 청소년 자신과 부모 및 공동체가 그들의 경험과 성별 정체성 문제에 관해 하나님이 어떻게 생각하시는지를 중요하게 여길 수 있다는 측면에서 젊은이들에게 특히 민감한 시기라는 것을 명심하기 바란다.

부모를 위한 조언: 의사소통 증진하기

신앙에 의지하게 되는 이 시기에 무엇보다 중요한 것은 당신의 믿음이 어떻게 복잡한 주제에 반응하는지, 이를 10대 자녀에게 어떻게 전달할지 고려하는 것이다. 당신의 10대 자녀는 가정이나 교회에서 논의되는 주제에 근거해서 당신이 그리스도인으로서 여러 복잡한 문제에 관해 믿고 있는 바가 무엇인지 이미 여러 추측을 해봤을 것이다. 성별 정체성 영역에서는 트랜스젠더로 식별되는 사람에 대한 그리스도인들의 반응, 이 주제와 관련된 다양한 정치적 이슈(예: "화장실 법" 및 이와 관련된 법률), 무엇을 죄 또는 불순종으로 간주하며 그 이유는 무엇인지 등에 관한 이야기가 포함될 수 있다. 또한 그리스도인들이 트랜스젠더를 사랑하는지, 교회에서 성별 정체성에 대한 주제가 환영받고 있는지 아니면 본질적으로 금기시되었는지, 개인의 삶에서 지속되는 현실 문제의 해결 또는 치유를 구하는 기도에 하나님이 응답하지 않으실 때 어떻게 반응할 것인지를 포함한 다양하고 복잡한 개인적·사회적 이슈와 그 대응 방법을 추론할 수 있다. 마지막으로 당신이 트랜스젠더에 관해 개인적으로 말하는 방식은 자녀들이 당신과 그들의 여정을 공유할 때 그들이 갖는 편안함에 영향을 미칠 것이다. 조롱하거나 비난하거나 무시하는 말투로 말한다면 자녀들은 자신의 이야기를 말할 때 당신이 같은 반응을 보일 가능성이 크다고 예상할 것이다. 자녀들은 대부분의 경우 성별 정체성 문제와 씨름하고 있다는 사실 자체를 당신과 공유하지 않고 당신에게 아예 질문을 하지 않을 것이다. 당신이 사려 깊고 호기심이 많은 태도로 사람들의 존엄성을 존중하고 냉철하게 말한다면, 그들은 문제를 해결하는 과정에서 당신을 훌륭한 안내자로 신뢰하게 될 것이다.

우리는 성별 정체성과 신앙을 탐색하는 사람들이 성별 정체성 문제를 탐색하는 사람을 돕고 있는 청소년 사역자에게 어떤 조언을 해줄 수 있는지 물어보았다. 우리가 받은 몇 가지 답변은 다음과 같다.

- "개인적인 도덕성에 관계없이 성별 위화감을 지닌 사람에게 공감하라."
- "그들은 그 문제에 대한 이야기를 꺼내지도 않는다. 그저 빙빙 돌려서 말한다. 적어도 주제를 다루라. 말하라. 비난하는 말투로 말하지 말고 그냥 그것에 관해 말하라."
- "트랜스젠더가 되는 것이 도덕적으로 옳지 않다고 느끼더라도 우리를 판단할 필요는 없다. 그래도 당신은 여전히 우리를 사랑할 수 있다."
- "내가 갑자기 결정한 것이 아니다. 하나님은 나를 이렇게 창조하셨다. 그분이 시각장애인이나 알레르기가 있는 사람들을 창조하신 것처럼 말이다. 이것은…단지 도전일 뿐이다."

우리는 이런 발언을 통해 기독교가 성별 문제를 어떻게 다루는지에 관해 청소년들이 갖고 있을 법한 일련의 가정들을 엿볼 수 있다. 그들의 생각을 파악하는 것은 유용하다. 일단 파악하고 나면 왜 그렇게 가정하거나 추측했는지 물어볼 수 있다. 아마도 그들은 그리스도인들과 나눈 대화, 어디선가 읽은 내용들이나 다른 자료에 근거해 그렇게 생각했을 것이다. 질문은 다음과 같이 진행될 수 있다.

- 10대들은 기독교가 성과 성별 문제를 다루는 방식에 대해 어떤 생

각을 갖고 있는가?

- 그들의 생각은 무엇에 근거하고 있는가?
- 성별 역할과 성별 정체성에 대한 기대에 관해 청소년들에게 전달된 메시지는 무엇인가?
- 그들은 자신의 현재 성별 정체성 형성에 기여하는 요인에 대해 어떻게 이해하고 있는가?

만약 당신이 성별 정체성에 대해 많이 생각해보지 않았거나 이 분야에 경험이 많지 않다면 그냥 그렇게 말해도 괜찮다. 당신이 보여줄 수 있는 가장 가치 있는 것은 참여하고자 하는 의지, 하나님의 말씀을 함께 배우고자 하는 의지, 하나님이 각 사람을 사랑하셔서 이 분야에 대한 인간의 부족한 지식을 보충해주실 만한 충분한 경험이 있으시다는 것을 청소년들에게 확신시켜주려는 의지다. 또한 대화를 성별에만 국한하지 않는 편이 좋다. 하나님의 관점을 추구하고자 하는 삶의 다양한 측면이 있는지 그들에게 물어보라. 이렇게 하면 항상 성별 정체성 문제에 과도하게 집중되는 대화에서 벗어날 수 있다. 성별 정체성 문제도 물론 중요하지만 그 문제를 겪고 있는 청소년은 그 문제보다 더 중요하다. 많은 청소년이 자신의 이야기 중 한 부분에 지나치게 집중하면(예를 들어 강박적으로 음란물을 보는 청소년과의 모든 멘토링 대화가 여기에 초점을 맞추는 경우) 그들의 행동을 인격과 동일시하는 바람직하지 않은 방향으로 대화가 진행될 수 있다.

이 시기에는 멘토링이 매우 중요하다. 청소년은 부모가 아닌 존경하는 어른에게 조언을 구할 가능성이 훨씬 높다. 그들이 존경하고 소통할 수 있는 멘토를 찾는 데 도움을 주라. 그런 관계는 청소년이 의미 있는 방식으로 자신의 정체성을 탐색하는 과정에 도움이 된다. 우리는 청소년의 정체성 발달에 큰 작용을 하는 사회 문화적 요인에 대해 많은 이야기를 나누었다. 물론 몇 년이 지나야 이런 대화의 결실이 맺어지겠지만, 성인 멘토는 여기에 귀중한 목소리를 더할 수 있는 존재다. 효과적인 멘토링은 청소년이 매일의 도전을 계속해서 공유할 수 있게 한다. 시간이 지나면서 멘토는 청소년이 정체성, 의미, 목적과 관련하여 받은 메시지에 즉각적으로 적대감을 표현하거나 무시하지 않고 그 메시지를 비판적으로 사고할 수 있게 돕는다. 일단 젊은이들이 현재의 성별 정체성에 관해 어떤 점이 매력적인지 존중하면서 탐구할 수 있게 되면, 수용하고 싶지 않은 부분들에 대해서도 비판적으로 사고할 수 있게 될 것이다.

앞서 말했듯이 누군가와 관계를 맺고 돌보는 일이 성별 정체성에만 집중될 수는 없다. 또한 특정한 성별 정체성 결과를 기준으로 유익함을 측정하거나 현재의 욕구 또는 문제를 바탕으로 그 사람의 거룩함을 판단하면, 더 많은 청소년이 다른 곳에서 성별 정체성 탐색에 필요한 동반자를 찾게 될 것이다. 만약 상대가 자기를 가르치려 든다거나 자신들을 완성해야 할 프로젝트나 해결해야 할 문제로 본다는 느낌을 받는다면, 누군가 정말로 그들과 동행하기를 원하더라도 그 관계를 끊을 가능성이 높다. 따라서 많은 청소년이 선택한 대안과 관련하여 그들이 "망상 속에 살고 있다"고 정죄하고 검열하며 무시하는 분위기가 조성될 때, 그들이 사회의 개방성과 상대주의에 더 끌리는 것은 당연한 일이다.[5] 설령 이 비난이 사실이라고 해도, 그런 틀에서는 효과적인 돌봄이 나올 수 없다. 효과적인 소통은 신앙에 대한 질문이 평생 지속될 것이며 이런 질문이 반드시 10대 청소년의 신앙

---

5   Sky Cline, "The Transgender Delusion," EvangelicalBible.com, 2018, https://evangelicalbible.
     com/the-transgender-delusion/.

생활이나 건강한 영적 여정을 방해하는 것은 아니라는 메시지를 전달한다.

청소년이 공개적으로 자신의 정체성을 밝히면 그 사실을 숨기려는 그리스도인 부모가 많다고 한다. 이 단계에서는 부모들도 도움을 받아야 한다. 많은 부모가 특히 목사나 소규모 그룹과 함께 10대 자녀들의 성별 정체성에 대해 이야기하는 것을 금기시하고 있는 것으로 나타났다. 이런 질문을 탐색하는 10대 자녀를 둔 부모들에게 낙인을 찍지 않는 것은 교회에도 큰 도움이 된다. 성별 정체성에 관해 도전적인 대화를 나누는 것은 필수적이다. 하지만 이런 대화에 참여하는 방법도 매우 중요하다.

기독교 영역에서 성별 정체성이 논의되는 경우 부모는 종종 자녀의 경험에 대해 비난을 받는다. "어렸을 때 나가서 일하지 말고 집에 있었어야 했다"부터 시작해서 "애를 데리고 가서 손톱 손질을 받게 하고 좀 더 여성스럽게 옷을 입혀라"까지 온갖 이야기를 다 들었다는 부모도 있었다. 이런 말들은 도움이 되지 않는다. 많은 부모가 이미 자책하는 와중에 자녀에게 도움을 줄 수 있는 방법을 모색하면서 앞으로 어떻게 해야 할지 결정하기 위해 애쓰고 있다. 이들은 다른 사람들이 빠른 해결책이라고 제시하는 전략을 이미 시도해본 적이 있을 것이며, 이런 전략에도 부족한 점이 있음을 알게 되었을 것이다. 도움이 되지 않는 제안을 내놓지 않으려면 제안을 시작하기 전에 먼저 질문하고 주의 깊게 들어야 한다. 부모들에게 지금까지 어떻게 대응해 왔는지, 어떤 특별한 도전들이 그들 앞에 놓여 있는지, 자녀의 미래 결정에 어떻게 반응할 것인지를 물어보는 것도 한 가지 유용한 접근법이다.

부모를 위한 조언: 장기적인 안목으로 보기

이 단계에서 우리가 부모에게 강조하고 싶은 몇 가지가 있다. 첫째, 우리는 당신이 가족으로서 직면하고 있는 문제에 대해 털어놓을 수 있는 믿을 만한 사람을 찾기 바란다. 우리는 당신의 사랑하는 자녀가 성별 정체성 경험을 당신이나 당신이 속한 공동체의 다른 사람들과 공유했기 때문에 당신이 "벽장 속에" 들어가 숨어야 한다고 느끼지 않기를 바란다. 둘째, 우리는 당신이 사랑하는 자녀의 성별 정체성 문제에 대해 자책하지 않기를 바란다. 다양한 성별 정체성의 원인을 정확히 알 수 없지만, 그렇다고 해서 사람들이 부모를 비난하는 것을 막지는 못한다. 우리는 자녀의 성별 정체성 문제를 부모로서의 역할을 제대로 했는지, 자기의 믿음에 문제가 없는지, 자신이 그리스도와 잘 동행하지 못한 결과인지 고민하며 반성해야 할 문제로 보지 않는다. 이것은 그런 식으로 해결되지 않는다. 자녀에 대해 장기적인 안목을 갖게 되기를 바란다. 아이들이 어려운 결정에 직면하게 되겠지만 앞으로 몇 년 동안 부모를 유용한 의지처로 삼을 수 있다면 그 과정이 좀 더 나아질 것이다. 따라서 자녀를 존중하는 동시에 가능하면 함께 솔직한 질문을 하고 답을 구할 수 있는 관계를 유지하도록 노력할 필요가 있다.

10대들은 성장함에 따라 스스로 결정을 내릴 수 있는 능력을 갖게 되는데, 이 시기에 자녀의 정체성, 복장, 행동을 바로잡으려는 부모의 노력은 거의 효과가 없다. 보통 삶의 이 단계에서는 또래의 영향력이 훨씬 더 강하다. 따라서 이 시기에 부모에게 주어지는 도움은 10대의 결정에 직접적인 영향을 미치지 않을 수 있으며, 청소년은 스스로 직접적인 지원을 받아야 한다. 하지만 부모 역시 고립될 수 있는 이 시기에 지원이 필요하다. 그들도 손을 내저으며 포기하고 싶은 유혹을 느낄 수 있다. 그러나 그들의 10대 자녀와 적극적으로 대화에 참여하든 그렇지 않든, 이 경험이 주는 스트레스와 일상적인 도전은 계속될 것이다. 부모로부터 무엇이 가장 두렵고 답답한지

듣고, 시간이 지남에 따라 열린 관계를 형성하기 위해 다른 공통점을 통해
자녀와 소통할 수 있는 방법을 찾도록 격려하는 것이 좋다. 부모와 자녀가
대화할 수 있는 자리를 마련하면, 중재를 통한 대화든 가족 치료를 통한 대
화든, 이런 형성기에 가족의 역학 관계를 한층 더 잘 이해하고 좀 더 큰 화
합을 경험하게끔 도울 수 있다.

더 나은 안내자가 되기

당신이 부모든 친구든 청소년 사역자든, 우리는 청소년과의 동행을 묘사하는 데
하이킹 비유가 도움이 된다는 것을 발견했다. 하이킹을 할 때는 도전적인 상황이
많이 발생한다. 청소년들은 어려운 지형을 헤쳐나가야 한다. 하이킹 안내자는 그
들이 어려운 지형에서 고생할 때 도움을 줄 수 있는데, 특히 우여곡절이 많고 안
내자조차 길을 헤맬 것 같은 순간일수록 더욱 도움이 된다. 안내자는 어려운 등
산로에서도 인내심과 온유함을 갖고 자신이 안내하는 사람이 주변의 아름다움을
감상할 수 있도록 돕는다. 안내자는 보이는 것에 대해 설명하지만, 그들의 안내를
받는 사람들의 시야를 방해하거나 조작하지는 않는다. 그들은 잘 보이지 않는 부
분을 보여주고 풍경에 대한 이해를 넓히기 위해 그곳에 존재한다. 안내자는 지도
나 나침반처럼 도움이 될 만한 도구를 제공하지만 안내를 받는 사람이 이런 도구
의 사용을 거부할 때도 이를 용인할 수 있다. 그들은 멈춰 쉬기에 좋은 곳을 알고
여행자들의 피로도를 파악할 수 있어야 하며, 자신이 앞서 나갈 준비가 되어 있
다고 느끼더라도 다른 사람들을 위해 기꺼이 잠시 멈춰서 휴식을 취할 수 있어야
한다.

좋은 안내자는 아무도 소외되지 않게 한다. 이에 따라 여행자에게 부담을 주
지 않기 위해 정보를 제공하는 속도를 늦춰야 할 수도 있다. 안내를 받는 사람이
첫 번째 목표도 통과하지 못한 상황이라면 안내자는 다음 목표 지역을 설명하기
위해 앞서 나가지 않을 것이다.

부모, 친구, 공식적으로 청소년 사역을 하는 사람들은 이 비유를 성별 정체성

을 탐색하는 10대 청소년과 동행할 때 참고 자료로 사용할 수 있다. 앞으로 많은 어려움이 있을 것이다. 성별에 대한 우리의 경험은 복잡하고 다면적이며, 우리 삶의 다른 많은 영역에 영향을 주고 다른 영역으로부터 영향을 받는다. 우리 중 누구도 성적인 존재로서의 일반적인 경험을 피할 수 없는 것처럼, 성별 정체성에 대한 인식에서 벗어날 수 있는 사람은 아무도 없다. 우리가 지닌 성별 정체성에 대한 인식은 그것이 유일하거나 가장 중요한 것은 아니더라도 우리 자신을 이루는 중요한 측면 중 하나다. 따라서 청소년기나 성적 지향 및 성별이라는 어려운 지형을 탐구하는 시기에 길을 안내해줄 안내자가 있다면 그것을 감당하기가 좀 더 쉬워질 것이다. 가이드가 있다고 해서 지형이 덜 위험해지는 것은 아니지만 여정이 덜 외로울 것이다. 부모는 자녀가 어릴 때 자신이 안내자 같다고 느끼지만, 아이들이 사춘기에 접어듦에 따라 자신의 영향력이 또래 친구나 멘토에게 자리를 내주는 것을 보면서 생각이 바뀔 수도 있다. 충분히 이해할 만한 일이다. 그래도 당신의 10대 자녀가 어려운 지형을 등반하고 있다는 비유를 통해 부모는 긍휼한 마음을 갖게 되므로, 더 이상 주된 안내자가 아니더라도 신뢰할 수 있는 가이드의 필요성을 강조할 수 있다.

10대 자녀와 성별 정체성에 대한 토론에 초대받은 우리 중 누구라도 "나는 믿을만한 안내자가 아니다!"라고 말하며 주저할 수 있다. 우리는 당신의 두려움을 충분히 이해한다. 만약 당신이 제대로 준비되어 있지 않다고 느낀다면, 10대의 기분은 어떨지 상상해보라. 어떤 형태의 동행을 하든 모든 해답을 다 갖고 있을 필요는 없다는 점을 기억하길 바란다. 우리 중 보살핌을 받아본 사람들은 어려움에 대한 모든 해답을 가지고 있다고 생각하는 사람이 우리를 가장 잘 섬기는 사람이 아님을 잘 알고 있다. 우리는 이 여정에 대해 함께 깊이 생각해줄 수 있는 사람을 선호한다. 따라서 10대 청소년이 시작한 여정에 대해 당신이 말해줄 수 있는 것을 단순히 설명하는 것만으로도 그들에게 큰 도움이 될 수 있다.

4장의 일반적인 고려 사항들: 성별 정체성 재검토

만약 청소년이 기독교가 성별 정체성 문제에 제공할 수 있는 것에 대해 기대가 충족되지 않았다고 느낀다면 이야기의 4장은 그 실망감을 해소하는 데 도움을 줄 수 있는 시기다. 그들은 그리스도인들로부터 수치심을 느끼거나 성별 정체성 문제로 인해 자신들이 하나님과의 관계에서 배제되었다는 말을 들었을 수도 있다. 또한 "충분히 남자답지 않다"거나 "잠언 31장에 나오는 여성"의 모습에 미치지 못한다는 이유로 또래 집단이나 가족들로부터 경멸과 조롱을 받았을지도 모른다.[6] 그들은 자신의 관심사, 옷, 선호도가 어떤 영적 억압을 받고 있다는 의미이므로 크로스드레싱에 대한 그들의 욕망을 기도로 사라지게 해야만 한다는 말을 들었을 수 있다. 실제로 그런 기도를 했지만 성공하지 못했을 수도 있다.

우리의 연구와 임상 경험 및 상담 내용을 돌이켜보면, 기독교 신앙에 의지함으로써 성별 정체성 문제를 모두 해소했다는 이야기를 들어보지 못했고, 성별 위화감이 존재하는 경우 신앙이 성별 위화감을 해결해주는 것 같지도 않았다. 한편 성별 정체성 문제가 해결되지 않아서 사람들이 우리를 만나러 오는데, 그들은 그리스도인들에 대해 우리가 본 것과는 다른 경험을 했다고 증언할 수도 있다. 하지만 기독교의 순종이 성별 문제를 확실히 해결해줄 것이라고 말하는 등 모든 사람에게 한 가지 결과가 나타나는 것처럼 절대적이고 자신 있게 약속하는 행동은 도움이 되지 않는다. 우리는 집중적으로 기도하고 영적인 것을 추구해야 하지만, 결과적으로 성별

---

6   Brittany Ann, "6 Surprising Facts about the Proverbs 31 Woman (Virtuous Woman)," Equipping Godly Women, last modified October 7, 2018, https://equippinggodlywomen. com/homemaking/the-proverbs-31-woman-shes-not-who-you-think/.

위화감이 지속될 경우 수반되는 영적 함의와 고통을 생각해보아야 한다. 우리가 만났던 많은 이들은 문제가 해결되지 않은 것이 자신의 잘못 때문인지 궁금해했다. 응답 없는 기도가 기도하는 사람의 영적 문제, 하나님의 사랑 부족, 그들의 특정한 고통을 돌보시는 하나님의 관심 부족이 아닌지 걱정하면서 말이다.

믿음에 의지하여 문제를 해결하려고 노력했지만 기대가 충족되지 않아 갈등하고 있는 사람에게는 다음과 같은 질문이 도움이 될 수 있다.

- 그 사람이 신앙을 안내자로 삼았을 때 어떤 희망이나 기대를 갖고 있었는가?
- 그 사람은 이전에 기대했던 것과 비교하여 현재 기독교 신앙에 대해 어떻게 느끼고 있는가?
- 그들의 신앙이 성별 정체성, 관심사 및 표현에 대한 논의에 어떤 자원을 제공하는가? 그들은 무엇에 끌렸는가? 그들은 무엇을 시도했으며 자신이 원하는 것이 무엇이라고 생각했는가?
- 그들의 성별 정체성이 예수와의 관계에 어떤 영향을 주었는가? 그리고 그들과 예수 사이의 관계는 성별 정체성 경험에 어떤 영향을 주었는가?
- 그들은 어떤 어려운 상황에서 예수를 만났는가? 그들은 오늘날 예수가 계속되는 고통에 자책하는 자신을 보시고 어떤 말씀을 하실 것이라고 생각하는가?

10대 청소년은 종종 정체성의 한 측면을 지나치게 강조하고 다른 측면을 배제하는 경우가 있다. 부모, 멘토, 청소년 담당 사역자, 친구 등 누구와 대화하든 성별 정체성이 대화에서 중요한 위치를 차지하고 있음을 쉽게 알 수 있다. 이때 예수와의 전반적인 관계, 개인의 기도 생활, 우정, 관심사로 대화 주제를 확대하여 질문할 필요가 있다. 이런 식으로 그들의 자아 개념을 넓히고 자신이 여러 측면으로 구성된 사람이라는 인식을 높일 수 있다. 기독교계에서 종종 제기되는 비판 중 하나는 광범위한 LGBTQ+의 문화적 내러티브로 인해 정체성의 일면이 청소년의 삶에서 가장 중요하고 결정적인 특징이 되어야 한다는 생각을 영속화한다는 것이다. 이는 매우 적절한 지적이며, LGBTQ+ 커뮤니티 내에서도 이 점에 대해 말하는 사람이 많다. 특히 LGBTQ+ 그리스도인들은 그들이 성적 욕망이나 선호하는 성별 표현 때문에 특정한 방식의 외모, 옷차림, 행동 양식을 보여야 한다는, 세속적인 LGBTQ+ 문화에 의해 만들어진 사상으로 인해 어려움을 겪어왔다. 한 친구는 자신이 "충분한 게이"인지에 대해 오래 고민하면서 자기 자신과 자신의 관심사를 협소하고 진짜가 아닌 고정 관념에 끼워 맞춰야 한다는 압박감을 느껴왔다고 말했다.

그러나 청소년을 돌보는 그리스도인 부모, 멘토, 사역자들은 마치 성별 정체성이 그 사람의 가치 있는 유일한 측면인 것처럼 그 점에만 관심을 쏟는 경우가 종종 있다. 레즈비언이며 그리스도인 작가인 이브 터시넷은 그리스도인들이 걸핏하면 자기에게 와서 정욕이 그녀의 "가장 큰 문제이며 심지어 단 하나의 영적인 문제"인 것처럼 말하며 자신을 한낱 흥밋거리로 전락시킨 일을 떠올렸다.[7] 그녀는 자신이 순결을 지킨 독신이고 자신의 성적 취향을 상당히 잘 통제하지만, 성적 취향에 대한 자신의 관심 때문에

---

7   Eve Tushnet, "Pope Francis Wants the Church to Apologize to Gay People. Here's What That Could Look Like," Vox, July 1, 2016, https://www.vox.com/2016/7/1/12070954/pope-francis-lgbt-apology.

결코 무시해서는 안 될 다른 영적인 문제들과도 연루되어 있다는 점을 우리에게 상기시켜준다. 이와 마찬가지로 우리가 청소년의 영성을 오직 그들 자신의 성별 인식을 통해서만 판단한다면 그들의 영적인 삶에서 도움이 절실히 필요한 다른 부분을 쉽게 놓칠 수 있다.

만약 10대 청소년이 성별 정체성 문제에 대해 부모에게 말할 수 없는 경우 우리는 이런 고민을 계속 겪을 때 그들이 부모에게 말해야 좋을지, 알린다면 어떻게 이야기하는 게 좋을지를 결정하는 데 어떤 도움을 주어야 하는가를 고려해야 한다. 앞서 부모-청소년 관계의 질이 시간이 지남에 따라 10대들의 행복도를 가장 잘 예측할 수 있는 요인 중 하나라고 언급했다. 우리는 이 관계의 중요성을 강조하고 싶다. 어떤 상황에서도 당신이 그 아이들을 대신해서 그들의 부모에게 말해선 안 된다. 대신 그들이 부모와의 대화를 준비하는 데 도움을 주어야 한다. 10대에 대한 정보를 성급하게 부모들에게 알렸다가는 마치 무언가 들키는 것 같은 상황을 조성하여 그들을 난처하게 만들거나 그들에게 아이 취급을 받는 것 같은 느낌을 줄 수 있다. 또한 해당 청소년에게 성별 정체성에 관해 이야기해야 할 것 같은 과도한 압박감을 줄 수도 있다. 그들이 직접 부모에게 말할 수 있도록 힘을 실어 주는 편이 훨씬 더 유익하다. 또한 이런 대화는 자녀가 부모를 믿고 자신의 경험을 공유하면서 서로 친밀감과 신뢰를 쌓을 수 있게 만든다. 다음은 10대 청소년과 부모의 대화를 위해 주변 멘토와 친구가 제공할 수 있는 몇 가지 조언이다.

- **설명하라.** 부모에게 생소한 단어나 호칭을 사용하기보다는 당신이 경험한 것을 공유하라. 부모가 이해할 수도 있고 이해하지 못할 수도 있는 호칭을 말하는 것과 당신에게 그런 호칭이 붙도록 만든 고

통스러운 일상의 경험에 대해 말하는 것에는 큰 차이가 있다. 경험상 부모의 공감을 불러일으킬 수 있는 방법으로 이야기를 나눌수록 더 좋은 결과를 얻을 수 있다. 예를 들어 "나는 바이젠더예요"라는 말 대신에 "엄마 아빠에게 말하는 게 정말 어렵고 무섭긴 하지만, 나는 내 경험을 털어놓고 우리 사이의 관계가 좀 더 솔직해지기를 원해요. 나는 사람들과는 다른 방식으로 내 성별을 경험해요. 대부분은 자신을 남자나 여자로 경험하죠. 나는 나 자신을 두 가지로 경험하고 있고, 이 문제에 대해 엄마 아빠와 이야기하는 방법을 포함해서 여러 가지 어려움을 겪고 있어요." 부모가 갖게 될 특별한 두려움을 구체적으로 말하는 것도 대화에 도움이 된다. 그는 "나는 이번 일로 인해 상황이 달라지고 두 분이 나를 거부하거나 부끄러워할까 봐 너무 걱정돼서 지금까지 말하지 못했지만, 엄마 아빠를 사랑하고 내 인생에서 두 분이 꼭 필요하기 때문에 이런 어려운 부분까지도 말하는 것이 중요하다는 걸 알고 있어요." 이런 말은 당신의 부모가 두려움과 충격으로 인해 유해한 방식으로 행동하기보다는 그 순간 당신을 사랑하고 보호하길 원하는 마음으로 행동하도록 도움을 줄 수 있다.

- **필요한 것을 청하라.** 당신이 지금 당장 원하는 것이 무엇인지 부모에게 알리라. 아마도 가장 도움이 되는 것은 포옹일 것이다. 여러분은 대화가 끝난 후 가족끼리 가볍고 재미있는 일을 해보자고 요청할 수도 있다. 저녁 내내 성별 정체성 문제에 집중하지 않기로 모두가 동의하는 것은 이 경험을 공유한 후 모든 것이 달라질지도 모른다는 두려움을 해소하는 데 도움이 될 것이다. 모든 것을 당장 다 설명할 여력이 없을 수도 있고, 아니면 대화가 끝난 후 부모가 당신

의 경험에 대해 더 자세히 물어보게끔 유도할 수도 있다. 어쩌면 당신은 성별에 대한 당신 자신의 신학을 곰곰이 생각할 시간이 필요하거나, 부모의 모든 걱정어린 질문에 답해야 한다는 기대에서 벗어나고 싶을 수도 있다.

- **부모에게 반응할 시간과 여유를 주라.** 당신이 한동안 성별 정체성에 대한 질문을 탐색해왔다면, 당신의 부모 역시 반응을 정리하기 위해 시간과 여유가 필요할 수도 있다는 점을 생각하라. 당신에게는 이런 대화가 전혀 새롭지 않겠지만, 많은 부모에게 이것은 그들이 기대할 만한 내용과는 완전히 딴판이다. 이런 시간은 문화적, 신학적, 정치적으로 부모에게 도전이 된다. 그들이 느끼고 있을 수도 있는 고통을 솔직하게 인정하면서도 거부감 없이 반응할 수 있는 방법을 분별해야 하는 순간이기 때문이다. 비록 그들의 초기 반응이 기존에 그들이 여러 차례 보여준 사랑을 적절하게 표현하지 못하더라도, 당신을 향한 그들의 사랑을 믿으라.

- **지속적으로 대화하라.** 만약 성별 정체성에 대한 고민을 부모에게 털어놓은 후에 다시 그와 관련된 대화를 하지 않는다면 큰 어려움이 발생할 수 있다. 이 침묵은 가정 내에서 성별 정체성 문제가 위협이 되고 금기시되었다는 신호다. 이 문제를 언급하지 않으면 저절로 이 문제가 사라질 것이라고 기대하면서 모두가 침묵해버릴 수 있다. 많은 부모는 당신이 이 문제에 대해 이야기하고 싶지 않다고 여기거나, 만약 당신이 이야기하기를 원한다면 이 문제를 먼저 꺼낼 것이라고 생각할 수 있기 때문에, 당신이 이 주제를 부모와 가족에게 다시 언급해야 할지도 모른다. 당신의 부모는 당신의 사생활을 존중하고 싶은 마음에서 이 주제를 꺼내지 않을 수도 있고, 당

신을 어떻게 도와야 할지 모르거나 자신들의 이해 부족으로 인해 당신을 불쾌하게 할 수도 있음을 걱정한다는 사실을 기억하라.

당신은 10대들이 자신의 경험을 공개한 것에 대해 부모가 어떻게 반응할 수 있는지 좀 더 정확하게 이해하게 되고 무엇을 기대해야 하는지 알 수 있도록 돕는다. 부모가 그들을 사랑하지만, 부모도 이런 대화를 나누는 동안 사랑을 전하는 데 어려움을 느낄 수 있다는 것을 인식하게 하라. 이 경고는 10대 청소년이 부모의 초기 반응을 부모, 신앙 공동체 또는 하나님이 자신들을 실제로 어떻게 인식하고 계시는지를 반영하는 것과 동일시하지 않도록 도울 수 있다. 특히 상황이 악화되거나 당사자가 안전하지 않을 가능성이 있다면 부모와 함께 대화할 것을 제안할 수도 있다. 이렇게 하면 10대 청소년이 부모가 보이는 반응으로부터 직접 타격을 입지 않게 막을 수 있고, 부모에게는 그들의 반응을 표현할 수 있는 또 다른 상대방이 생긴다. 이는 앞으로 나아갈 대화와 소통의 방향을 설정할 수 있는 중요한 순간이다. 한편 10대들이 자신의 경험을 최초로 공개한 일로 인해 상처를 받고 거부감을 느낀다고 해도 더 이상 희망이 없는 것은 아니다. 이 시간을 통해 부모와 자녀가 여정을 함께 하기로 약속함으로써 부모가 어떤 반응을 보이더라도 자신은 결코 혼자가 아님을 그들이 알도록 하라.

5장에서 일반적으로 고려해야 할 사항들: 대처 방법 배우기

5장의 시기는 일반적으로 청소년기 또는 성인기 초기에 해당한다는 것을 기억하라. 여기서는 치유를 위한 기도나 신앙에 기초한 다른 방법들을 통해 성별 불일치를 해결하려는 초기의 시도가 실패한 이후를 다룬다. 주위 사람들의 경험과 다른 성별 정체성 경험으로 인해 견뎌야 하는 현실을 받아들여야 하는 시기가 올 수 있다.

10대 청소년(또는 젊은 성인)은 무엇에 대처하고 있는가? 즉 성별과 관련된 고통을 유발하는 요인은 무엇인가? 그것은 청소년 모임에 고정적으로 등장하는 전형적인 "남자들만의 대화"일 수도 있다. 기독교적 거룩함의 전형에 들어맞는 여성에 대한 고정 관념을 강조하는 교회 안의 "여성 독서 모임"일지도 모른다. 결혼식처럼 성별에 맞는 옷을 입어야 하는 특정한 행사에 참석하는 일일 수도 있다. 성별 위화감과 씨름하고 있는 사람들을 도울 수 있는 한 가지 방법은 어떤 사람, 장소, 사물, 사건들이 그들에게 특히 고통을 주는지 이해하는 것이다.

청소년들은 어떤 대처 방법을 시도해보았을까? 그들의 대답을 들어보라. 이런 일들이 그들에게 일어난 과정과 지속되는 어려운 상황에 대처하기 위해 그들이 취한 조치들을 당신에게 말하게 하라. 대처 방법은 사람마다 다르며, 이 사람은 몇 달 또는 몇 년 전에 다른 전략을 시도했을지도 모른다. 그들이 시도한 것, 효과가 있었던 것, 효과가 없었던 것을 더 잘 인식하기 위한 노력은 좋은 것인데, 특히 비슷한 시도를 좀 더 해보라고 제안하기 전에 이런 노력이 선행되어야 한다. 경청하기 전에 진부한 해결책을 내놓는 것은 경험의 복잡성과 그들이 씨름하는 문제에 당신이 관심이 없다는 것을 드러낼 뿐이다.

일단 이야기를 경청한 다음에는 그런 어려움을 이겨내기 위한 전략을 함께 구상해보는 것이 도움이 된다. 청소년이 자신을 폄하하거나 자신과 비슷하게 보이거나 자신처럼 옷 입는 사람을 공격하는 발언을 들었을 때 찾아가서 털어놓고 상의할 사람이 있는가? 어려운 사건이 발생하기 전과 중간과 그 후에 그들의 상태가 어떠한지 확인하고 일어난 일들을 설명하며 함께 기도하고 안아달라고 요청할 수 있는가? 다른 사람에게 오해를 받고 있다는 느낌이 들 때, 혹은 다른 사람들이 그들의 성별 비전형성을 하나님에 대한 고의적인 불순종의 표현이라고 오해할 때, 이런 경우에 어떻게 대처해야 하는지 도와줄 사람이 있는가?

당신이 성별 비전형적 행동이라고 생각하는 것과 기독교계에서 도덕적인 의미를 부여하는 것의 일부가 대처 전략으로서 사용될 수 있음을 기억하라. 예를 들어 청소년 또래 그룹에 짧은 헤어스타일을 고수하는 몇몇 사춘기 여자아이들이 있을 수 있지만, 성별 위화감을 갖고 있는 사람의 경우 그 결정은 패션이나 스타일에 관한 것이 아니라 위화감 관리에 관한 것일 가능성이 높다. 별명도 이런 식의 기능을 할 수 있다. 10대 청소년이 당신이 생각해보지 못했던 대처 전략을 공유하기 시작할 때 이 점을 염두에 두는 것이 중요하다. 이 전략이 어떤 도움이 되는지 그들에게 질문하고, 그 전략들이 지닌 도덕적 중요성에 대해 10대들이 갖고 있는 의문이나 우려에 관해 토론하는 것은 그들이 이런 행동을 통해 받은 메시지뿐만 아니라 그것에 대처하는 일과 관련해 의미 있는 대화를 시작할 수 있도록 만든다.

부모를 위한 조언: 신중하게 반응하기

우리가 이 장에서 부모님들에게 권면하는 것은 이렇다. 성별 위화감이 실재하는 경우 사랑하는 자녀가 그들의 성별 위화감을 잘 관리하기 위해 취할 수 있는 조치들에 대해 신중하게 반응하라. 성별 비전형적 표현은 기독교 환경을 포함한 사회 전반에서 성과 성별에 대한 규범에 반발하는 것으로 해석되기 쉬우며, 그런 환경 속에서 이와 같은 반발은 "옳은" 행동과 "잘못된" 행동(죄)의 관점에서 생각될 수 있다.

우리가 신중한 반응을 권하는 데는 몇 가지 이유가 있다. 첫째, 10대 청소년이 성별 표현에 대한 결정을 할 때 그들은 종종 "당신은 나를 사랑하나요?"라는 질문을 던진다. 우리는 자신이 사랑받고 있다는 것을 그들이 반드시 알아야 한다는 점을 확실히 하고 싶다. 둘째, 당신이 사랑하는 자녀는 사회적 규범이나 신앙 공동체의 특정한 가르침을 거부하기보다는 그들 자신의 위화감을 관리하기 위해 그렇게 하는 것일 수 있다. 경험적으로 볼 때 그들이 원하는 방법 대신에 다른 방법을 고려해보라고 권하기 전에 그들이 왜 그런 관리 방법을 사용하는지 이해하고 그 방법이 지닌 기능을 존중하는 것이 더 낫다. 예를 들어 성별 비전형적 표현을 위화감을 관리하기 위한 방법으로 생각하기 시작하면, 10대들의 행동을 이해할 수 있지 않겠는가? 적어도 괴로움에 대처하기 위한 노력이라는 측면에서 이해되지 않는가? 비록 그런 행동이나 표현에 "찬성"하지 않더라도, 그것에 반응하기 이전에 당신이 사랑하는 자녀의 삶에서 그것이 어떤 기능을 하는지 이해할 수 있지 않겠는가? 그것 말고는 다른 방법이 거의 없을 때 당신은 그 방법이 어떻게 "도움을 주는지"를 이해한 후에 반응을 보일 수 있는가?

10대들이 느낄 수도 있는 무력감과 좌절감 외에 절망감 또한 과소평가해서는 안 된다. 일부 10대는 성과 성별에 대한 그들의 믿음 그리고 그들의 경험을 상기시키는 호칭 등에 대해 겉으로는 확신에 찬 얼굴을 하고 있지만 이 타락한 세상을 살면서 지속적인 고통을 겪고 있다. 우리는 남들과 "다르다"고 느끼는 경험에서 그들이 의미를 찾을 수 있도록 돕는 영적 자원과 그들을 연결해주어야 한다. 예수는 한 사람을 위해 99명을 (안전한 곳에) 두고 오셨다는 사실을 소외감과 외로움을 느끼는 10대 청소년에게 강하게 일깨워주어야 한다. 예수는 그들의 이야기, 그들의 결정, 그들이 앞으로 삶을 어떻게 살아나가야 하는가에 대해 깊은 관심을 갖고 계신다. 예수는 그들이 어려운 상황을 이해할 수 있도록 기꺼이 도우실 것이고, 당신 역시 기꺼이 그들을 도울 것이다. 우리는 젊은이들이 이 메시지를 통해 용기를 얻고 그들의 삶을 향한 예수의 뜻을 찾는 데 훨씬 더 열심을 낼 것이라고 믿어 의심치 않는다.

현재 그리고 미래의 장들

우리는 지금까지 한 사람의 삶을 여러 장으로 구성된 한 권의 책에 비유하여 각 단계를 논의했다. 만약 성별 정체성 문제로 고민하는 사람이 이런 언어에 공감한다면, 당신은 그들이 현재 어떤 장을 쓰고 있는지 파악하고, 앞으로 그들이 쓰고 싶은 장의 제목과 주제를 물어볼 수도 있다.

만약 10대들이 호르몬 치료나 수술 같은 의료적인 조치를 포함한 침습적인 방법을 고려하고 있다면, 그들이 그런 조치의 잠재적인 유익과 위험에 대해서뿐만 아니라 자신이 소속된 공동체 내에서 그런 조치들이 갖는 함의에 관해서도 잘 이해하는 것이 도움이 된다. 친구가 가장 강력한 목소리를 내는 경우가 많지만, 이런 방법을 고려해야 할 상황이 올 때 부모, 멘토, 청소년 담당 사역자들도 비판적인 시각을 제공할 수 있다.

다음과 같은 질문들은 청소년과 관계를 형성하고 그들을 돌보는 데 도움이 될 수 있다.

- 내가 돌보는 10대 청소년은 내가 그들과 동행할 수 있도록 기꺼이 도움을 허락하는가? 그들과 함께 걷는 이미지가 공감대를 형성하는가?
- 동행의 정신에서 10대가 미래에 대해 알아야 할 것은 무엇인가?
- 내가 10대와 동행할 때 어떻게 하면 그 아이가 미래에 대해 가장 잘 준비할 수 있을까?

- 그들에게 함께 대화를 나눌 수 있는 사람이 있는가? 그들이 경청함으로써 유익을 얻을 수 있는 정보나 경험을 가진 사람은 누구인가? 내가 부모일 경우 자녀가 이런 사항을 고려할 준비가 되어 있지 않거나 내가 준비가 되어 있지 않은 경우 도움을 줄 다른 사람이 있는가?
- 내가 부모가 아닌 경우 부모를 그 논의에 참여시켰는가? 부모가 참여하지 않았다면 내가 그 논의를 진행해 나가는 데 도움의 원천이 될 수 있을까?

(당사자가 어떤 미래의 길을 탐색해나가느냐에 달려 있겠지만) 비슷한 질문은 해당 청소년의 부모를 지원하고 돌보려는 사람들에게 도움이 될 수 있다.

- 이 어려운 여정에 내가 그 부모들과 함께해도 되는가?
- 만일 내가 부모를 돕고 있다면, 이들은 과연 자신들이 이 주제에 관해 나와 동행하고 있다고 믿을까, 아니면 서로 "갈라서고" 있거나 "따로" 걷고 있다고 믿을까?
- 내가 부모들과 동행할 때 그들이 미래에 대해 알아야 할 것은 무엇인가? 그들은 어디서 도움을 받을 수 있는가?
- 이 부모들은 자신들이 사랑하는 사람과 함께 걷는다고 생각하는가, 아니면 사랑하는 사람이 다른 방향으로 걷는다고 생각하는가?
- 부모가 미래에 대해 가장 잘 대비할 수 있는 방법은 무엇인가? 부모가 귀담아들으면 도움이 될 만한 정보나 경험을 가진 사람은 누구인가?

성별 정체성에 대한 발전적 이해에 기반을 두고 있는 관계-내러티브 관점은 성별 불일치의 경험을 묘사한다. 우리가 설명한 장들은 우리가 "전형적" 혹은 "전통적"인 성별 불일치 경험이라고 일컫는 것을 보여주고 있는데, 여기서 관찰되는 불일치는 초기에 경험되는 것으로서 임상의들은 이것을 "이르게 발현된" 성별 위화감이라고 부른다.

역사적으로 사춘기 이후, 청소년기 후반 또는 성인기에 발현하는 성별 위화감("느리게 발현된" 성별 위화감)을 보고하는 사례는 흔하지 않았다.[8] 우리는 정말로 늦게 발현된 사례들이 있다는 것을 알고 있다. 그러나 이런 사례는 최근까지 드물었으며, 특히 생물학적 여성에게서 성별 위화감이 늦게 발현된 사례는 흔하지 않았다. 하지만 오늘날의 경우는 그렇지 않다. 최근 우리 문화에서 목격하고 있는 가장 중요한 변화 중 하나는 생물학적 여성이 성별 위화감을 보고하는 사례가 급격하게 증가했다는 것이다. 이런 사례 중 다수는 느리게 발현된 사례이며, 가족과 임상의 모두에게 다루기 벅찬 경우다. 이런 경험들은 이 장의 서두에서 우리가 공유했던 내러티브-발전 관점과 일치하지 않기 때문에 더욱 도전이 된다.

오늘날 젊은이들에게는 성별 정체성에 대한 다양한 선택지가 있으며, 이들의 성별 경험은 그들이 표준으로 여기는 것과는 다르다. 뷔페와 비슷하게 옵션이 많을수록 선택의 폭이 넓어진다. 소비자의 선택은 뷔페 음식이 어떻게 차려져 있는지에 따라 좌우될 것이다. 우리는 오늘날 젊은이들이 선택할 수 있는 성별 정체성의 종류(젠더 익스팬시브, 젠더 크리에이티브, 바이젠더 등)가 급속도로 다양해지는 것을 보았다. 하지만 이 새로운 영역에

---

8   또한 페티시(fetish)같이 어떤 사람이 한동안 씨름했던 다른 문제들로 인해 성별 위화감이 발생할 수 있다는 점도 알아두어야 한다.

대해 믿을 만한 안내자 역할을 할 수 있는 임상의나 그리스도인은 거의 없다. 누가 이 뷔페에서 더 건강하고 지속 가능한 선택을 할 수 있도록 사람들을 지도하는 영양사 같은 역할을 할 수 있을까? 만약 성별 정체성 탐색이 뷔페 같은 이런 양식으로 지속된다면 매우 특별한 도전이 될 것이다. 우리는 젊은이들이 정체성 개발의 중요한 단계를 탐색하는 동안 영적으로 그들의 요구를 충족시킬 수 있는 방법을 생각해야 한다.

개입 시점 이해하기

개입 시점은 당신이 상대방을 언제 만나느냐에 따라 달라진다. 우리는 어떤 교회와 상담한 사례를 기억한다. 이 교회에 출석하는 한 가정의 자녀는 자신이 어느 여름에 성전환을 했다는 사실을 알리면서 앞으로 시작되는 새 학기에 자기가 사용하게 될 성별 정체성을 교회에 통보했고, 이와 관련하여 교회는 앞으로 이 가족과 어떻게 소통해야 하는지를 놓고 고심하고 있었다. 초기 의사 결정 단계도 아니고 이미 전환한 지 10-15년이 지난 시점에 그들을 도와야 하는 상황도 아니었다. 그들은 성전환 과정에 있는 자녀를 둔 가정으로부터 통보를 받은 것이다.

요구가 발생하는 시점에 따라 필요한 사항이 달라짐을 감안할 때, 성별 정체성에 대한 의사 결정 과정에서 당신과 당신이 동행하는 사람이 전체 과정의 어느 시점에 위치해 있는지를 신중하게 살펴볼 필요가 있다. 시점을 다음과 같이 대략적으로 나누어 볼 수 있다.

1. 성별 정체성을 결정하기 **전**
2. 성별 정체성을 결정하고 있는 **당시**
3. 성별 정체성을 어느 정도 완성한 **후**

결정 전
성별 정체성을 결정하기 전에는 가족과 친한 친구들만 이 사실을 알고 있는 경우가 많다. 그 외의 사람들은 의사 결정에 앞서 발생하는 실제 정보를 수집하는 과정에 관여할 수 있으며, 그들을 위해 기도해달라거나 두려움과 불안에 대해 조언해달라는 요청을 받을 수 있다.

당신이 부모나 가족 구성원이 아니라면 당사자가 갖고 있는 고민의 본질, 입수한 정보, 결정 등을 당신과 공유할 때 그 사람 혹은 가족의 말을 경청하는 것이 중요하다. 이는 또한 이런 결정이 그들에게 어떤 영향을 미치는지를 알려주고, 검토 중인 각 방법과 관련하여 다양하게 일어날 수 있는 결과를 통해 그들이 고려했던 내용을 이해할 수 있게 돕는 기회이기도 하다.

상대적으로 어린 나이라면 사람들은 그 아이에 대해 "기다리면서 두고 보는" 접근법을 취해야 할지, 아이의 환경을 관리하려고 노력해야 할지, 아이를 위해 사회적 전환을 고려해야 할지, 사춘기 차단제 사용을 고려해야 할지 등을 검토 중일 수 있음을 명심해야 한다.

청소년이라면 출생 성별로 살아가야 할지, 성별 위화감에 대처할 수 있는 방법을 찾아야 할지, 성별 위화감이 없다면 정체성과 공동체를 찾기 위한 다른 방법을 모색해야 할지, 사회적 전환을 고려해야 할지, 크로스섹스 호르몬을 사용해야 할지 등을 검토할 수 있다.

결정 당시

어떤 사람 또는 가족이 도움을 요청하는 경우, 당신은 그들에게 지혜, 즉 현시점에 내리는 구체적인 결정에 큰 그림을 볼 수 있는 분별력 또는 현명함을 구하는 기도를 드릴 수 있다. 미래의 결정을 위해 지속적인 지혜와 신중함을 갖도록 기도하는 것 외에도 이미 내린 결정에 대해 그들이 마음의 평화를 갖도록 기도할 수도 있다.

지금 이 순간 그 사람이나 가족이 내리는 결정에 대가가 따를 것인가? 당신은 특정 교회가 우려하는 사항에 대해 개인이나 가족과 논의하라는 요청을 받아 역할을 수행하고 있는가? 당신이 그 사람이나 가족이 직면한 결정, 그들이 검토해온 다른 선택, 다른 방법을 모색함으로써 수반되는 잠재적 결과에 대한 그들의 이해에 관해 충분한 정보를 가지고 있다고 믿는가? 만약 당신이 모든 것을 판단하기 위해 충분히 경청했는지 알고 싶다면, 경험상 좋은 방법은 당사자가 듣는 앞에서 제3자에게 이 여정과 의사 결정 과정을 설명할 수 있는지 자문해보는 것이다. 당사자들이 어떤 결정에 직면해 있으며, 그들이 여러 선택지를 어떻게 검토했으며, 이후 그들의 삶이 어떠했는지를 당신이 정확히 파악했다고 느낀다면 잘 경청한 것이다.

결정 후

결정 후의 만남이란 5, 10, 15년 전에 이미 어려운 결정을 내려야 했던 사람과 당신이 현시점에 만나 어떻게 관계를 맺어야 하는가에 관한 것이다. 처음 접촉할 때는 환대의 형태를 취할 수도 있고, 그들이 겪은 여정을 공유하기 원한다면 그들의 이야기를 경청할 수도 있다. 당신은 상대방의 입장에서 내린 결정의 논리를 이해하려고 노력하면서 그 사람의 말을 경청하고 판단을 보류해야 한다. 의사 결정을 내릴 당시의 만남과 마찬가지로, 당신이 그들의 여정과 그들이 직면했던 결정을 (의사 결정을 한 당사자와 그 가족이 있는 앞에서) 제3자와 공유할 수 있다는 것은 당신이 그 사람이나 가족의 말을 잘 경청했다는 의미다. 또한 그들은 당신이 그들을 비롯해 그들이 직면한 결정과 그들이 검토한 것들, 그들이 취했던 조치를 이해했다고 말할 것이다.

7장

청소년과 소통하기

수면 아래를 들여다보기

전인(whole person)에 주의를 기울이는 기독교 제자도의 목표는 인간을 그리스도께 더 가까이 이끄는 것이다. 우리는 그리스도 안에서 우리의 가장 중요한 정체성과 소명을 좀 더 온전히 알게 된다. 그렇기 때문에 우리의 영적인 삶은 "우리가 더욱더 인간다워지는 데 도움을 줄 수 있고, 또 도움을 주어야 한다."[1] 사역은 공식적이고 비공식적인 상황 모두에서 교회로 하여금 그리스도의 메시지를 모든 사람에게 예외 없이 전달할 수 있는 기회를 제공한다. 이를 추구하는 데는 많은 장애물이 존재한다. 그러나 대안적인 성별 정체성 경험은 청소년들과 그들을 대상으로 사역하는 사람들을 특별히 도전적인 위치에 서게 만든다. 문화적 내러티브는 기독교를 진정한 성별 정체성과 젊은이들의 진정한 자아실현에 대항하는 억압적인 내러티브의 근원으로 규정했다. 그리스도인들은 종종 트랜스젠더를 "성경적인 가

---

1   David Benner, *Soulful Spirituality: Becoming Fully Alive and Deeply Human* (Grand Rapids: Brazos, 2011), 4.

치"에서 벗어난 공격적인 운동의 근원으로 잘못 인식해왔다. 우리 청소년들은 십자포화에 휩싸여 있고, 바로 이 영역에서 사역의 필요성이 그 어느때보다 더 중요하게 대두되고 있다.

우리가 성별 정체성에 관한 문제를 다루면서 지금까지 살펴본 중요한 점은 청소년과 관계를 맺으며 소통하고 사역하는 사람들의 일하는 방식이 반발을 일으킬 수 있으며 오늘날 그리스도의 강력한 증인이 될 기회를 놓치게 만들 수 있다는 것이다. 이것이 지금부터 좀 더 자세히 살펴볼 딜레마다.

우리는 **성별 이론**(gender theory)과 성별 정체성 문제를 **탐색하는 사람**들을 구별할 필요가 있음을 독자들에게 다시 강조하고 싶다. 성별 이론이라고 하면 성과 성별 규범을 해체하고 생물학적 실재는 더 이상 남성/여성으로서의 자아의식에 대해 도움이 되지 않는다고 이해하는 움직임과 변화를 떠올린다. 비록 이런 이론적인 추세에 대한 그리스도인들의 참여는 이제 시작에 불과하지만, 여전히 그리스도인으로서 성별 정체성 문제를 탐색하고자 하는 사람들을 어떻게 도울 것인가에 관한 글보다는 그리스도인으로서 성별 이론을 어떻게 생각할 것인가에 대한 글이 훨씬 많다.

우리는 여기서 성별 이론에 대해 완벽한 반론을 제시할 의도는 없지만 이 주제에 대해 몇 가지 의견을 제시하고자 한다. 자넷 하이드와 동료들이 발표한 최근 논문은 심리학 분야에서 성별 이론을 옹호하는 훌륭하고도 모범적인 예다.[2] 이 논문에서 저자들은 남성과 여성 사이에 현저하게 중복되어 나타나는 뇌 구조를 제시하고 "남성 호르몬"과 "여성 호르몬"으로 이

2　Janet S. Hyde et al., "The Future of Sex and Gender in Psychology: Five Challenges to the Gender Binary," *American Psychologist* 74, no. 2 (2018): 171-93.

해되는 호르몬이 남성과 여성 모두에게 존재한다는 점 등을 보여주는 여러 분야의 연구를 통해 성별 이분법이 힘을 잃었다는 결론에 도달한다. 성별 이론에 대한 이 논문의 설명에 따르면, 우리는 여기서 근거로 제시한 연구가 부정확하다기보다는 그 연구 결과가 근본적으로 성별 이분법 자체가 "문화적으로 규정되어 있으며" "유연성을 지니고 있다"는 견해를 지지한다는 사실을 알게 된다.[3] 다른 이들은 이런 결론을 비판하고 이런 가정과 결론에 도전하는, 간과된 연구 분야를 찾아냈다.[4] 또한 이분법이 어떻게 많은 사람에게 견고히 뿌리 내릴 수 있는 정체성을 갖게 만드는 유익하고 신뢰할 수 있는 지침이 되는지를 고려하는 것도 중요하다.

하이드와 그녀의 동료들이 제시한 설명에서 가장 크게 결여되어 있는 부분을 꼽는다면 성적 이형성(sexual dimorphism)에 따른 인간의 생식 능력을 논의하지 못한 것과 남성과 여성 사이에 어느 정도 의미 있는 차이가 있음을 보여주는 명확한 증거를 논의하지 못한 것이라 할 수 있다. 남성과 여성 사이에 상당히 중복되는 부분이 존재하는 것과 의미 있는 유사성이 존재하는 것 때문에 이분법을 무시한다면, 이분법을 반영하는 해부학적·생식학적 차이를 설명하는 데 아무런 도움을 주지 못한다. 분명 이분법에도 중요한 예외가 있으며 연구와 신학이 이를 인정하고 설명해야겠지만, 그런 예외 때문에 이분법을 아예 무시한다면 그것은 성급하며, 확실한 과학적 데이터가 아니라 사회 문화적 움직임에 의해 끌려가는 것처럼 보일 수 있다.

---

3   Hyde et al., "Future of Sex and Gender," 171.

4   See Michelle A. Cretella, Christopher H. Rosik, and A. A. Howsepian, "Sex and Gender Are Distinct Variables Critical to Health: Comment on Hyde, Bigler, Joel, Tate, and van Anders," *American Psychologist* 74, no. 7 (2019): 842-44.

어떤 독자들은 성별 정체성을 탐색하는 사람에게 어떻게 반응할지보다 성별 이론에 대해 어떻게 생각하고 소통할지를 더 명확히 알고 있다고 느낄지도 모른다. 또한 우리는 사역 대상자가 성별 위화감을 겪고 있는지, 아니면 트랜스젠더나 새로운 성별 정체성을 통해 정체성과 공동체를 찾는 것인지를 아직 잘 알 수 없는 현실을 염두에 두어야 한다. 이 과정에서 미묘한 차이는 우리의 접근 방식에 절대적으로 영향을 미치기 때문에 매우 중요하다.

성별 정체성을 탐색하는 청소년 이해하기

젊은이들에 대한 접근 방식을 개략적으로 설명할 때 우리는 먼저 〈자료 4〉를 제시함으로써 당신이 성별 정체성 문제를 탐색하는 청소년을 이해하는 데 도움을 주고자 한다. 성별 정체성 문제는 그들 자신의 문제지만, 당신은 그들이 살면서 다른 많은 사람과의 관계 속에서 이런 문제들을 탐색한다는 것을 그림을 통해 확인할 수 있다. 거기에는 당신이 속해 있을 수도 있는 지역의 신앙 공동체, 당신이 알 수도 있고 모를 수도 있는 그들의 가족, 학교, 친구, 정신 건강 공동체, 트랜스젠더와 광범위한 LGBTQ+ 커뮤니티가 포함된다.

개인, 그룹, 기관은 청소년이 이런 중요한 질문을 탐색할 때 의도적으로 또는 의도하지 않게 청소년의 경험에 영향을 미칠 수 있다. 당신도 자신이 전달하는 메시지를 인식하고 그것이 의도한 대로 전달되기 위해 노력해야 하며, 청소년이 다른 사람들로부터 받는 메시지에 민감하게 반응해야 한다. 또한 문제가 있다고 생각되는 메시지가 있더라도 다양한 메시지의 설득력 있는 점을 파악하는 것이 좋다.

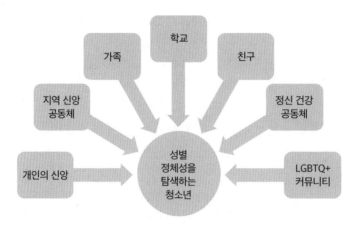

〈자료 4〉 성별 정체성을 탐색하는 청소년 이해하기

학교
가족
친구
지역 신앙 공동체
정신 건강 공동체
개인의 신앙
성별 정체성을 탐색하는 청소년
LGBTQ+ 커뮤니티

〈자료 4〉에 제시된 참고해야 할 모든 사항을 고려하라. 이런 참조점은 청소년과 건설적인 토론을 시작하기 위한 지점이 될 수 있으며, 그들이 개인의 신앙, 지역 신앙 공동체, 가족, 또래와 우정, 지역 학교 시스템, 정신 건강 의료 시스템 안에서 제공받는 돌봄과 정신 건강 전문가와의 만남, LGBTQ+ 커뮤니티에서의 경험(이 커뮤니티와 연결되어 있을 경우)에 비추어 그들이 성별 정체성을 어떻게 탐색하고 있는지 생각해보게 만들 수 있다.

좀 더 구체적으로 알고 싶다면 당신은 다음과 같은 질문을 할 수 있다.

- 너는 성별 정체성 문제를 탐색하면서 교회에서 어떻게 지냈니?
- 누구와 이야기를 나눌 수 있었니? 교회와 관련해 시급한 문제가 무엇이라고 생각하니?
- 성별 정체성을 탐구하면서 가정에서의 생활은 어떠했니?
- 부모님과의 대화는 어떻게 진행되었니? 지금까지 가장 좋았던 대화는 무엇이었니? 무엇 때문에 그 대화가 좋았니? 가장 어려웠던

대화는 무엇이었니? 그 대화가 특히 어려웠던 이유는 무엇이니?

- 학교에서 성별 정체성 문제를 해결하면서 어떻게 지냈니?
- 누구와 이야기를 나눌 수 있었니? 학교와 관련해 어떤 문제가 있다고 생각하니?
- 너의 경험을 친구들과 공유할 기회가 있었니? 그렇다면 그 대화들은 어떻게 진행되었니? 가장 좋았던 경험들은 무엇이니? 무엇 때문에 그 대화가 좋았니? 가장 어려웠던 대화는 무엇이었니? 그 대화가 특히 어려웠던 이유는 무엇이니?
- 나는 성별 정체성 문제를 탐색하는 사람들이 때로 상담자나 심리학자와 대화를 나눈다는 것을 알고 있어. 너는 그럴 기회가 있었니? 그렇다면 그 대화는 어떠했니?
- 상담을 받아본 적이 있다면 가장 도움이 되는 부분은 무엇이었니? 앞으로 무엇을 더 탐색하고 싶니? 아직 남아 있는 질문은 무엇이니?
- 정도의 차이는 있겠지만 트랜스젠더 또는 LGBTQ+ 커뮤니티에 연결된 사람들도 있단다. 너도 시도해보았니? 그렇다면 그 경험은 너에게 어땠니?

위에 제시한 목록은 좋은 질문을 통해 상대의 답을 진지하게 들어줄 수 있는 성실한 어른과 청소년이 만나 관계를 형성할 수 있도록 고안된 개방형 질문이다. 이런 만남은 청소년들로 하여금 그들의 경험을 공유하고 자신의 경험과 그 경험이 자신에게 어떠했는지에 관한 생각을 제시하며 그 과정에서 통찰력을 얻도록 그들을 격려할 수 있어야 한다.

이런 질문을 하려면 청소년들이 성별 정체성에 영향을 줄 수 있는 다양한 사람과 관점을 어떻게 생각하는지를 이해하려는 참된 열망을 지니고 있어야 한다는 점은 아무리 강조해도 지나침이 없다. 우리가 이것을 강조하는 이유는 기독교 진영의 일부 인사들이 이런 질문을 젊은이들에게 그들이 얼마나 잘못된 생각을 갖고 있는지 알려주는 도구로 삼아버렸기 때문이다. 이들은 청소년을 이해하고 경청하는 대신, 그들이 동의할 수 없는 말을 청소년들이 하자마자 "트랜스젠더에 대해 하나님이 어떻게 생각하는지 말해줄게!" 같은 선을 넘는 발언, 지나치게 단순화된 진술, "트랜스젠더와 관계된 일들이 모두 망상이라고 생각하지 않니?" 같은 적대적인 질문으로 그들의 입을 틀어막는다. 청소년의 생각에 일종의 도전을 주는 것은 분명하지만, 이런 발언은 청소년을 향한 제자도의 마음을 반영하지 못한다. 우리는 비록 상대방이 우리의 생각에 동의하지 않더라도 우리의 생각과 감정을 인정하고 경청하며 상호 존중하는 관계 속에서 우리가 신뢰하는 사람들이 건네는 도전이 가장 효과적이라고 생각한다. 논쟁은 선을 긋는 태도로 받아들여질 수 있다. 우리가 그것을 성급하게 사용할 경우에는 말이다.

위의 질문에 대한 청소년들의 대답을 통해 우리가 그들과 함께 나아가야 할 방향을 설정할 수 있다. 그들의 대답은 그들이 어떤 문제들과 씨름해왔고 어떤 문제들을 여전히 갖고 있으며 현재 그들이 직면하고 있는 도전이 무엇인지를 알려주는 신호일 수 있다. 당신이 이런 것을 알고 있으면 어떤 접근법을 취해야 할지에 관해 정보에 입각하여 기도하면서 결정을 내릴 수 있다. 예를 들어 한 청소년이 개인적인 믿음과 씨름하거나 하나님이 자신의 성별 정체성 갈등에 대해 어떻게 생각하시는지를 놓고 고민하고 있다면, 그가 정신 건강 문제와 씨름하고 있는데 아직 의료적인 치료를 받지 않은 상태에서 어떤 도움을 얻을 수 있는지 알고 싶은 경우와는 매우 다른 방향으로 대화가 진행될 가능성이 높다. 만약 부모에게 자신이 겪는 어려움을 어떻게 이야기해야 할지 갈등하고 있는 청소년이라면, 부모에게 마음을 열고 고민을 말하고 있지만 또래의 괴롭힘에 시달리고 있는 경우와는 다른 지원이 필요할 것이다. 다른 관계에서와 마찬가지로 우리는 인내심을 갖고 모든 이야기를 다 들어야 하며 성급히 해결책을 제시해서는 안 된다.

성별 비전형성에 대응하기

우리는 이 책의 3장에서 사람들이 비전형적인 성별 표현에 대해 서로 다른 동기를 가지고 있다는 점을 설명하는 데 빙산의 비유가 유용하다고 이야기했다. 이 장에서는 트랜스젠더 청소년과 함께하는 여정에 필요한 효과적인 전략의 하나로 빙산의 비유를 확장해보려고 한다. 먼저 빙산에 대해 좀 더 자세히 설명해보자. 빙산은 빙하에서 떨어져 나온 얼음 조각인데, 물보다 밀도가 낮기 때문에 물위를 떠 다닌다. 빙산의 약 90%는 수면 아래에 잠겨 있다. 수면 위에 있는 끝부분이 대다수 관측자들이 보는 부분인데, 그것이 물 위에서 접근하는 것을 본다면 누구든 그것에 반응할 것이다.

성별 비전형적인 표현은―흔히 크로스드레싱(cross-dressing)으로 나타나지만 항상 그런 것은 아니다―바로 수면 위에 나타나는 부분이라고 생각될 수 있다. 10대의 헤어스타일, 옷차림, 화장, 장신구, 몸치장(또는 이런 것을 덜 하는 것) 방식이 여기에 포함된다. 점점 더 많은 10대 청소년이 이런 방법을 통해 성별 비전형적인 방식으로 자기표현을 탐색하고 있다. 하지만 당신이 수면 위로 보이는 것에만 반응하면 당신의 접근법은 심하게 제한될 것이다. 우리의 경험상 사람들은 자극적인 행동에 과도하게 반응하는 경향이 있는데, 이는 이런 행동에 동기를 부여하는 10대들의 좀 더 깊은 욕구와 필요에 도움을 줄 수 있는 기회를 놓치게 만든다. 그렇기 때문에 우리는 젊은이들과 관계를 맺고자 하는 그리스도인에게 수면 위에서 일어나는 그들의 다양한 비전형적인 성별 표현에 지나치게 반응하지 말라고 권면한다. 겉으로 드러난 것에 지나치게 반응하면 본의 아니게 젊은이들에게 그들은 받아들여질 수 없으며 그들의 문제가 용납되기는커녕 오히려 즉시 무시/묵살될 것이라는 메시지를 전달할 수 있다.

남자인지 여자인지 판단하기 어려운 옷을 입고 손톱을 무지개색으로 칠한 채 청소년 모임에 모습을 드러낸 10대 청소년을 예로 들어보자. 청년 사역자인 낸시는 테디와 만나려고 하지만 결국 테디의 옷과 손톱에 대해 질문하고 싶은 충동을 참지 못하고, 테디에게 그의 옷차림과 손톱이 결혼과 성적 지향에 대한 교회의 보수적인 가치와 반대되는 메시지를 조장하고 있을을 암시한다.

우리는 사람들이 빙산의 드러난 부분에 왜 강하게 반응하는지 이해할 수 있다. 그러나 우리는 그리스도인들이 빙산의 일각에만 반응하고 수면 아래에 놓인 훨씬 더 큰 현실을 무시하고 있음을 경고한다. 우리는 본능적인 반응을 자각함으로써 테디 같은 사람을 효과적으로 돌볼 수 있도록 자신의 반응을 완화시키고 그 사람을 위해 자신의 편의를 희생하는 것의 가치를 강조하고 싶다.

우리는 낸시에게 테디가 치장한 손톱과 옷은 빙산의 일각이라는 점을 상기해주고 싶다. 눈에 보이는 끝부분에 반응한 낸시는 테디의 행동을 단정해 보이는 쪽으로 바꿀 수 있다. 그러면 테디는 청소년 모임에서 더 이상 예전 같은 옷을 입거나 과거와 같은 방식으로 자신을 치장하지 않을지도 모른다. 그러나 이런 식의 반응은 수면 아래에 존재하는 것을 이해할 수 있는 기회를 놓치게 만든다. 테디는 교회를 떠나 현재 그에게 주어진 제약에서 벗어나거나, 그의 풀리지 않은 문제가 곪아 터질 때까지 자신의 때를 기다릴 것이다. 어느 쪽이든 우리가 빙산의 일각에만 반응한다면 테디를 진정으로 가르칠 수도 없고 그에게 배울 수도 없다.

그렇다면 무엇이 걸려 있는가? 이것은 중요한 질문이다. 낸시가 테디에게 한 유일한 대답이 그가 남성용 옷을 입고 매니큐어를 지움으로써 청소년 모임에서 다시 그를 받아들일 수 있게 하라고 다그치면서 그의 옷차림에 대해 잔소리를 하는 것이라면, 이런 행위는 그에게 어떤 메시지를 전달할까? 테디 같은 10대 청소년들은 이런 방식으로 자신을 표현함으로써 성별 정체성을 탐색하거나 실험해보고 있을지도 모른다. 테디는 자신이나 그가 아끼는 사람들이 성 및 성별에 관한 기독교적 가치관에 대해 의문을 품고 있음을 드러내려고 하는 중일 수도 있다. 그는 성과 성별 영역에서 자신의 기독교 신앙이 삶에 어떻게 적용될 수 있을지 고민하는 헌신적인 그리스도인일 수도 있다. 테디는 자신의 옷과 치장한 손톱이 청소년 모임에서 "용납될 수 있는가"라는 질문을 훨씬 뛰어넘는 자신의 역사와 특별한 이야기, 생각, 감정, 욕구, 필요를 갖고 교회에 출석한다. 그는 이런 상호 작용을 통해 자신의 생각, 감정 및 근저의 질문이 그가 만나는 그리스도인들에게 용납되지 않거나 그들의 관심의 대상이 아님을 알게 된다. 이는 그에게 고립감을 주고 자신이 그들과는 "다른" 사람이라는 소외감을 갖게 만들 수 있으며, 더 나아가 그리스도인들은 자신들의 사고방식에 도전하는 모든 것에 적대감을 지니고 있다는 생각을 갖게 할 수 있다.

만약 당신이 겉으로 드러나지 않는 수면 아래를 다루고 있다면 옷 입는 특정한 방식을 허용해야 하는지의 여부에 관해 10대와 논의할 수도 있고 안 할 수도 있지만, 중요한 점은 대화를 거기서 멈춰서는 안 된다는 것이다. 효과적인 교류가 이뤄지면 수면 위에 있는 것을 알아차릴 뿐만 아니라 수면 아래에서 일어나는 일에 초점을 맞추고 그것에 관심을 갖기 시작할 것이다. 이 새로운 접근 방식은 효율성이 떨어진다. 하지만 우리는 효율성을 위해 관계를 타협한다면 많은 것이 위험에 처하리라고 믿는다.

청소년들이 관심을 끌기 위한 행동을 얼마나 자주 하는지 생각해보라. 심지어 덜 효과적인 전략을 통해서라도 청소년들이 관심을 얻고자 할 때, 그들은 돌봄에 대한 필요가 있다는 신호를 보내고 있는 것이다. 우리가 그들의 행동에 반사적으로 반응한다면, 무의식적으로 젊은이들이 오해하고 수치심을 느낄 수 있는 메시지를 전달할 수 있다. 그리고 심지어 우리가 반사적으로 반응한 경우에라도 사과는 관계를 회복하는 데 큰 도움이 될 것이다. 우리가 묻지 않는 한 청소년들은 그들의 행동에 동기를 부여하는 근저의 요소가 무엇인지 절대 말하지 않을 것이다. (그들은 얼굴 표정을 감추는 데 능하다. 그렇지 않은가?) 그렇기 때문에 우리는 수면 아래에 무엇이 놓여 있는지 절대 알 수 없다. 하지만 수면 아래에 있는 것에 주의를 기울이는 것이 효과적인 돌봄의 핵심이다.

과잉 반응하지 않는 법을 배우는 것은 아마도 효과적으로 소통하는 사람들에게 익숙한 기술일 것이다. 특히 우리가 청소년을 대상으로 사역하거나 청소년의 부모라면, 10대들이 (헤어스타일, "가장 친한 친구", 선호하는 취미를 1년에도 여러 번 바꾸는 것처럼) 겉보기에 특이하고 제멋대로이며 충격적으로 보일 수 있는 방식으로 다양한 정체성을 탐색하는 것에 익숙해져 있다. 우리는 그들이 정체성을 찾고 그것을 표현하는 방식에 반응하는 대신 이런 외적인 자아 표현의 수면 아래에 있는 것에 주목하는 것을 목표로 한다. 단순히 10대들이 하는 성별 비전형적인 행동의 동기를 인정하는 것은 청소년의 의식적 동기에 영향을 미치는 좀 더 깊은 감정적·정신적 요인을 고려하는 자세가 아니다.

이름과 인칭 대명사 부르기

성별 정체성 호칭은 여전히 수면 위에 떠 있는 빙산의 일각일 수 있다. 줄리아는 1년 동안 성소수자 기독교 청년을 위한 사역 단체를 이끌었다. 어느 날 식사 교제가 끝나자 한 리더가 그녀에게 다가와 한동안 모임에 참석했던 제이라는 젊은 이와 이야기를 나눠달라고 요청했다. 그 젊은이는 자신이 더 이상 남성 대명사를 사용하지 않는다고 말하며 대화를 시작했다. 그는 다음 모임부터 여성 인칭 대명사로 불리기를 바라고 있었다. 줄리아는 당장 제이를 저지하기보다는 이 문제가 정말 중요해 보이기 때문에 일단 함께 생각해보고 싶다고 말하면서 제이를 안심시켰다. 줄리아는 무엇이 제이에게 이런 변화를 불러일으켰는지 물어보았고, 더 많은 대화를 통해 그를 더 이해하고 싶다고 말했다.

함께 대화를 나누면서 제이는 이런 호칭으로 불리는 것을 한번 "시도"해보고 어떤 경험일지 알고 싶었지만, 영구적으로 그렇게 하고 싶은지는 확신할 수 없었다고 말했다. 이 시점에서 줄리아와 제이는 다음 모임을 시작할 때 어떤 발표를 하는 것처럼 공개적으로 무언가를 공유하는 것이 지닌 함의와, 반대로 다른 사람들과 좀 더 개인적으로 자신의 이야기를 나누는 하나의 방법으로 사람들에게 일대일로 자신을 소개하는 것이 지닌 함의에 대해 이야기했다. 줄리아는 이것이 그 그룹에서 과거에 겪어본 일이라서 제이에게 이런 생각을 말하는 것이 아니라고 했고, 제이가 다른 사람들로부터 과도한 상처를 받지 않으면서 제이나 그룹의 다른 구성원들에게 미치는 다양한 영향력을 고려하는 해결책을 찾는 것이 중요하다고 강조했다.

줄리아는 공식 발표가 갖는 영향력과 이로 인한 장점과 단점이 무엇인지 제이와 함께 생각해보았다. 줄리아는 공동체 안에서 상처를 받을 각오를 하고 솔직히 털어놓는 것(vulnerability)이 지닌 가치를 공유하고 제이가 그룹에 공개적으로 발표할 때와 같은 수준의 관심을 끌지 않으면서도 다른 사람들을 자신의 이야기에 초대하면 어떻겠느냐고 물어보았다. 줄리아는 제이가 이 문제를 어떻게 접근하기 원하는지에 관해 다음 모임에서 즉시 결론을 내리고 이 논의를 마치려고 하기보다는, 이 논의를 계속 이어갈 수 있으니 선택지에 대해 생각할 수 있는 시간을 가지라고 제이에게 말했다. 줄리아는 다른 접근법과 관련된 자신의 두려움에 대해 생각해보았고, 몇 가지 우려되는 점을 제이와 나누었다. 결국 그들은 공개적 발표가 다른 사람들에게 혼란을 줄 수 있고, 앞으로 제이가 다른 결정을 내리기 어렵게 만들 수 있으며, 제이를 개인적으로 알지 못하고 그가 여성 인칭 대명사를 채택하는 것에 대해 우려하는 그룹 내의 일부 사람들로부터 상처받을 수 있다는 점을 감안하여, 먼저 제이가 가까운 친구나 또래와 이 사실을 함께 공유하는 연습을 하기로 결정했다.

더 빈번히 발생할 이런 경험을 우리가 어떻게 다뤄야 할 것인가를 생각해보는 것은 분명히 복잡하고도 중요한 일이다. 우리는 어떤 사람들의 이름을 소중하게 받아들임으로써 인간에 관해 일종의 진술을 하듯이, 어떤 사람이 자신을 소개하는 이름과 인칭 대명사를 자연스럽게 받아들임으로써 환대를 실천할 수 있는 상황에서 잘못을 저질러왔다. 우리는 젊은 사람들이 이런 결정을 내린 이유에 대해 우리가 물을 수도 있는 질문들을 들어줄 수도 있지만, 그들은 이런 태도를 높이 평가한다는 것을 발견했다. 우리가 만난 젊은이들이 자신의 성별에 관한 신학을 언급하기 위해 이름과 인칭 대명사를 채택하는 경우는 거의 없었다. 오히려 그들은 종종 성별과 관련된 고통을 가중시키지 않을 이름을 찾고 있었다.

비록 어떤 사람이 원하는 이름과 인칭 대명사를 존중하는 데 동의하더라도, 사용하는 인칭 대명사를 바꾸는 일에 대해 청소년이나 그 또래 친구들과 대화할 여지가 남아 있다. 그리스도인마다 다른 성별 정체성을 전달하는 이름과 대명사로 사람을 부를 때 느끼는 편안함의 정도가 다를 수 있다는 점을 인식하는 것이 중요하다. 이것은 제이 같은 젊은이와 함께 깊이 생각해보아야 할 또 다른 중요한 사항이다. 사역자가 이런 이름을 채택하는 것에 개방적이라 하더라도, 그것을 불편해하거나 우려하는 다른 사람들이 있을 수 있다. 또한 제이가 이런 상호 작용을 어떻게 처리해나갈 수 있을지를 고려해서 이런 우려를 거절로 받아들이지 않도록 보호하는 것도 중요하다.

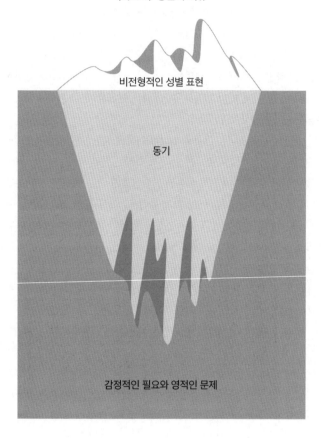

〈자료 5〉 빙산의 비유

비전형적인 성별 표현

동기

감정적인 필요와 영적인 문제

수면 아래

우리는 이제 비전형적인 성별 표현과 호칭의 수면 아래에 어떤 감정적, 정신적 필요가 존재하는지 주목하고자 한다. 수면 아래에는 테디를 포함한 모든 사람이 경험하는 생각, 감정, 노력, 갈망, 필요가 있다. 수면 아래에는 다양한 질문들도 있다. 이 질문들은 정체성(나는 누구인가?), 공동체(나는 어디에 속해야 하는가?), 의미(내 삶과 경험의 이유는 무엇인가?), 목적(내가 세상에 무엇을 줄 수 있는가?), 영적 의문(이 모든 것에 있어서 하나님은 어디에 계시는가?)과 좀 더 폭넓은 기독교 신앙 공동체에서 유대감을 느낄 수 있는 능력(나는 여기서 필요한 존재인가?)에 초점을 맞추고 있다. 테디나 다른 사람들과 효과적으로 소통하기 위해서는 이런 문제들이 다뤄져야 한다.

그 출발점의 하나로서 우리가 한 번의 대화가 청소년의 질문에 확실한 대답을 주지 못할 수도 있음을 염두에 두는 것이 유익하다. 목회 사역을 하는 사람들은 종종 한 번의 대화나 1년간의 멘토링을 통해 10대 청소년을 온전한 피조물로 보이게 만들어야 한다는 부담을 느낄 수 있다(부모 역시 동일한 부담을 갖고 있다). 특히 10대들 역시 해결책을 빨리 찾아야 한다는 내적·외적 압박감을 느끼고 있다는 것을 고려할 때 장기적인 관점을 취하는 사역 현실은 큰 인내심을 필요로 한다. 우리는 자신과 젊은이들이 지고 있는 이런 짐을 덜어주어야 한다. 위에 열거한 것과 같이 중요하고 심오한 질문에 답하는 것은 평생의 과제다. 동시에 청소년기는 정체성과 공동체에 대한 질문이 가장 중요한 시기다. 이런 시기에 청소년들과 관계를 맺는 사람이라면 일관성 있고 배려하는 관계 안에서 대화를 나눠야 그들의 삶에 강력한 영향을 줄 수 있다.

이야기를 가치 있게 여기기

오늘날 청소년들은 이야기와 간증에 관심을 보인다. 그들은 사람들의 생생한 경험에 사로잡힌다. 신학보다는 현상학이 진리에 대한 그들의 생각을 움직인다. 우리가 효과적으로 대화하고자 할 때 이 점을 꼭 인식해야만 한다. 관계를 형성하고 개인적인 이야기를 나누며 다양한 경험을 말하는 사람들의 증언을 존중하는 것은 복음서의 내러티브를 전달하기 위한 중요한 단계다. 만약 우리가 이런 질문을 놓고 나누는 대화가 "당신은 트랜스젠더가 아닙니다" 혹은 "트랜스젠더가 되는 것은 중대한 죄입니다" 같은 말을 해주는 것에 그친다면, 많은 10대는 대화 상대방이 자신이 매일 살아가는 현실과 매우 동떨어져 있다고 생각할 것이다. 예를 들어 테디는 동지의식을 느낄 수 있을 정도로 친절하게 자신을 환영해준 트랜스들 때문에 자신을 트랜스라고 밝히고 싶어 하는 것일지도 모른다. 이런 만남을 통해 다른 트랜스젠더에게서 발견한 선량함을 근거로, 하나님이 자신을 미워하시거나 자신이 트랜스젠더라고 정죄하실 수 없다는 결론을 내렸을지도 모른다. 이처럼 그는 정체성, 공동체, 의미, 목적을 찾는 과정에서 자신의 질문의 깊이와 지금까지 자신의 생각을 형성해온 주변 사람들의 인생 이야기를 이해해주는 사람들의 도움을 얻을 수 있었을지도 모른다.

청소년은 많은 변화, 예상치 못한 방향 전환, 실수를 경험하는 인생의 단계에 있다. 그들이 정체성, 공동체, 의미, 목적에 대한 질문에 답을 찾는 방식이 항상 건강한 것만은 아니다. 그러나 그 방식이 어떻든지 간에, 우려할 만한 영향들에 대해서도 세심하게 생각하는 것을 도와줄 수 있는 멘토가 필요하다. 우리도 젊은 시절에 무엇을 하고 무엇을 하지 말라는 말을 들으면서 종종 반항심을 느꼈던 기억이 있다. 우리가 함께 어울려 다녔던 "나쁜 종자"(bad seed)를 부모가 소위 블랙리스트에 올리면 그 친구들과 더 어울리게 된다. 사람들을 전적으로 좋은 사람 또는 전적으로 나쁜 사람의 범주로 나누는 것은 청소년들에게 도움이 되지 않는다. 그렇게 하면 그들은 일부 그리스도인이 혐오하는 것처럼 보이는 사람들을 돌보는 일에 대해 거리감을 느끼거나, 결국 그리스도인들은 모든 사람을 사랑하지는 않는다고 생각하게 될 것이다. 그들은 자신이 느끼는 긴장을 해소하기 위한 방법으로 신앙을 부정할 수도 있다.

분별력 함양

많은 부모, 청소년 사역자, 비공식적으로 10대 청소년과 활동하는 사람들은 성별 정체성 문제를 해결하는 데 명확성을 높이기 위해 특정한 선택지들을 배제하고 그들에게 규범적으로 접근하는 것이 더 나은 방법인지 물어보았다. 우리는 다른 모든 영역에서와 마찬가지로 성별에 대해 고려할 때 권위적인 접근법을 취하지 말라고 경고하고 싶다. 이렇게 복잡한 영역에서는 독재자보다 길잡이 역할을 하는 게 좋다.

이 점을 설명하기 위해 효과적인 소통 영역에서 우리가 알고 있는 것들을 활용하고자 한다. 아동과 관련해서는 권위주의적인 모델이 가장 비효과적이며 많은 경우에 해롭다는 것은 잘 알려져 있다. 요구와 기대치를 높게 제시하면서 따뜻함과 반응의 수준은 낮다면 그것은 우리 모두의 건강한 발전에 별 도움이 되지 않는다. 그것은 종종 우리가 어려움을 내면화하거나 충족되지 않는 필요를 표현하는 하나의 방법으로서 행동을 외면화하도록 유도한다.[5]

이런 접근법을 성별 정체성 탐색의 영역에 적용하여, 일부 그리스도인은 10대들의 행동, 생각, 질문에 대한 높은 요구와 기대를 표현함으로써 더 권위적인 접근을 할 수도 있다. 그들은 테디 같은 청소년들이 특정한 방식으로 옷을 입고 행동하거나 성별 정체성을 탐구해서는 안 된다고 주장할 수 있고, 어떤 선택은 결코 해서는 안 된다고 주장할 수도 있다. 우리는 이 접근법이 효과적이지 않다는 것을 발견했다. 결국 오늘날 우리가 여러 선택지에 대해 언급하고 그것을 논의하든 그렇지 않든 관계없이, 전 세계 10

---

5 Chaoyi He, "Authoritarian vs. Authoritative Parenting" (working paper, UCLA Center for MH in Schools, http://smhp.psych.ucla.edu/pdfdocs/parent.pdf).

대 청소년에게는 여전히 수많은 선택지가 존재한다. **우리**가 선택지들을 제거한다고 해서 10대들도 그렇게 하는 것은 아니다. 만약 우리가 어떤 선택들에 대해 논의하기를 거부한다면, 청소년들은 그 선택지들에 대한 그들의 갈망이 우리 혹은 하나님과의 관계에서 다루어질 수 없다는 느낌을 받을지도 모른다. 그렇게 함으로써 그들은 당신이나 하나님으로부터 고립된 채 혼자 중대한 사안들을 다루게 될지도 모른다. 이는 청소년들에게 수면 아래 있는 질문들에 대해 관심과 따뜻함을 별로 보여주지 않는 것으로 해석될 수 있으며, 10대로 하여금 궁극적으로 그런 질문을 숨기거나 장기적으로 훨씬 더 많은 갈등을 야기하는 행동을 할 수밖에 없게 만든다.

우리는 테디에게 더 효과적으로 반응할 수 있는 다른 방법을 제시하고자 한다. 이는 건강한 육아 방식을 본떠서 만든 것이다. 이 방법은 선택지를 배제하거나 자신의 가치에 맞는 것만 언급하는 대신, 10대들이 이용 가능한 모든 선택지를 언급하고 정리하면서 각 가능성을 비판적으로 생각할 수 있도록 돕는다. 이 접근법은 여전히 테디 같은 젊은이들의 기대와 요구에 부응하면서 동시에 그렇지 않고서는 해답을 얻을 수 없는 그의 개인적인 질문에 대해 따뜻함과 다정함으로 반응하게 한다.

10대 청소년들이 잠시 특정한 경로를 배제하거나 더 권위적인 소통 모델에 만족하는 것처럼 보일지라도, 이들 중 다수는 나중에 아마도 대학에 진학하면서 블랙리스트에 올랐던 선택지들이 다시 떠오르는 것을 경험할 것이다. 그들이 이 선택지들을 배제한 다음 나중에 혼자서 또는 또래 친구들과 함께 이런 선택지들을 다시 고르기보다는 멘토와 함께 이것들을 놓고 씨름하고 분별하는 것이 바람직하다. 일시적으로 특정한 길을 폐쇄한 후 선택지를 탐색하고 비판적으로 생각하는 것은 나중에 그것을 재발견하고 그 길로 옮겨가기보다는 그 개인이 왜 자신이 선택하는 길을 추구하는지 아는 성숙함을 길러준다.

테디의 사례로 돌아가서 보면, 테디와 지속적인 대화가 이루어져 그가 성별과 신앙에 관해 자신의 문제를 털어놓을 수 있는 사람이 생겼다고 느낄 때 소통이 가장 잘 이루진 것이다. 낸시는 테디에게 그가 어떤 특정한 옷과 스타일에 끌리고 있는지, LGBTQ+ 커뮤니티를 탐색하면서 어떤 점을 높이 평가하는지 등에 대해 더 말해달라고 요청하면서 대화를 시작할 수 있다. 만약 그녀가 테디에게 "LGBTQ+ 모임이 아닌 그리스도 안에서 네 정체성을 찾으라"고 말한다면, 테디는 공격당하는 것처럼 느낄 수도 있고 트랜스젠더라고 정체성을 공고히 하는 것이 심각한 범죄를 저지르는 것 같다는 느낌을 받을 수도 있다. 이런 생각이 든다는 것은 그가 성전환을 하지 않겠다는 뜻이 아니라, 그가 여러 문제를 고려할 때 더 이상 낸시를 도움을 청할 사람으로 보지 않을 수도 있다는 의미다.

낸시는 그리스도인들이 트랜스젠더들에게 관심을 갖지 않는다고 주장하는 문화적 내러티브에 맞서 싸우기 위해 "네가 이 질문들과 씨름할 때 곁에 있고 싶다"라는 의지를 말과 행동으로 전달할 수 있다. 이는 그녀가 테디와 함께 기꺼이 씨름할 의지가 있음을 보여주며, 그에게 그런 중요한 문제들을 해결해나갈 수 있는 가시적인 기독교 공동체를 엿볼 수 있게 해준다. 이렇게 말하는 것도 중요하지만 행동을 통한 후속 조치는 더욱 중요하다. 낸시가 다시 말을 걸지 않거나 대화를 재개하지 않는다면 그녀의 침묵은 많은 것을 시사할 것이다.

낸시가 후속 조치를 취하고 테디와의 신뢰 관계를 발전시킨다고 가정해보자. 이 경우 우선 낸시는 테디가 청소년 모임에서 고유의 방식으로 자신을 표현함으로써 그가 무엇을 얻고자 했는지 말해달라고 요청할 수 있다. 그녀는 그가 온라인에서 뭔가 알아보면서 그런 식으로 자신을 표현하는 것이 어떤 느낌인지 한번 시험해보라는 권유를 받았음을 알게 될지도 모른다. 여기서 그녀는 그의 성별 정체성의 여정과 처음에 그가 온라인 검색을 한 동기에 관해 대화를 나누자고 제안할 수도 있다. 더 많은 이야기를 나누면서 테디는 특히 자기와 비슷하게 옷을 입고 자신을 표현하는 사람들을 향해 동료 그리스도인들이 상처가 되는 말을 하는 것을 보면서 성별 정체성 탐색 과정에서 역사적인 기독교 성 윤리에 대한 의문을 제기하게 되었다고 이야기할 수도 있다. 낸시가 이런 것들을 알게 된다면 그녀는 "나는 누구인가?"라는 질문에 대한 답을 원하는 테디의 욕구를 긍정할 수 있을 것이고, 그가 이 질문에 답을 얻기 위해 알아보고 있는 내용에 관해 더 많은 것을 물어볼 수도 있을 것이다.

낸시는 그의 공동체에 관해 질문하면서 그가 자신을 표현한 것을 토대로 청소년 그룹에서 무엇을 경험했는지 알 수 있다. 그녀는 또한 그의 또래 그룹, 청소년 그룹, 학교, 삶의 다른 영역에서 그리스도인들이 성별 정체성을 탐색하는 사람들을 보살피는 방식에 어떤 점이 부족하다고 생각하는지 물어볼 수 있다. 이런 대화에는 테디가 어떤 식으로든 LGBTQ+의 옹호자가 되고 싶다면, LGBTQ+ 사람들에게 모욕감을 주는 말을 들었을 때 어떻게 반응해야 할지를 생각해볼 수 있게 돕는 일이 포함될 수 있다.

낸시는 어쩌면 이런 대화를 나누는 과정에서 테디가 손톱을 꾸미기 훨씬 전에 몇몇 남자들에게 괴롭힘을 당했다는 사실을 알게 되고, 그 행동이 그들의 생각만큼 자신이 불안하지 않다는 것을 보여주기 위한 방법임을 이해하게 될 수도 있을 것이다. 낸시는 또한 그가 자신을 표현하는 방식이 다른 사람들에게 어떻게 받아들여지는지, 그가 괴롭힘을 당했을 때 어떤 반응을 보일 수 있는지에 관해 생각해보는 데 도움을 줄 수 있다. 이렇게 함으로써 테디의 성별 정체성 탐구에 대해 말할 수 있고 그가 고통스러운 상호 작용에서 자신을 옹호할 힘을 키워줄 수 있다.

예수가 지역 사회에서 소외당하는 사람들을 깊이 사랑하시고 돌보셨다는 것을 테디에게 알려주는 것도 중요하다. 기독교 공동체 안에서 테디가 다른 사람들로 하여금 서로를 깊이 배려하도록 격려하는 데 필수적인 역할을 맡고 있다고 말해준다면 도움이 될 것이다. 그가 청소년 그룹에서 자기 생각을 표현하고 긍휼을 외치는 목소리가 됨으로써 목적의식을 발견할 수 있도록 자신감을 불어넣어 주는 것이 중요하다. 이는 그의 존재와 관점이 소중하게 여겨지고 있으며, 모든 사람을 향한 하나님의 마음을 좀 더 잘 반영할 수 있는 중요한 자산이라는 사실을 그에게 전달하는 행위가 된다.

테디가 자신과 타인의 성별 정체성을 탐색해나갈 때 낸시가 테디와 **함께** 그리고 테디를 **위해** 기도하는 것은 낸시를 위한 좋은 선물이 될 수 있다. 그녀는 종종 혼란스러운 상황에서도 하나님의 계획과 목적에 관한 자신의 질문을 말로 표현할 수 있다. 그렇게 기도할 때 그녀는 하나님 앞에서 놀랄 만한 정직함을 보여줌으로써 테디의 모범이 될 수 있고, 신앙의 삶에 의심이 포함되는 것이 정상적이라는 것을 알려줄 수 있다. 그녀는 테디에게 다윗 왕이 고뇌에 차서 반복적으로 하나님께 질문을 던지는 시편을 상기시키며 그렇게 하도록 격려할 수 있다.

시간이 지나면서 낸시는 테디의 노력, 희망, 꿈, 욕구에 대해 좀 더 폭넓게 물어볼 수 있는데, 이런 것들이 성별에 대한 지배적인 문화적 내러티브 안에서 충족되고 또 이런 내러티브에 대해 그가 갖고 있는 질문들이 충족되는 방법을 언제나 생각해야 한다. 하나님의 영광을 드러내는 성별 정체성에 대한 비전을 제시하는 데 지배적인 문화 내러티브가 얼마나 도움이 될지 테디가 곰곰이 생각해보도록 그에게 도전을 줄 여지가 있다. 하지만 만약 그 도전이 관계 밖에서 일어난다면 많은 것을 놓치게 된다. 친밀한 관계 속에서 그가 행동의 수면 아래에 숨어 있는 근본적인 갈망과 노력을 더 깊이 들여다볼 수 있도록 도움으로써 그녀는 그의 이런 측면이 진행 중인 탐색에 매우 소중한 부분임을 알려줄 수 있다.

성별 정체성을 찾으려는 테디의 여정은 고등학교 졸업 이후에도 끝나지 않을 것이다. 그럼에도 불구하고 청소년의 삶에서 이 시기는 매우 중요하다. 궁극적으로 우리는 수면 아래로 내려가서 "나는 이곳에 필요한 존재인가?", "나는 이곳에 속해 있는가?"라는 그들의 질문에 확실히 "그렇다"라고 대답할 수 있는 관계를 구축할 수 있길 바란다. 우리에게 그들이 필요하고 그들에게 소속감을 느낀다는 확신을 주고 나면, 우리는 그들을 건강한 자기 이해의 발달로 이끄는 과정에 동참할 수 있는데, 그중 가장 가치 있는 자원은 예수 그리스도와의 인격적인 관계 구축과 지속적인 만남이다. 만약 그리스도의 몸이 그들을 필요로 한다는 소식을 듣지 못한다면, 그들이 그리스도 안에서 삶의 충만함을 발견하기는 더욱 어려워질 것이다.

8장
청소년을 위한 사역 구조

줄리아는 젊은이 500명이 참석한 청소년 수련회의 "여학생 강연회"(girls' talk) 세션에 들어가 강의실을 훑어보았다. 강연자는 여성들의 흔한 경험담을 다음과 같이 언급했다. "결점을 감추기 위해 화장을 하고, 「코스모」(Cosmo) 잡지를 읽으면서 거기서 제시하는 기준에 따라 다른 모든 소녀를 평가하고, 한 시간씩 머리를 완벽하게 손질하고 손톱을 다듬는 데 수십만 원을 쓰고, 지나가는 모든 남자에게 집착합니다." 강연자는 모든 청중이 분명 이런 사실에 공감한다고 생각하고 있었다. 줄리아는 웃음소리, 알고 있다는 눈빛, 주기적으로 터져 나오는 박수 소리로 보아 청중이 이런 경험을 공유하고 있다고 하는 연사의 말이 대부분 맞는다는 걸 알 수 있었다. 대부분은 그렇다.

줄리아의 바로 앞줄에 앉아 있었던 한 10대가 그녀의 눈길을 끌었다. 앤디는 수련회 때 아이들이 흔히 착용하는 우스꽝스러운 모자를 쓰고 있었는데, 거기에는

"안아 드릴게요"(Free hugs)"라고 쓰여 있었다. 하지만 줄리아가 가까이 다가가 보니 앤디의 불만스러운 표정이 눈에 들어왔다. 뭔가 이상해 보였다. (줄리아는 앤디가 주말여행에서 흔히 겪는 수면 부족 때문에 그렇게 보인다고 생각했다.) 강연이 끝나자 많은 소녀가 연사와 함께 셀카를 찍기 위해 줄을 섰다. 앤디도 그 줄의 끝에 서 있었지만 자기 순서가 되기 직전에 연사는 다음 강연을 위해 서둘러 방을 나갔다. 앤디는 넋이 나간 채로 눈물을 흘리며 걸어 나갔다. 줄리아는 앤디에게 가서 물었다. "지금도 안아줄 수 있니?" 앤디는 계속 흐느끼다가 숨을 돌리고 나서 이렇게 말했다. "나는 여학생 강연회가 싫어요. 난 뭔가 잘못된 게 틀림없어요. 왜 나는 저 여자가 말하는 이야기에 전혀 공감할 수가 없죠? 왜 난 남들과 다를까요? 하나님이 날 사랑하신다는 걸 알고 감사하게 생각해요. 하지만 그 강의실에 앉아 있으려니 나 자신이 외계인 같이 느껴져서 너무 힘들었어요. 왜 나는 저 사람들 안에 속하지 못할까요? 하나님께 왜, 왜, 왜, 왜 그런지 물었지만 나는 답을 듣지 못했어요."

앤디는 성별 정체성에 관련된 목양의 성패가 무엇에 달려 있는지를 일깨워 준다. 여기에 예수를 믿고 그분을 찾으며 알고 싶어 하고, 그분의 사랑을 가슴으로 받아들이기 시작한 한 신자가 있다. 그녀는 예수가 자신을 사랑하신다는 걸 알았다. 하지만 그녀는 자신이 그리스도의 몸에서 어디에 속하는지 확신하지 못했다. 그녀는 교회에서 자신의 자리를 찾지 못할까 봐 외롭고 화가 났고 두려웠다. 그녀는 정체성과 공동체, 의미, 목적에 대해 우리 모두가 던지는 근본적인 질문들을 하고 있었지만, 이런 질문들은 수면 아래에 숨어 있었다. 그녀는 하나님의 자녀이며 여자아이라고 말하는 커뮤니티의 여학생 대상 강연을 들었다. 하지만 그 강연은 그녀의 경험에 대해서는 아무 말도 하지 않았다. 이것은 장차 그녀와 그녀를 사랑하는 모든 사람의 미래를 형성할 수 있는 기회를 상실한 비극적인 사건이었다.

청소년 사역 환경은 오늘날 미국의 젊은이에게 가장 강력하고 중요한 삶을 형성하는 몇몇 자원을 제공한다. 가족의 기능이 점점 약화되고 많은 청소년이 가정 밖에서 멘토와 지원 정보를 적극적으로 찾고 있는 사회에서 청소년 사역은 그들에게 안식처를 제공한다. 그렇기 때문에 이 장에서는 공식적인 청소년 사역 구조를 다루고, 이전 장보다 더 구체적인 내용에 초점을 맞출 것이다. 하지만 우리는 가족이나 청소년을 돕는 것에 관심이 있는 다른 그리스도인들도 이 정보에서 무언가를 얻을 수 있을지 생각해보라고 권하고 싶다. 예를 들어 부모들은 그들이 속한 교회의 사역 부서가 어떻게 10대 청소년의 여정에서 일정한 역할을 할 수 있는지 고민해볼 수 있다.

청소년 사역은 자원을 제공하는 중요한 기회가 되는데, 그중 가장 중요한 자원은 진정한 공동체를 매개로 한 하나님과의 관계다. 우리는 개인과 문화와 사회 전체를 형성함에 있어 예수와 맺는 개인적 관계의 힘을 과소평가해서는 안 된다. 만약 사역을 하는 우리 자신이―지난 장에서 설명한 것처럼―앤디를 비롯한 다른 이들과 성별 정체성 문제에 관해 허심탄회하게 질문을 할 수 있는 관계를 형성하지 못한다면, 앤디는 교회 안에서 그런 질문을 할 수 없다고 결론을 내리고 다른 곳을 찾아갈 것이다. 하지만 그에 못지않게 중요한 것은 우리가 사역 현장에서 만들어낸 구조를 통해 앤디와 그녀를 사랑하는 사람들이 가진 문제를 놓고 어떻게 "대화"하느냐는 것이다. 10대들이 직면하고 있는 성별 문제에 관해 솔직하고 허심탄회하게 말할 수 있도록 잘 준비해서 그들이 그런 문제를 갖고 있다는 것 자체를 수치스럽게 느끼거나 그들이 우리에게 질문할 때 해줄 답변이 없다는 생각이 들지 않도록 해야 한다. 우리가 앤디에게 말과 행동으로 어떻게 대답하느냐가 매우 중요하다.

사역을 위한 대화, 강연, 훈련을 활용해 성별 정체성에 대해 이야기하지 않거나 이 주제와 현재의 다른 문화적 논의에 효과적으로 참여하지 않는다면, 그런 대화는 성숙한 발언이 부재한 또래 수준에서 이루어질 것이다. 반대로 우리가 이런 대화를 주도할 수 있다면, 기독교 세계관에 기반하여 그 대화를 좀 더 잘 이끌어나갈 수 있을 것이다. 우리는 앤디 같은 청소년들이 성별 정체성 문제를 혼자 조용히 해결하도록 너무 오랜 기간 방치해왔다. 왜냐하면 우리가 성별에 대해 이야기하는 방식은 이런 도전적인 주제들과 씨름하기 위한 적극적이고 열정적인 준비의 결과물이기보다는 고정 관념이나 심지어 두려움과 피해 통제 행동의 결과물인 경우가 더 많기 때문이다.

호칭이 실재를 창조한다

성별 정체성에 관한 대화를 나누는 것을 넘어 이런 대화에 어떻게 접근할 것인지 생각해볼 필요가 있다. 광범위한 사역 구조에 관해 말하자면, 우리가 앤디 같은 사람들과 잘 소통하고 싶다면 신생 성별 정체성을 탐색하는 사람들을 지칭하는 언어에 관해 신중하게 생각할 필요가 있다. 우리가 사람들을 부르는 이름이 우리의 사역 모델을 형성하고 반영하는 경우가 많다. 심지어 그들이 방에 없다고 생각될 때도 우리가 그들을 명명하고 생각하는 방식이 상호 작용 방식에도 영향을 미친다. 제넬 패리스의 표현대로 "호칭이 실재를 창조한다."[1] 우리가 누군가를 특정 용어로 생각한다면, 다

---

1   이 문구는 Jenell Paris의 저서 *The Good News about Conflict: Transforming Religious Struggle over Sexuality*(Eugene, OR: Wipf & Stock, 2016)에서 나온 것이다. 그녀의 논의에 따르면, 우리는 동성에 대한 성적 지향을 설명하기 위해 다양한 방식으로 호칭을 붙였는데, 사역을

른 용어로 생각할 때와 다르게 관계를 맺을 것이다. 예를 들어 우리가 어떤 사람을 **"혐오감을 일으키는 인간"**이라는 단어로 평가절하한다면 그 사람을 하나님이 자신의 "사랑을 받은 자"로서 관계를 맺고 싶어하시는 대상으로 생각할 경우와는 전혀 다른 방식으로 관계를 맺을 텐데, 이는 매우 다른 실재를 만든다.

우리는 1장에서 **트랜스젠더**가 역사적으로 의료 및 정신의학 범주를 넘어 공개적 정체성과 정치적 정체성을 옹호하는 사람들이 선택한 용어였던 시기가 있었다고 언급했다. 그때까지만 해도 성별 정체성을 탐색하는 사람들은 종종 "병자" 혹은 "정신병자"로 불렸다. 기독교 공동체에도 트랜스젠더를 가리켜 "가증한 자"나 "죄악"된 존재라고 했다. 우리 문화는 트랜스젠더 정체성을 다양성의 표현이라고 부르며 긍정적으로 수용하는 방향으로 신속하게 이동하고 있다. 문화권에 따라 다양한 성별 정체성을 긍정적으로 받아들이고 존중하기도 하고 악마화하거나 범죄자 취급을 하기도 한다. 각각의 경우 성별 정체성 경험을 언급하고 설명하는 데 사용되는 언어는 매우 중요하다.

호칭은 사역에 중요한 영향을 미치기 때문에, 다양한 성별 정체성을 채택하는 트랜스젠더 젊은이들 및 10대와 관련하여 우리가 사용하는 호칭과 우리가 말하고 있는 실재에 대해 생각해보고자 한다. 일부 독자들은 성별 정체성이라는 언어를 사용하는 것 자체가 새로운 성별이라는 실재를 만들어내기 때문에 좋지 않다고 주장하면서 이 원리를 적용하려고 할 것이다. 예를 들어 생물학적 여성 청소년이 자신을 "젠더 논바이너리"라고 말

하면서 동성에 대한 성적 지향을 탐색하는 사람들을 묘사하기 위해 우리가 사용하는 호칭에 대해 생각해보는 것이 좋다.

하는 것은 피해야 할 실재를 만들어낸다. 우리는 10대를 대상으로 사역하는 사람들은 청소년이 채택하는 성별 호칭이 지닌 위력에 대해 사려 깊게 생각해야 한다는 점에 동의하며 이미 그 문제를 다루었다. 우리는 종종 우리가 선호하는 호칭과 그 호칭들이 지닌 힘에 대해 깊이 생각하지 않고 성별 정체성 호칭에 관한 논쟁에 휘말릴 수 있다. 그런 의미에서 **다른** 사람들이 어떤 언어를 사용해야 하는지에 대한 논의만 할 것이 아니라, 우리가 사역에서 채택한 호칭들이 어떻게 우리가 사역하는 실재를 만들어내는지 살펴보기 원한다. 다시 말해 우리가 성별 정체성 문제를 탐색하는 청소년을 어떻게 생각하는지가 사역에 대한 우리의 접근 방식을 결정할 것이다.

현재 우리 문화에서 성별 정체성을 탐색하는 젊은이를 대상으로 사역하고자 하는 그리스도인으로서, 당신은 사역에 대한 접근 방식을 형성하기 위해 어떤 호칭을 사용할 것인가? 역사적으로 트랜스젠더와 새로운 성별 정체성을 지칭하는 데 사용된 단어들(**병든 사람, 정신병자, 혐오스러운 자, 죄 많은 자, 존중받는 자, 긍정적으로 받아들여지는 자**)을 떠올리면서 이런 단어들 가운데 한 단어를 선호할 수 있다. 이런 단어들 중 하나가 트랜스젠더 10대 청소년과의 만남을 위한 틀을 형성하고 당신의 사역 방법을 결정할 것이다. 우리는 많은 기독교 목회자가 다양한 성별 정체성을 "죄인"이라는 호칭으로 묘사하는 현실을 우려하고 있는데, 이는 새로운 성별 정체성을 단순히 "고의적인 불순종"으로 이해하는 한 그들의 사역에 대한 접근 방식에 제약을 줄 가능성이 크기 때문이다.

다음 사례를 생각해보라. 오드리는 엄마와 함께 성별 정체성에 대한 상담을 받기 위해 왔다. 그녀는 17세였고 고등학교 3학년이었다. 그녀는 젊은 생물학적 여성으로 보였지만, 함께 시간을 보내다 보니 그녀가 성별 위화감을 경험한 것은 분명한 사실이었다. 단순히 사회적 관계를 형성하기 위해 트랜스젠더라는 정체성을 생각해본 것이 아니었다. 그녀는 매우 괴로워하고 있었는데, 지난 6개월 동안 세 명의 목회자를 따로 만나면서 고통이 더 심해졌다. 이들은 각각 오드리가 성별 정체성 문제를 갖고 있는 것이 단순히 "고의적인 불순종"이라고 그녀의 어머니에게 말했다. 그들의 목양은 논쟁의 형태로 진행되었다. "하나님이 너를 여자로 만드셨다. 너는 다른 생각을 모두 버리고 성별 혼란의 죄에서 돌이켜 하나님을 찾아야 한다." 목회자마다 약간의 차이만 있을 뿐 모두 이와 같은 조언을 했다.

"죄"와 "고의적인 불순종"이라는 언어는 인과관계와 목회적 해결책을 협소하게 개념화하기 때문에 사역의 선택지를 제한하는 결과를 낳게 된다. 그런 명칭이 비극적인 결과를 불러올 수 있는 까닭은 그것들이 현재 경험하고 있는 성별 정체성을 경험하기로 선택하지 않은 사람들을 비난하기 때문이다. 이런 식으로 사역 모델을 제한하면 공동체에서 사람을 몰아내게 된다. 누가 그런 틀 안에서 행복을 누릴 수 있겠는가? 당신이 어떤 단어를 선호하든 간에, 사역에서 한 사람을 바라보는 렌즈는 중요하다. 그리고 솔직히 그들은 당신이 그 사실을 알든 모르든 그리고 그 사실을 그들과 공유하든 공유하지 않든, 당신이 사용하고 있는 단어를 감지하게 될 것이다.

새로운 호칭 제공하기

성별 정체성 문제를 탐색하는 청소년들을 생각할 때 우리가 선호하는 단어는 **사랑을 받은 자**다. 우리가 이 단어를 좋아하는 이유는 새로운 성별 정체성에 대한 관점보다는 우리가 그들을 전인격적인 존재로 바라보는 시각과 좀 더 관련이 있기 때문이다. 이 단어는 하나님의 눈에 우리가 섬기는 사람들이 (그들이 사용하는 이름, 인칭 대명사, 입는 옷 등과 상관없이) 어떻게 보이는지를 일깨워준다. 뿐만 아니라 이는 또한 청소년이 구현할 수 있는 정체성, 즉 그들의 삶 전체를 반영하고 그들에게 생명을 주는 공동체, 의미, 목적으로 나아갈 수 있는 길을 열어주는 정체성을 부여한다.

우리는 이 책의 4장에서 성별 불일치를 이해하는 다양한 렌즈들이 어떻게 특정한 목회 자세를 만드는지 그리고 이런 자세가 어떻게 목양에서 사용할 수 있는 후속 제스처를 결정하는지를 살펴보았다. 목양은 이론을 넘어 사람들의 생생한 경험으로 나아간다. 비전형적인 성별 표현과 크로스섹스 정체성이 지닌 도덕성에 대해 어떤 결론을 내리든, 우리는 성별 이분법의 바깥, 그 너머, 또는 그 사이에서 살고자 하는 욕구를 경험하고 때로는 그것을 실제 행동으로 옮기는 현실 속의 사람들을 이해하고 그들과 함께해야 한다. 이런 젊은이 중 다수는 마치 자신이 자기 몸에 속해 있지 않은 것처럼 느낀다. 이런 감정은 전반적인 소속감 결여로 이어질 수 있다. 성별 불일치를 경험하고 있는 그리스도인들은 기독교 공동체에서도 소속감 결여를 느낄 수 있다. 우리는 누군가의 이야기를 듣기 전까지는 이런 "다르다는 느낌"을 경험하는 것에서 오는 고립감, 외로움, 슬픔, 분노, 불안을 온전히 이해할 수 없다. 다르다는 느낌은 정체성, 공동체, 의미, 목적 등 모든 청소년이 던지는 질문에 대한 대답을 더욱 어렵게 만들거나, 더 나쁜 경우 다른 사람들과 더욱 멀어지고 엄청난 수치심과 절망을 갖게 만드는 이름을 채택하게 한다.

따라서 우리가 "사랑을 받은 자"라는 호칭을 앤디나 어떤 곳에도 소속되어 있지 않은 고통스러운 느낌을 받는 다른 젊은이들에게 사용할 수 있다면 얼마나 큰 선물이 될 수 있을까? 앤디를 이 호칭으로 부른다면 그녀는 고통이 아무리 커도 하나님이 자신을 기뻐하시고 사랑하신다는 것을 확신할 수 있다. 우리는 성별 정체성에 관한 대화에서 탕자의 교훈을 공유하고 이 이야기가 앤디 자신에게도 해당됨을 상기시켜주는 것이 얼마나 큰 힘을 미치는지 상상해볼 수 있다. 헨리 나우웬은 『탕자의 귀향』(*The Return of the Prodigal Son*)에서 다음과 같이 말한다.

> 그동안 하나님은 나를 찾고, 나를 알고, 나를 사랑하려고 노력하셨다. 문제는 "내가 어떻게 하나님을 찾을 것인가"가 아니라 "하나님이 나를 찾으시도록 어떻게 나를 보여드릴 것인가"이다. 문제는 "어떻게 하나님을 알 수 있을까"가 아니라 "하나님께서 나를 알도록 어떻게 하나님께 보여드릴 것인가"이다. 그리고 마지막 질문은 "어떻게 내가 하나님을 사랑할 것인가"가 아니라 "어떻게 내가 하나님의 사랑을 받을 것인가"이다. 하나님은 먼 곳에서 나를 바라보시며, 나를 찾으려고 애쓰시며, 나를 집으로 데려오기를 열망하신다.[2]

만약 앤디가 하나님과 교회에 그런 질문을 하는 것이 그녀 혼자만이 아니라는 것을 확신할 수 있다면 어떻게 될까? 나우웬과 다른 영적 거장들도 이와 동일한 질문을 했다. 앤디는 이런 질문을 던짐으로써 소속감을 느끼고 필요한 존재가 되기를 간절히 바라고 있으며, 하나님은 그녀를 멀리서 바라보고 찾으시면서 그녀와의 관계 회복을 갈망하신다. 우리는 나우웬의 성찰을 통해 하나님이 그녀를 찾기 원하는 그녀의 바람보다 훨씬 더 간절히 그녀를 찾기 원하시며, 자신을 알기 원하는 그녀의 바람보다 훨씬 더 그녀를 알기 원하시고, 하나님께 사랑받기 원하는 그녀의 마음보다 훨씬 더 그녀를 사랑하신다는 점을 상기시킬 수 있다. 그녀는 그분의 사랑을 받기 위해 노력할 필요가 없다. 그냥 사랑을 받으면 된다. 이 사랑은 모든 것을 변

---

2   Henri Nouwen, *The Return of the Prodigal Son: A Story of Homecoming* (New York: Doubleday Dell, 1994), 106. 『탕자의 귀향』(포이에마 역간).

화시킨다. 그리고 이 사랑은 그녀가 결정하는 성별 정체성에 달려 있지 않다.

사역의 현실적인 차원에서 우리는 앤디에게 다음과 같이 말할 수 있을까?

- "나는 여학생/남학생을 대상으로 하는 강연이나 좌담회는 모든 사람의 경험을 공평하게 말하지 않는다는 걸 알아. 너는 여학생 강연회에 참석했을 때 어떤 이야기를 들었니?"
- "나는 네가 적절하고 중요한 질문을 하고 있다고 생각해. 그리고 이것들은 교회와 우리 청년 모임에도 필요한 질문들이야. 너와 네가 제기하고 있는 질문이 이곳에 필요해."
- "내가 알기로는 대다수에게는 성별 정체성이 그렇게 복잡하게 경험되지 않는 것 같아. 그리고 성별 정체성이라는 영역에서 의문과 우려를 갖고 있는 사람들도 있단다. 이것은 네가 과연 이곳에 속해 있는지, 이곳에서 어떤 질문을 받게 될지 등에 관해 남들과 다른 경험을 할 때 흔히 생기는 일이야. 장담하건대 너는 이곳에 소속되어 있어. 우린 네가 여기에 있길 원해."
- "네가 상담가나 의사와 함께 성/성별 정체성 문제를 해결해나가는 과정에서, 나 역시 너를 돕기 원하고, 네가 원하는 만큼 최대한 (또는 최소한) 이야기를 함께 나눌 수 있어. 그리고 네가 생각과 계획을 정리할 때 널 위해 기도하고, 너와 함께 기도할 힘을 줄 수 있는 사람이 되고 싶어."
- "나 역시 모든 답을 알지는 못하지만 하나님이 너를 사랑하신다는 것을 알고 있고 네가 그 사실을 알고 있으며 그 관계에 의지하고 있

다니 기쁘구나. 또한 너를 정말로 아끼는 사람들을 통해 하나님이 네게 주신 사랑을 경험할 수 있도록 네가 교회의 여러 다른 사람과 관계 맺는 것을 도울 수 있게 되어서 기뻐."

하나님은 분명히 우리가 청소년 한 명 한 명을 찾으려 하는 것보다 훨씬 더 열심히 그들을 찾고 계시며, 우리가 헤아릴 수 없을 만큼의 깊이로 그들을 사랑하신다. 하지만 이 사랑을 받는 데 어려움을 겪는 청소년이 많다. 따라서 우리는 트랜스젠더 청소년들이 기독교 청년 사역 부서 안에서 이런 사랑을 발견하는 데 장애가 되는 것들에 대한 논의로 넘어가고자 한다. 경직된 고정 관념으로 인해 지속되는 수치심은 우리가 탐구해야 할 첫 번째 장애물이다. 그런 다음 우리는 청소년들의 무거운 짐을 덜기 위해 사역 현장에서 경직된 고정 관념에 도전하는 방법을 살펴볼 것이다.

수치심 극복하기

수치심과 죄책감은 중요한 점에서 다르다. 죄책감은 특정한 행동에 대한 후회와 반성으로 이어진다. 수치심은 우리가 저지른 행동에 대해 우리 자신에게 책임이 있음을 말해준다. 죄책감은 "내가 한 짓은 나빴다"고 말하는 반면 수치심은 "내가 나쁘다"고 이야기한다. 수치심은 자신이 선하고 사랑받을 만한 가치가 있다고 인식하는 개인의 능력에 영향을 미치는 부정적인 믿음에서 생겨난다.[3] 수치심은 감정을 마비시키며, 우리가 변화를 일으키도록 동기를 부여하지 않는다. 그 결과 수치심을 느끼는 사람들은 자

---

3   Veronica Johnson and Mark A. Yarhouse, "Shame in Sexual Minorities: Stigma, Internal Cognitions, and Counseling Considerations," *Counseling & Values* 58, no. 1 (2013): 85-103.

신을 스스로 거부하는 것처럼 남에게도 거부당할 것을 두려워함으로써 다른 사람을 멀리하기 쉽다.

그리스도인 청년들이 무엇 때문에 "나는 나쁜 사람이고 거절당하는 것에 대한 두려움을 갖고 있기 때문에 사람들과 하나님을 멀리해야 한다"는 믿음을 지속적으로 갖게 되는지 생각해볼 필요가 있다. 특히 젠더에 순응하지 않는 청소년이 무엇으로 인해 이런 믿음을 강화하게 되는 것일까? 성별에 대한 일반적인 경험이 누구에게나 적용되는 것으로 가정하고 이를 당연하게 여길 때, 다른 경험을 가진 사람들은 배제되었다고 느낄 수 있다. 예를 들어 사춘기가 청소년의 통과의례에 불과한 것이라고 말한다면, 앤디 같은 트랜스젠더 10대에게 끔찍할 정도로 수치스러운 경험에 관해 이야기할 수 있는 여지를 남겨두지 않는다. 우리는 다른 청소년들이 "남자답게 행동해라"나 "계집애처럼 그러지 말아라" 같은 성별 비하 발언을 할 때 트랜스젠더 10대 청소년이 갖게 되는 수치심을 제대로 이해할 수 없다. 이런 언어는 사랑이 결여된 발언이며, 이미 우리 가운데 자신들이 남자나 여자로서 "충분한" 요건을 갖추었는지 의심하는 사람들을 침묵하게 만든다. 따라서 청년 목회를 담당하는 사역자들은 청년들과 지도자들로 하여금 이런 발언들이 다른 사람들에게 상처를 줄 수 있는 여러 상황에 대비하고 그런 발언이 나올 때 적절하게 개입하도록 격려해야 한다.

남성성이나 여성성에 대한 우리의 인식은 인류의 타락으로 인해 다양한 영향을 받았다. 사람들은 성별 정체성 문제와 씨름하면서 "충분히 남자답지" 못하거나 "충분히 여성스럽지" 못하다는 이유로 때때로 수치심을 느낄 필요가 없다. 우리는 모두 거절당할 것을 두려워하면서 "기대에 부합하지 못한다"는 생각 때문에 자신의 모습을 숨겼던 때를 회상할 수 있다. 그렇다면 성과 성별에 대한 고정 관념과 맞지 않아 항상 성별 관련 이유로 소외감을 느껴왔던 이들의 어려움을 상상해보라. 어떤 사람들은 이런 상황에 대해 쉽게 서구 문화를 비난하지만, 우리는 기독교 공동체가 성별 기대치에 맞지 않는 사람들을 배척하고 그들이 자신들의 경험을 표현하기 위해 새로운 성별 정체성을 취할 필요성을 느끼는 방향으로 나아가는 데 어떤 역할을 해왔는지 물어볼 필요가 있다. 우리는 일부 사람들이 도달할 수 없는 충분한 남성다움과 여성다움의 기준을 사역 안에서 어떻게 설정하고 있는가?

오늘날 일부 젊은이는 동성으로 구성된 소그룹에 참여하는 것도 부담스럽게 느낄 수 있다. 동성으로 구성된 당신의 청소년 소그룹을 생각해볼 때, 성별 정체성 문제로 고민하는 사람이 말, 대화 주제, 농담을 듣고 자신이 "다른 사람인 것 같은 느낌"을 얼마나 자주 받는가? 남학생과 여학생이 무엇을 좋아하는지에 대한 편협한 고정 관념에 따라 프로그램을 진행하는 경우가 얼마나 자주 있는가? 프로그램을 이끌어가면서 "남성/여성 강연회"에서 강연을 하고, 진정한 남성다움과 여성다움의 멘토 역할을 하도록 선택받은 사람들은 누구인가?

우리는 일부 젊은이가 그룹의 조직, 상호 작용, 프로그램을 통해 어느 정도 부정적인 영향을 받게 될 것이며, 동성 간의 대화나 소그룹 토론이 끝난 후에 확인과 점검이 필요할 수 있다는 점을 인식해야 한다고 생각한다. 수치심 연구자로 유명한 브레네 브라운에 따르면 우리가 수치심에 대해 이야기하지 않으면 수치심이 우리의 삶을 좌우하는 데 훨씬 더 큰 힘을 발휘할 것이다.[4] 성별 관련 문제에 초점을 맞춘 청소년 행사가 끝난 뒤 목회자

---

4   Brené Brown, *Daring Greatly: How the Courage to Be Vulnerable Transforms the Way We Live, Love, Parent, and Lead* (New York: Gotham, 2012). Curt Thompson, *The Soul of Shame*(Downers Grove, IL: InterVarsity, 2015)도 보라.

들이 청소년들이 느낄 수 있는 수치심을 언급하면 청소년들은 "자신을 알아준다"는 느낌을 받을 것이다. 우리는 또한 청소년의 수치심을 유발하는 요인을 확인하고, 그런 감정이 일어나는 순간을 관리하는 방법을 찾도록 도울 수 있다. 우리가 성별 정체성 문제로 갈등하고 있는 청소년의 존재를 인식하고 있다는 것은 그들이 이런 경험에서 혼자가 아니라는 점과 성별 정체성을 찾는 여정에서 관심과 돌봄을 받고 있다는 사실에 대해 시사하는 바가 크다. 이런 인식은 자칫 고립감으로 이어질 수 있고 경우에 따라서는 절망에 이르는 순간에 친밀감을 허락한다.

말과 행동에 나타난 고정 관념에 도전하기

우리는 수치심의 원인을 다시 검토하고자 한다. 우리가 성경적 진리가 아닌 미국의 문화적 규범에 뿌리를 둔 남성성과 여성성에 대한 기준과 기대치를 설정함으로써 수치심을 강화하는 다양한 방법이 있다. 규범은 그 자체로 나쁜 것은 아니지만, 규범이 진정한 남성성과 여성성을 판단하는 기준이 되거나 우리가 규범을 도덕화하고 그 규범에 맞지 않는 사람들을 비난할 때 문제가 생긴다.

만약 우리가 사역하면서 남성성과 여성성에 대한 엄격한 고정 관념을 고착화한다면, 이 범주에 속하지 않는 사람들이 설 자리가 없다는 인식도 계속 강화될 것이다. 다시 말하지만 남성성과 여성성에 대해 이야기할 가치가 없다거나 이런 규범을 모두 폐기해야 한다는 뜻은 아니다. 하지만 시간이 지남에 따라 일부 청소년에게 해가 될 수 있는 이런 정체성의 측면에 대해 우리가 사역을 통해 무엇을 전달하고 있는지 잘 생각해봐야 한다.

기회가 있을 때마다 이런 고정 관념을 적극적으로 다루고 반박하는 것은 청소년 사역을 통해 성별 불일치를 경험하는 젊은이들과 동행할 수 있는 한 가지 중요한 방법이다. 당신은 이 장의 서두에 나오는 앤디의 경험 담에 언급된 전형적인 남학생/여학생 대상의 강연회에 익숙할 것이다. 이런 행사를 마친 후 앤디를 비롯한 트랜스젠더 청소년들로부터 좀 더 많은 이야기를 들으면서 우리는 이런 행사의 진행 방식이 어떤 이들을 고립시킬 수 있는 고정 관념을 지속시키는 경향이 있음을 알 수 있었다. 이런 고정 관념이 단 한 사람에게만 부정적인 영향을 미친다고 해도, 그것을 다루는 것은 가치 있는 일이다. 결국 예수의 사역 모델은 아흔아홉 마리의 양을 남겨 두고 잃어버린 한 마리 양을 찾는 것이었다.

우리가 남성과 여성에 대해 말하는 방식과 특히 사용하는 예시를 의도적으로 선택한다면 청소년 강연회를 기획하는 사람들에게 도움이 될 것이다. 우리는 청소년들에게 암묵적인 메시지를 전달할 때 우리가 제시하는 예(와 제시하지 않은 예)가 지닌 힘을 과소평가해서는 안 된다. 우리가 사용하는 예는 강연장에 있는 10대에게 메시지를 전달한다. 우리가 남성을 감정에 대해 이야기하길 꺼리는 냉철한 존재라고만 말한다면, 우리는 남성 정체성과 남성 공동체에 대한 접근성을 자신의 감정 부족 여부로만 판단하는 젊은 남성들을 발견하더라도 놀라지 않아야 할 것이다. "진짜 남자"의 대표적인 예가 축구선수와 나무꾼이라면, 그런 남자들과 자신의 연관성을 발견하지 못하는 사람들은 결국 자신이 진짜 남자인지 의문을 품게 될 것이다. 마찬가지로 고정 관념에서 비롯된 수동성, 과잉 감정, 과민성 같은 개념에 대해서만 듣는 여성은 위엄 있고 당당한 성인 여성의 상을 그리지 못한다. 우리는 일부 청소년이 답답하고 제한적인 남성성과 여성성의 모델만 경험하지 않는다면 남성/여성의 이분법을 넘어서려는 경향이 감소할 수도 있다고 생각한다.

사역에서는 다소 직관에 반할 수도 있지만, 성별에 따른 관심사, 활동 및 외모 측면에서 남성 또는 여성의 의미를 축소하기보다는 확대하는 것이 더 도움이 된다. 어떤 의미에서 대다수가 결코 충족하지 못할 남성다움과 여성다움에 대한 기대치를 계속 강화한다면 우리는 모두 고통을 겪게 된다. 기독교 사상가 에디트 슈타인은 남성과 여성에 대해 성찰한 바를 이렇게 밝혔다. "실제로 여성성만 지닌 여성은 없다. 여성도 남성처럼 자신만의 전문성과 재능을 갖고 있으며, 이런 재능을 통해 예술, 과학, 기술 등 전문적인 업무를 수행할 수 있다."[5] 다시 말해 슈타인은 일반적으로 남성과 여성 사이에 차이가 있는 것처럼 보이지만, 성격의 특성과 여러 측면에 있어서 사람들이 생각하는 것보다 성별 그룹 내에서 더 많은 다양성을 가지고 있다고 제안하고 후속 연구를 통해 이를 확인했다.[6]

슈타인의 생각에 비추어 남성성과 여성성에 대해 우리가 말하는 방식을 조정하면 과연 어떻게 될까? 청소년이 성별을 지닌 하나님의 자녀라는 그들만의 독특한 인식과 그들의 특별한 특성, 성격, 관심사, 재능을 통해 하나님이 갖고 계신 목적을 발견하게 한다면 어떻게 될까? 그들의 고유한 자아를 통해 그리고 그 자아 속에서 자신의 존엄성을 발견하는 데 장벽이 되는 것을 심각하게 받아들이면 어떻게 될까?

---

5   Edith Stein, *Essays on Woman*, trans. Freda Mary Oben, 2nd ed. (Washington, DC: ICS Publications, 1966), 50.

6   Janet Hyde and Janet Mertz, "Gender, Culture, and Mathematics Performance," *Proceedings of the National Academy of Sciences* 106, no. 22 (2009): 8801-7에서 인용됨. 다음 문헌들도 보라. Daphna Joel et al., "Sex beyond the Genitalia: The Human Brain Mosaic," *Proceedings of the National Academy of Sciences* 112, no. 50 (2015): 15468-73; Susan South, Amber M. Jarnecke, and Colin E. Vize, "Sex Differences in the Big Five Model Personality Traits: A Behavior Genetics Exploration," *Journal of Research in Personality* 74 (2018): 158-65; Yanna Weisberg, Colin DeYoung, and Jacob Hirsh, "Gender Differences in Personality across the Ten Aspects of the Big Five," *Frontiers in Psychology* 2, no. 178 (2011): 1-11, https://www.ncbi.nlm.nih.gov/pmc/articles/PMC3149680/pdf/fpsyg-02-00178.pdf.

예술이나 음악처럼 여성적이라고 여겨지는 관심사를 가진 남성의 이름을 강연과 사례에서 언급함으로써 그들에 대한 존경을 표하는 것은 가치 있는 일이다. 우리는 미켈란젤로, 모차르트, 베토벤 등 아름다운 음악과 장엄한 기독교 건축물을 만든 사람들을 얼마나 빨리 잊고 마는가? 그들의 창조성이 예술 행위에 뚜렷하게 드러났기 때문에 그들은 덜 위대한 사람들인가? 그들은 자신의 관심이 축구 경기에서 환호를 받을 수 없다고 생각해서 하나님께 덜 존경받을 만한 방식으로 영광을 돌린 것인가? 우리는 또한 성경 전체에 걸쳐 그리스도 자신으로부터 남성에 대한 풍부한 묘사를 얻을 수 있다. 그분은 오늘날 남성에게 제시되는, 기백이 있고 허세를 부리고 과도한 성욕을 뽐내며 감정적으로 메마른 것과는 전혀 다른 모델을 제시하셨다. 청년들은 청년 모임이나 다른 환경에서 이야기하는 것을 토대로 자신의 남성다움을 평가하고 측정하거나, 그런 관념에 반발하고 다른 곳에서 남성으로서의 정체성을 찾을 것이다.

어린 소녀들은 온유함과 겸손함뿐만 아니라 자신감과 자기주장을 키우도록 격려받는 것이 도움이 된다. 성별 정체성 문제를 가진 일부 청소년은 자신감과 강인함을 키우고 감정 표현을 줄여야 한다는 이유로 남성 정체성을 채택해야 한다고 언급하기도 한다. 여기에는 역사적 억압과 낙인뿐만 아니라 문화적 압박이 분명히 작용한다. 하지만 경건한 여성이 의미하는 바가 무엇인지 다시 생각하게 하는 기독교 역사를 통해 여성에 대한 보다 더 건설적이고 복합적인 표현을 이끌어내는 것이 교회에 도움을 줄 수 있을 것이다. (만약 그들이 모든 사람의 요구에 순종하는 수동적인 여자를 상상하게 된다면, 우리는 그들의 기대를 저버리는 것이다!) 룻, 에스더, 드보라, 브리스길라, 훌다, 유니게, 마리아를 포함하여 성경에 등장하는 많은 여성 그리스도인은 여성에 대한 고정 관념과는 전혀 다른 모습을 보여준다.

소그룹을 구체적으로 기획할 때, 우리는 성별로 청소년들을 구분하는 것과 성별에 특화되어 있지 않은 관계 및 상호 작용을 발전시키는 것 사이에서 균형을 잡으면 어떨까 생각해본다. 모든 청소년은 성별을 넘어선 관계를 맺음으로써 유익을 얻을 수 있다. 우리는 목회 현장이나 상담 치료 모임과 같은 서로 다른 환경에서 남성과 여성을 분리하지 않거나, 성별로 나뉜 소그룹 활동을 개발할 때 전형적인 남성이나 여성의 흥미와 관심사를 반영하지 않는 것이 큰 가치가 있음을 발견했다. 이는 특히 그런 순간을 고통스러워하는 청소년들에게 도움이 될 것이다.

청소년을 훈육하고 멘토링하는 일과 관련하여, 비록 우리 자신은 다양한 아이들의 흥미에 관심이 없더라도 그것에 관심을 보이며 함께 즐거워할 수 있을까? 당신이 목사나 사역자로서 어떤 한 청년이 참여하는 농구 경기만큼이나 다른 청년이 배우는 피아노곡을 듣고 싶어 한다는 것을 멘토링하는 청소년들에게 보여준다면 어떨까? 아니면 당신은 어떤 여성의 세련된 의상만큼 한 여성의 소프트볼 경기 우승에 열광하고 있는가? 만약 우리가 10대 청소년의 관심과 재능에 기쁨을 느끼지 않는다면 그들은 이를 공유하는 일을 멈출지도 모른다. 우리가 다양한 역할과 재능을 가진 남녀의 사례를 제시하면 10대들이 자신의 재능을 사용하여 하나님께 영광을 돌리고 교회를 세워나갈 수 있는 방법에 대한 상상력을 넓힐 수 있다. 우리는 젊은 이들의 다양한 경험을 기대하고 그들과 대화하면서 그들의 특별한 경험을 공유해달라고 요청하는 것이 바람직하다.

행복의 길 제시하기

성에 대한 글을 쓰는 이브 터시넷은 이렇게 이야기한다. "현재 게이 청소년들은 주류 언론과 게이 문화로부터 강력하게 '해도 된다'(Yes)라는 말을 듣는다. 하지만 교회에서는 '안 된다'(No)라는 말만 듣는다. 그리고 당신은 게이와 결혼하거나 성교해서는 안 된다라고만 말하는 사역을 할 수 없다. 당신은 '안 된다'라고만 말하는 사역을 할 수 없다."[7] 성별 정체성에 대해서도 마찬가지다. 만약 젊은이들이 자기나 친구들의 성별 정체성 갈등에 대해 '안 된다'라는 말만 듣는다면, 교회 안에서 의미와 목적을 제공하는 길을 찾는 데 어려움을 겪을 것이다. 그들은 비록 그 의미와 목적이 기독교의 비전에서 크게 벗어나더라도 교회를 떠나 다른 곳에서 의미와 목적을 찾을 떠날 것이다.

기독교 사역 지도자인 캐롤은 자신이 이끄는 여성 성경 공부에 참석하는 트랜스젠더 대학생 샘의 경험을 깊이 이해하려고 노력했다. 캐롤은 줄리아와의 상담에서 샘이 성경 공부에 참여하면서 생긴 문제에 대해 이야기했다. 캐롤은 이 문제에 대해 논의하기 위해 샘을 만났고, 샘은 다른 사람들과의 사적인 만남에서 자신이 젠더퀴어임을 밝혔다는 사실을 공유했다. 그녀는 성별 위화감을 관리하기 위해 호르몬 복용을 고려하고 있지만, 종교적인 이유로 수술은 받지 않을 것이라고 캐롤에게 털어놓았다. 샘은 함께 교제를 나눌 신도들의 공동체를 찾고 있었다. 그녀는 교내에 있는 LGBTQ+ 모임에 갔었지만, 그 모임은 수술에 대한 그녀의 유보적인 태도를 멸시했기 때문에 비슷한 종교적 가치를 가진 사람들과 함께 있고 싶었다. 샘은 그녀의 개인적인 정체성을 공유하고 자신이 씨름하는 문제를 소그룹과 나누고 싶었지만, 그것을 어떻게 공유할 수 있을지 두려웠다. 그녀는 질문이 많았다. 그녀는 자신이 전환을 하고도 성경 공부 모임에 계속 남

---

7   Eve Tushnet, "The Botany Club: Gay Kids in Catholic Schools," *American Conservative*, May 30, 2012, https://www.theamericanconservative.com/2012/05/30/the-botany-club-gay-kids-in-catholic-schools/.

아 있어도 되는지 고민했다. 성경이 전환에 대해 뭐라고 말하고 있을까? 자신이 경험한 성별 위화감에 대해 모임에서 공유할 수 있을까? 호르몬을 복용하면 지옥에 갈까? 그녀는 이런 문제를 놓고 5년 동안 씨름하면서 자신이 "정상인"이 될 수 있을지 궁금해했다.

줄리아는 캐롤에게 샘이 어려운 질문을 하고 가능성을 탐구할 때 무엇보다 그녀의 믿음을 심화시킬 수 있는 신뢰 관계를 조성하라고 격려했다. 캐롤과 샘의 멘토링 관계에서는 성별 정체성에 대해 질문할 수 있는 환경을 조성하는 것도 중요했지만, 샘을 성숙한 믿음의 제자가 될 수 있는 전인적인 인격체로 보는 것도 중요했다. 줄리아는 캐롤에게 샘이 예수를 따르는 사람이며, 그분을 사랑하고 섬기며 자신의 삶을 통해 그분의 영광을 증언할 수 있는 특별한 방법을 찾아내기 위해 계속해서 노력하는 사람이라는 점을 상기시켰다. 줄리아는 캐롤에게 샘은 우리에게 필요한 존재이며 하나님이 그녀의 인생에 부여하신 사명을 그 누구도 대신 완수할 수 없음을 확신시키라고 격려했다.

줄리아가 이렇게 말하자 캐롤은 고민에 빠졌다. 그녀는 샘과 같은 사람을 대상으로 사역할 때 생각해야 할 많은 변수와 해결해야 할 딜레마에 점점 더 압도되었다. 격분한 그녀는 이전에도 많은 사람이 우리에게 했던 질문을 던졌다. "이 사람들은 소수가 아닌가요? 왜 한두 사람을 위해 모든 것을 결정해야 하나요?" 이에 대해 줄리아는 정직함의 중요성을 강조했다. 우리가 정말 샘을 필요로 한다고 말한다면 행동이 뒤따라야 한다. 샘이 우리의 사역을 복잡하게 만들기 때문에 그녀를 원하지 않는다고 말한다면 과연 우리의 사역이 그리스도의 마음을 드러내고 있는지 성찰해볼 필요가 있다.

캐롤의 질문은 도전적인 현실을 드러내는 중요한 질문이다. 아흔아홉 마리의 양을 두고 한 마리의 양을 찾아 나서는 예수의 목양 모델을 생각하면, 그 하나를 찾는 것은 성가신 일이라는 것을 금방 알게 된다. 그 결과 우리는 그 하나가 무시해도 좋을 만큼 대수롭지 않다고 믿고 싶은 유혹을 받을 수 있다. 이는 그리스도의 가르침을 급진적이고 도전적이며 항상 현실과 연관성이 있게 만드는 요인 가운데 하나다. 그분의 가르침은 소수를 등한시하는 우리의 인간적 성향을 바로잡는다. 자신을 따르라는 예수의 부르심은 우리가 얼마나 많은 에너지를 기꺼이 그 한 사람을 위해 쏟고자 하는지를 생각해보게 만든다. 이런 딜레마는 새로운 것은 아니지만 현재의 문화 풍토에서는 특히 더 큰 모험이 뒤따른다. 우리의 젊은이들은 지켜보고 있다. 아흔아홉 명에게 복잡한 일이 생기더라도 우리는 그 한 명을 위해 노력할까? 아니면 하나를 희생함으로써 아흔아홉의 안락함을 지켜줄 것인가? 우리는 모든 사람을 필요로 하고 모두가 이곳에 속해 있다고 말하기 전에 그것이 진심인지 되돌아봐야 한다. 만약 그것이 진심이라면 하나님이 그 과정에서 생기는 복잡한 문제들을 헤쳐나갈 수 있도록 도와주실 것이라고 믿을 수 있다. 만약 그렇지 않다면 우리가 정말로 예수를 따르고 있는지 자문해볼 필요가 있다.

아마도 캐롤이 직면해야 할 가장 중요한 현실은 샘에게 행복에 이르는 길을 제시할 수 있는가라는 도전일 것이다. 샘과 같은 사람이 전환을 시도하지 않는다면, 이는 특히 샘이 성별 위화감을 겪을 경우 쉽게 완화되지 않는 불일치의 고통스러운 경험을 안고 가야 하기 때문에 캐롤과 교회 전체가 샘에게 어떤 희망의 메시지를 줄 수 있는지 깊이 생각해야 한다. 비록 최선책은 아니지만 샘이 전환하기로 결정한다면, 전환 이후에 샘에게 어떤 메시지를 전할 수 있을까? 전환 결정은 성별 위화감이 초래하는 고통스러운 경험을 관리하기 위한 시도로 간주되거나 진정성을 추구하는 길로 제시될 수 있다는 것을 명심해야 한다. 어느 경우든 그런 결정은 점점 더 폭넓은 문화의 지지를 받고 있다. 이는 우리가 목양하는 일부 젊은이들이 전환을 한 후에야 우리를 찾아올 수도 있음을 의미한다. 또한 오늘날 성별 정체성에 대한 지배적인 내러티브는 젊은이들에게 그들이 행복해질 수 있다고 믿는 길을 제시하기 때문에 설득력을 지니고 있음도 기억해야 한다. 샘과 같은 젊은이들에게 기독교가 제시할 수 있는 반대 담론은 무엇인가?

기독교가 각 사람에게 제시하는 비전은 현재 우리 문화가 제시하는 비전과 중요한 면에서 구별된다. 예수가 보여주신 삶의 모델은 우리가 사랑으로 또한 사랑을 위해 지음 받았다는 믿음에 뿌리를 두고 있다. 하나님의 희생적이고 무조건적인 사랑을 마주하게 되면 하나님과 친밀함을 나누며 기도의 삶을 시작하고, 하나님에 대한 지식을 추구하면서 하나님 및 그분의 백성들과 영원 이편에 있는 공동체에 대한 섬김을 추구하게 된다. 샘에게는 자신이 이런 사랑의 삶을 살도록 초대받았고 이런 사랑을 기반으로 충분히 사랑할 수 있는 능력을 갖고 있다는 말을 듣는 것이 중요하다. 캐롤은 샘이 기도의 삶을 발전시켜 나가고 하나님을 더 알아가면서 자신의 특별한 은사를 통해 그분의 백성을 만나고 그들을 섬김으로써 현재의 삶을 통해 그녀와 여정을 함께 할 수 있는 활기찬 신자들과 공동체를 형성하고 유지할 수 있는 독특한 방법을 생각하도록 도울 수 있다.

그리스도는 우리와 여정을 함께 하시기 위해 우리의 삶 속에서 그리고 동료 신자들이 그들의 삶을 통해 우리와 동행하면서 주는 것보다 훨씬 더 많은 것을 우리에게 베풀어주신다. 그는 자기 자신을 우리에게 내어주신다. 우리는 그분을 우리의 최고 정체성이자 그것의 근원으로서 따라야 할 필요가 있다. 샘은 그분의 "사랑을 받은 자"다. 성별 정체성 문제는 샘이 지닌 근본적인 정체성과 존엄성의 근원으로부터 그녀를 배제하지 않는다.

적어도 우리의 사역은 이런 사실을 새롭게 전달해야 한다.

문화와 소통하기

기독교는 반문화적이긴 하지만 그렇다고 해서 문화를 경멸하지는 않는다. 오히려 현재 문화 속에서 젊은이들과 소통하려면 창의력을 발휘하여 그들이 제공하는 흥미로운 이야기의 매력에 빠져들게 하고, 포스트모더니즘이 제시한 인류 비전의 허점을 파헤치도록 도와야 한다. 우리는 열망만을 따라 사는 이기주의적 비전이 부적절하다는 점을 깨닫게 하는 다양한 길을 모색할 수 있다. 우리는 기독교 신앙의 진리를 멋지게 드러내는 거룩한 사람의 사례를 제시할 수 있다. 또한 현재 일어나는 일들을 대화의 출발점으로 삼아 청소년이 궁금해하는 질문을 나눌 수 있다. 우리는 신념에 입각한 정중함과 예의를 10대들에게 모범으로 보여줌으로써 그들이 그것에 대한 확신을 버리지 않고 그 모범을 따를 것이라는 희망을 갖고, 신념을 버리지 않은 채 동의하지 않는 사람들과의 관계를 이어나가게 할 수 있다. 궁극적으로 우리는 청소년들에게 그들의 삶이 어떤 방향으로 나아가든지 예수가 그들과 함께하시고 그들에게 말씀하시며 집으로 가는 여정에 동행하기를 간절히 원하고 계심을 확신시킬 수 있다.

이 장을 마무리하면서 오늘날 청소년 대상 사역에 도움이 되는 몇 가지 생각을 정리하고자 한다.

- **관심을 유지하라.** 우리는 어떤 한 사람과 동행하는 것처럼 문화와 계속 소통하면서 살고 있다. 사람들이 성별 정체성 문제를 탐색할 때 문화 자체에 지속적인 관심을 보이는 것이 중요하다. 문화 속에

서 발생하는 일에 결함이 있다고 해서 그것에 대해 눈을 부라리거나 단순히 반박하기보다는 미디어, 음악, 정치 등을 통해 문화에 새롭게 나타나는 것들을 접해보고 무슨 메시지를 전하는지 들어보라.

- **전략들을 존중하라.** 우리는 성별 정체성과 성별 표현에 대한 선택지들을 탐색하는 문화적 환경에 관심을 기울이면서, 유독 사람들의 관심을 사로잡는 새로운 전략과 방법들을 존중해야 한다. 여기에는 우리가 문화적 규범에 대해 말하는 방식을 재구성하고, 특정 인물이나 메시지를 블랙리스트에 올리려는 유혹에 저항하는 것도 포함된다. 존중한다는 것은 (물론 당신이 그럴 수는 있지만) 동의하거나 지지한다는 것이 아니라, 한 개인(그리고 변화하는 문화)이 의사 결정 과정에서 그런 결정들을 어떻게 타당하다고 판단하게 되었는지를 이해하는 것이다. 개인의 전략이 문화의 전략을 반영한다는 점을 인식하라. 이런 전략에 반영된 문화가 무엇인지, 그 전략들이 왜 그렇게 설득력이 있는지 가능한 한 많이 배워라.

- **시야를 넓혀라.** 지평을 넓히고 가능성을 열어주며 미래에 대한 생각, 기대, 꿈을 부각시키는 질문을 하라. 궁극적으로 그리스도를 모르는 사람들을 위한 일차적인 지평은 그리스도를 삶 속에서 신뢰하는 것이다. 두 번째 지평은 그들이 자신의 성별 정체성과 성별 표현을 갖고서 그리스도를 신뢰하기 시작하는 것이다. 성별 탐색에 대해 "안 된다"(no)라는 신학만 제시하지 말고 그리스도 안에서 젊은이들이 어떤 삶을 살 수 있는지에 대한 호기심을 강화하라.

성과 성별에 대한 문화적 규범이 변화함에 따라 문화가 새로운 성별 정체성을 긍정적으로 수용하고 받아들이는 것처럼, 그리스도인들은 구체적이고 개인적인 사랑의 행위, 즉 그 사회의 구성원들을 향한 하나님의 사랑을 보여주는 행위를 통해 그 문화와 소통한다.

우리가 공식적인 청소년 사역을 하든 아니면 단순히 오늘날의 청소년과 함께하든, 그리스도인들은 문화와 소통하면서 아름다움과 선함과 진리로 충만한 복음을 새롭게 전한다. 이것이 바로 오늘날 모든 연령대의 젊은이들에게 줄 수 있는 궁극적인 답이다. 젊은이들이 있는 곳에서 그들을 만나고 그들의 말을 경청하면서 그들이 자신을 형성해나가는 문화를 깊이 생각하도록 도울 때 비로소 이것을 가능하게 할 수 있다. 그런 다음에야 그들에게 제공되는 상반된 비전을 이해할 수 있다. 우리는 성별 정체성에 대해 우리가 아는 것과 모르는 것이 있으며, 우리가 하는 사역의 일부가 젊은이들을 지속적으로 고립시킨 점을 인정하고 자비와 겸손으로 그들을 지도해야 한다. 우리는 우리를 포함한 많은 그리스도인이 사랑을 실천하는 데 실패했고 또 지금도 지속적으로 실패하고 있는 것에 대해 용서를 구해야 한다. 우리의 약점을 인정함으로써 모범을 보이는 것의 중요성을 과소평가할 수 없다. 오늘날 젊은이들은 활기차고 열정적인 삶의 진정한 모델을 필사적으로 찾고 있다. 겸손, 은혜, 자비, 기쁨은 그들을 그런 삶의 근원으로 이끌 것이다. 문화는 그것들을 막을 수 없다.

9장

기독교적 희망에 대한 성경의 해석 회복하기

하나님의 구속 이야기에 초대를 받는다는 것은 모든 것을 새롭게 하실 그리스도의 재림에 온전히 초점이 맞추어진 우리의 소망과 더불어 현재에 대한 긴장을 수반한다. 교회는 현재 성별 이론과 무너지고 있는 성/성별 규범에 어떻게 대응할지 고민하고 있으며, 때로는 정신 건강 문제를 동반할 수 있는 성별 정체성 문제를 탐색하는 청소년에게 어떻게 대응해야 할지 심각하게 고민하고 있다. 이런 고민에 비추어 우리는 이런 각각의 도전에 대해 그리스도 중심적인 답을 알려줄 수 있다고 생각하는 기독교의 희망을 제시함으로써 이 책을 마무리하고 싶다.

성별 정체성 문제를 탐색하거나 그 문제를 중요하게 생각하는 모든 그리스도인의 삶에서 성화(sanctification)가 어떤 모습일 수 있는지에 대해 더 깊이 탐구할 여지가 있다. 그렇다고 해서 성별 정체성 문제를 탐색하는 그리스도인에게 성화를 향한 새롭거나 별도의 길이 필요하다는 의미는 아니다. 오히려 성화의 길은 우리 모두에게 변함없이 동일하다. 성별 정체성이라는 미지의 영역과 관련이 있더라도 기도, 섬김, 고통에 대한 수용이 동일하게 존재한다. 우리는 결코 우리를 떠나시거나 버리시지 않는 하나님이 우리 각자의 이름을 부르셨으니 두려워하지 말라(신 31:6)는 말씀을 떠올려야 한다. 그분의 부르심에 응답함으로써 우리는 태어난 날부터 지금까지 우리의 영혼이 갈망해온 그분을 만나게 될 것이다.

우리는 하나님이 어떤 것에도 놀라시지 않는 분임을 다시금 되새긴다. 그분은 우리가 성/성별 규범이 도전을 받고 있는 현재 상황 가운데 처하게 될 것을 알고 계셨다. 하나님은 자신이 무엇을 하고 계신지, 어떻게 인간이 존재하는 모든 시대에 아름다운 구원과 영광을 가져오게 할지 알고 계신다. 이 중요한 시기에 하나님은 자신의 교회를 버리지 않으셨고 앞으로도 버리시지 않을 것이다. 기독교의 하나님은 멀리 서서 인류의 파멸을 지켜보는 이교도의 신 같은 존재가 아니다. 오히려 우리가 고백하는 이 하나님은 육체를 갖고 있는 우리를 자신의 고통과 죽음과 부활을 통해 구속하신, 성육신하신 하나님이시다. 비록 우리가 그분이 무엇을 하고 계신지 아직 이해하지 못한다 하더라도, 앞으로 이해하게 될 것이다. 희망의 본질은 다음과 같다. "우리가 소망으로 구원을 얻었으매 보이는 소망이 소망이 아니니 보는 것을 누가 바라리요? 만일 우리가 보지 못하는 것을 바라면 참음으로 기다릴지니라"(롬 8:24-25).

우리가 기다리는 것은 무엇일까? "모든 은혜의 하나님 곧 그리스도 안에서 너희를 부르사 자기의 영원한 영광에 들어가게 하신 이가 잠깐 고난을 당한 너희를 친히 온전하게 하시며 굳건하게 하시며 강하게 하시며 터를 견고하게 하시리라"(벧전 5:10). 이런 회복에 대한 기대야말로 기독교가 제시하는 궁극적인 희망이다.

우리 주 예수 그리스도의 아버지 하나님을 찬송하리로다. 그의 많으신 긍휼대로 예수 그리스도를 죽은 자 가운데서 부활하게 하심으로 말미암아 우리를 거듭나게 하사 산 소망이 있게 하시며 썩지 않고 더럽지 않고 쇠하지 아니하는 유업을 잇게 하시나니 곧 너희를 위하여 하늘에 간직하신 것이라. 너희는 말세에 나타내기로 예비하신 구원을 얻기 위하여 믿음으로 말미암아 하나님의 능력으로 보호하심을 받았느니라. 그러므로 너희가 이제 여러 가지 시험으로 말미암아 잠깐 근심하게 되지 않을 수 없으나 오히려 크게 기뻐하는도다(벧전 1:3-6).

우리의 구원자는 인류가 타락하는 가운데 잃어버린 모든 것을 회복시키고 우리가 헤아릴 수 없는 충만함에 이를 것이라고 약속하신다. 이 영광 곧 우리의 영광은 우리 몸의 부활을 가져올 것이다. 우리는 이 사실에 시선을 고정하고 크게 기뻐하라는 권면을 받았다!

토머스 두베이는 우리의 믿음이 일상에 어떻게 반영되는지 또는 반영되지 않는지에 대해 고민하라고 권유한다. "만약 수백만 명이 그리스도를 따르고 있음에도 불구하고 왜 아직까지도 온 세상이 회심하지 못했는지를 궁금해한다면, 그 답을 멀리서 찾을 필요가 없다. 우리가 불타는 열정을 보여주지 못하기 때문이다. 또한 우리는 다른 사람들과 별다른 점이 없어 보인다. 우리는 영원한 삶을 믿으면서도 실제로는 마치 이생에서의 삶만이 우리에게 존재하는 것처럼 살고 있는 타협주의자처럼 보인다."[1]

오늘날 그리스도인들 사이에 종종 방어적이고 두려움과 공포를 느끼며 절망하는 분위기가 감돈다. 성경을 붙들고 한숨을 내쉬며 손주에게 "네

---

[1] Thomas Dubay, *Happy Are You Poor: The Simple Life and Spiritual Freedom* (San Francisco: Ignatius, 2003).

가 이런 시대에 살고 있다니 안타깝구나. 나는 곧 이곳을 떠날 수 있어서 기쁘지만 말이야"라고 말하는 할머니가 떠오른다. 현재 문화에 대한 이런 비관주의는 우리가 의미 있는 방식으로 문화와 소통하지 못하게 막는다는 점에서 복음을 방해하는 요소라고 할 수 있다. 이는 또한 인류가 하나님을 찾는 노력을 멈춘 것처럼 보일지라도 하나님은 결코 인류를 찾는 일을 멈추시지 않는다는 확신에서 벗어난 불행한 일탈이다. 하나님은 우리가 사랑하는 사람들을 우리가 사랑하는 것보다 더 사랑하신다. 그 진리가 우리 마음에 스며들게 하는 것은 우리 모두가 준비된 영광에 들어갈 수 있도록 희망을 확고히 하는 일이다.

인류의 타락은 모든 것에 영향을 미친다. 그것은 우리의 성적 지향, 성과 성별의 일치, 우리 자신의 가치, 우리를 향한 하나님의 사랑을 의심하지 않고 믿을 수 있는 능력에 영향을 미친다. 구속과 영화(glorification)에 대한 기독교의 가르침은 "나는 몸이 다시 사는 것과 영원히 사는 것을 믿사옵나이다"라는 오래된 신앙고백을 떠올리게 한다. 그리스도인들은 부활할 때 우리가 어떤 몸을 갖게 될지, 그리스도께서 상처를 지녔던 것처럼 우리의 몸에도 상처가 있을지, 앞으로 도래할 세상에서의 삶은 어떠할지, 죽음 이후에 이런 삶을 얼마나 빨리 경험할 수 있을지, 그곳에서 누가 우리의 곁에 있을 것인지에 대해 의견을 달리할 수 있다. 그러나 그리스도인들은 영생이라는 중요한 현실과 그것이 우리에게 제시하는 궁극적인 희망에 대해서는 의견을 같이할 수 있다.

목회자이자 작가인 자크 필리프 신부는 이 타락한 세상에서 우리가 경험한 것들을 주님께 예물로 드릴 때 얻을 수 있는 열매를 강조한다. 우리가 처음에는 억압적인 힘으로 이해했던 것이 하나님의 은총에 의해 변화될 수 있다. 이것이 바로 구속의 역사이며, 구속을 통해 우리는 가장 고통스러운 상황에서도 간절히 추구하는 의미와 목적을 발견할 수 있다.

우리의 자유는 언제나 삶이나 사건들이나 다른 사람에 의해 우리가 빼앗긴 것을 주님께 드리는 예물로 바꿀 수 있는 놀라운 능력을 갖고 있다. 겉으로 보기에는 차이가 없지만 내적으로는 모든 것이 변화된다. 운명은 자유로운 선택으로, 구속은 사랑으로, 상실은 결실로 변한다. 인간의 자유는 전례 없는 위대함이다. 그것은 모든 것을 바꿀 수 있는 힘을 부여하지는 않지만, 우리가 모든 것, 심지어 무의미한 것에도 의미를 부여할 수 있게 해준다. 하지만 그것은 오히려 훨씬 더 소중하다. 우리가 항상 우리 삶의 주인이 되는 것은 아니지만, 그것에 부여되는 의미의 주인이 될 수는 있다. 우리의 자유는 삶에서 일어나는 어떤 사건도 사랑, 청산, 신뢰, 희망, 예물로 바꿀 수 있다.[2]

우리는 성별 불일치라는 무의미해 보이는 현실, 그로 인해 야기되는 극심한 고통, 앞에 놓인 중요한 결정들조차도 큰 의미를 지닌 예물이 될 수 있다는 사실을 성별 위화감으로 고통받고 있는 이들에게 일깨워주고 싶다. 당신이 전환을 하지 않았고 평소에 성별 정체성에 관련된 특별한 문제를 갖고 있다면 당신의 이야기는 중요하다. 만약 전환을 했고 그럴 필요가 있었다고 느낀다면, 당신의 이런 이야기도 중요하다. 만약 당신이 전환을 한 상태에서 지속적인 호르몬 치료로 인해 부담을 느끼고 마트에서 만나는 그리스도인들의 혐오스러운 표정과 손가락질에 고통을 받고 있다면, 하나님은 당신에게 혐오감을 느끼시지 않는다는 것을 기억하기 바란다. 하나님은 당신의 존재로 인해 분노하시지 않는다. 당신이 살아있다는 것은 기

---

2   Jacques Philippe, *Interior Freedom* (New York: Scepter, 2002), 57.

쁜 일이다.

당신의 사연이 무엇이든, 우리는 헨리 나우웬의 말을 인용하려고 한다. "효율성, 통제력, 성공을 추구하는 세상의 눈에는 우리가 매우 하찮은 작은 종으로 보일지도 모른다. 그러나 하나님이 우리를 영원히 선택하셔서 복 받은 자로 세상에 보내시고 고난에 넘겨주셨다는 사실을 깨닫게 된다면, 우리의 작은 삶이 스스로 번성하여 수많은 사람들의 필요를 채워줄 수 있으리라는 믿음을 가질 수 있지 않겠는가?"[3] 이것은 성별 정체성 문제를 탐색하는 이들에게 희망을 주는 메시지다. 당신은 교회에 소속되어 있으며 많은 것을 줄 수 있다. 당신은 그 누구도 당신을 대신하여 성취할 수 없는 목적을 가지고 하나님의 선택을 받았다. 당신은 사랑을 받은 자다. 하나님이 그분의 나라를 세우시기 위해 당신의 특별한 이야기를 사용하실 것임을 믿어야 한다. 그분은 당신의 이야기에 놀라시지 않고, 그 이야기를 통해 그분을 절실히 필요로 하는 세상에 말씀하실 준비가 되어 계신다.

기독교의 희망의 메시지는 성별 정체성 문제를 탐색하는 사람들이 짊어지고 있는 십자가의 무게를 반드시 인정해야 한다. "나도 어렸을 때 바비 인형을 별로 안 좋아했기 때문에 널 이해해"라든가 "남자답게 잘생겼는데 왜 다른 성별이 되려고 하지?"라는 말을 함으로써 그들의 고통을 별것 아닌 것으로 치부해서는 안 된다. 우리의 소망은 성별 위화감이라는 십자가의 고통을 근본적으로 직시하고, 우리의 도움을 통해 인간의 모습으로 나타나시는 하나님의 도우심을 근본적으로 주장해야 한다.

이 어려운 현실의 깊이를 받아들일 때, 우리는 이생과 장차 올 생에서

---

3 Henri Nouwen, *The Life of the Beloved: Spiritual Living in a Secular World* (New York: Crossroad, 2002). 『이는 내 사랑하는 자요』(IVP 역간).

하나님과 서로의 도움으로 행복하게 사는 법을 배울 수 있다는 용기를 얻는다. 우리는 함께 고통을 껴안고 하나님의 은혜와 깊고 친밀하고 진실한 그리스도와의 관계를 통해 그 고통을 변화시킬 수 있다. 이는 성별 위화감이 주는 고통을 하나님 앞으로 가지고 나아가는 것을 의미하며, 하나님은 그것을 보고 놀라시지 않고 그것을 경험하는 사람에게 분노하시거나 혐오감을 느끼시지 않는다는 것을 우리는 알고 있다. 우리는 차선의 대책을 찾으려고 안달할 수 있겠지만, 하나님은 그러시지 않는다. 그분이 원래 생각하신 방안은 우리가 느끼는 성별 정체성과 관계없이 인간 각자의 영혼을 위한 유일무이하고 특별한 그분의 계획이다.

새로운 성별 정체성을 통해 자신의 정체성과 소속될 커뮤니티를 찾고 있는 사람들을 위해, 우리는 문화가 어떻게 그동안 전례 없는 방식으로 당신의 언어와 성별 정체성 선택지를 형성해나가고 있는지를 생각해보길 권한다. 성별 위화감을 겪고 있는 여러 사람에게 도움이 되는 관리 전략 중 일부는 당신에게 동일한 결과를 만들어내지 못할 수도 있다. 당신에게는 고려해볼 수 있는 다른 방법들이 있을 수 있으며, 시간이 지남에 따라 더 만족할 수 있는 정체성과 커뮤니티 선택지가 생길 수 있다.

오늘날 젊은이들이 선택할 수 있는 다양한 성별 정체성 선택지를 두려워하는 사람들에게도 희망은 있다. 자유의지에 대한 기독교 교리는 인간의 선택을 용납하고 존중하시는 하나님의 능력을 강조한다. 하나님은 가능한 모든 선택지를 제시하시고, 그분의 뜻과 하나가 될 때 풍성한 삶을 누릴 수 있음을 강조하신다. 그분은 우리가 선을 택하기를 원하시지만, 우리가 그것을 강제로 선택하거나 혹은 다른 것을 선택함으로써 초래되는 결과에 대한 두려움 때문에 선을 택하는 것을 원하시지 않는다. C. S. 루이스의 저서 『순전한 기독교』(*Mere Christianity*)는 이 사례를 다음과 같이 잘 설명한다.

기계적으로 움직이는 피조물로 가득한 자동기계의 세계는 창조할 가치가 없다. 하나님이 가장 고등한 피조물에게 주시고자 하는 행복은 사랑과 즐거움의 절정에서 자유로우면서도 자발적으로 하나님과 연합하며 이웃과 연합하는 데서 생겨나는 행복으로서, 거기에 비하면 지상에서 남녀가 나누는 가장 황홀한 사랑조차 물 탄 우유처럼 싱거울 것이다. 바로 이런 행복을 누리기 위해 인간은 자유로워야 한다. 물론 하나님은 인간이 자유를 잘못 사용할 때 어떤 일이 벌어질지 잘 알고 계셨다. 그러나 하나님은 분명히 그런 위험을 감수할 가치가 있다고 생각하셨다.[4]

우리 중 일부는 하나님이 우리나 우리가 사랑하는 사람들에게 이런 자유를 주시지 않기를 바랄지도 모른다. 하지만 그것은 이미 우리에게 주어져 있다. 우리는 급진적인 선택의 시대에 살고 있다. 급진적인 방법으로 우리의 몸을 변화시키고 통제하기 위한 선택권을 행사할 수 있고, 많은 이들은 이런 선택권을 어느 정도 활용한다. 우리가 어떤 선택을 할 때 우리는 그 선택의 의미를 견뎌낸다. 그럼에도 여전히 우리는 하나님이 모든 선택의 다른 쪽에 계셔서 우리와 함께 다음 여정에 동행하실 준비가 되어 있다는 사실을 기억함으로써 용기를 낼 수 있다. 우리는 모두 악하거나 부도덕하거나 잘못된 선택을 했다. 이런 선택들은 우리의 존엄성을 발견하고 스스로를 존엄하게 여길 수 있는 능력을 저해할 수 있다. 그러나 어떤 선택도, 그것이 아무리 중대한 문제라도, 그 사람이 구속받을 수 없도록 만들 수는 없다.

---

4 C. S. Lewis, *Mere Christianity*, in *The Complete C. S. Lewis Signature Classics* (San Francisco: HarperSanFrancisco, 2002), 34. 『순전한 기독교』(홍성사 역간).

당신의 문제나 경험, 성별 정체성 표현으로 인해 그리스도인들로부터의 증오를 경험한 이들에게, 우리는 당신이 우리를 용서하기를 기도한다. 우리는 하나님이 당신에게 베푸신 급진적인 사랑을 불완전하게 보여주었다. 우리가 당신을 실망시켰을 때도 그분은 옆에서 당신을 지켜보고 계신다. 우리가 제자로 부름을 받았을 때 우리는 바리새인이었다. 자신 안에 있는 삶의 충만함을 지속적으로 당신에게 공급하는 사랑의 하나님과 당신의 만남이 우리의 연약함으로 인해 방해받지 않기를 바란다.

성별 정체성 문제로 어려움을 겪고 있는 가족들에게, 우리는 어떤 목사가 남긴 격려의 말을 전한다. "예수는 당신의 가족을 위한 계획을 갖고 계시며, 사랑과 신뢰 속에서 당신의 상처를 그분에게 맡긴다면 그분의 목적은 죄와 '깨어짐'으로 좌절되지 않을 것이다.…당신의 가족이 삼위일체의 완벽한 형상이 아니라고 느낄 때 하나님의 사랑을 마음속에 이미지화하여 그려볼 수 있는 방법이 많다는 사실에서 위안을 얻기를 바란다. 때로는 그 이미지가 그리스도의 십자가일 수도 있다."[5] 우리는 당신이 진리와 자비의 긴장과 함께 싸우면서 증인의 역할을 해온 것에 감사드린다. 우리는 당신이 계속해서 그 혼란을 감당할 수 있기를 기도하며, 그 과정에서 교회가 당신을 도울 수 있기를 바란다.

이런 문화적인 분위기 속에서 소명을 찾기 위해 고군분투하는 사람들은 자신이 혼자가 아니라는 것을 알아주기 바란다. 우리 또한 이런 긴장과 씨름하고 있으며, 현 상황에서 하나님이 우리에게 주신 소명을 발견하기 위해 협력하기를 원한다. 우리 모두는 이 세상의 십자가를 지고 살아가면

---

5 Thomas J. Olmsted, "Complete My Joy," Catholicculture.org, December 30, 2018, https://www.catholicculture.org/culture/library/view.cfm?recnum=12046.

서 "내가 너희와 항상 함께 있으리라"(마 28:20)고 약속하신 그리스도의 말씀을 붙들 수 있다. 그분은 승천하신 후에도 우리를 내버려두시지 않고 진리의 충만함으로 인도하시기 위해 성령을 보내셨다. 이것은 축복이자 도전이다. 축복이라고 말할 수 있는 이유는 우리가 신뢰할 수 있는 하나님이 우리가 영원을 향한 이 여정에서 지치지 않도록 지혜, 이해력, 지식, 성령의 다른 모든 열매를 주실 것이기 때문이다. 도전이라고 말할 수 있는 이유는 그분의 시간과 때에 그분의 방식으로 그렇게 하실 것이기 때문이다.

예수의 첫 제자들도 오늘날 우리와 많이 비슷했을 것이다. 그들은 예수가 사흘이 아닌 하루 만에 부활하셔서 계획을 밝히고, 언약을 성취하기 훨씬 전에 자신이 무슨 일을 할지 알려주시길 원했을 것이다. 해결이 쉽지 않은 많은 문제에 대한 답을 얻기 위해 기다리는 것은 고통스러운 일이다. 분명 우리에게는 분별력이 필요하다. 하나님이 시기적절하게 도우실 것이라는 믿음이 필요하다. 우리는 그리스도가 지금 여기에 계신다는 소망과 장차 그분이 우리를 위해 안식처로 예비해놓으신 집이 있다는 희망을 필사적으로 붙들 필요가 있다. 이것이 복음이다.

그러나 무엇보다도 믿음과 소망과 사랑이 그리스도인의 증언을 반영하고 있지만, 그 가운데 사랑이 가장 위대하다(고전 13:13)는 것을 기억해야 한다. 이 사랑을 다른 사람들과 나누는 것은 사랑의 하나님과의 만남에 달려 있다. 사도 바울은 "내가 확신하노니 사망이나 생명이나 천사들이나 권세자들이나 현재 일이나 장래 일이나 능력이나 높음이나 깊음이나 다른 어떤 피조물이라도 우리를 우리 주 그리스도 예수 안에 있는 하나님의 사랑에서 끊을 수 없으리라"고 말했다(롬 8:38-39). 우리 모두 주님께 의지하여 매일 우리 자신과 이웃에 대한 사랑이 커지게 해달라고 기도하는 가운데, 실패했을 때도 그분의 자비를 믿고 용서를 구하며, 우리가 만나는 각 사람에게 예외 없이 그리스도의 사랑을 나타내고 그들 안에서 그리스도의 얼굴을 발견할 수 있도록 항상 노력하자.

American Psychiatric Association. *Diagnostic and Statistical Manual of Mental Disorders: DSM-III.* Arlington, VA: American Psychiatric Association, 1980.

American Psychiatric Association. *Diagnostic and Statistical Manual of Mental Disorders: DSM-III-R.* Arlington, VA: American Psychiatric Association, 1987.

American Psychiatric Association. *Diagnostic and Statistical Manual of Mental Disorders: DSM-IV.* Arlington, VA: American Psychiatric Association, 1994.

American Psychiatric Association. *Diagnostic and Statistical Manual of Mental Disorders: DSM-IV-TR.* Arlington, VA: American Psychiatric Association, 2000.

American Psychiatric Association. *Diagnostic and Statistical Manual of Mental Disorders: DSM-5.* Arlington, VA: American Psychiatric Association, 2013.

American Psychological Association, Boys and Men Guidelines Group. "APA Guidelines for Psychological Practice with Boys and Men." August 2018. https://www.apa.org/about/policy/boys-men-practice-guidelines.pdf.

Anderson, Ryan T. *When Harry Became Sally: Responding to the Transgender Moment.* New York: Encounter Books, 2018.

Ann, Brittany. "6 Surprising Facts about the Proverbs 31 Woman (Virtuous Woman)." Equipping Godly Women. Last modified October 7, 2018. https://equippinggodlywomen.com/homemaking/the-proverbs-31-woman-shes-not-who-you-think/.

Barr, Sabrina. "Transgender No Longer Classified as 'Mental Disorder' by World Health Organisation." *Independent*, May 28, 2019. https://www.independent.co.uk/life-style/transgender-world-health-organisation-mental-disorder-who-gender-icd11-update-a8932786.html.

Barron, Robert. "How to Have a Good Religious Argument." *The Word on Fire Show*, episode 158, December 17, 2018. https://wordonfireshow.com/episode158/.

Bartlett, Tom. "Journal Issues Revised Version of Controversial Paper That Questioned

Why Some Teens Identify as Transgender." *Chronicle of Higher Education*, March 19, 2019. https://www.chronicle.com/article/Journal-Issues-Revised-Version/245928.

Benedict XVI. *Saved in Hope: Spe Salvi*. Rome, Italy: Libreria Editrice Vaticana, 2007. http://w2.vatican.va/content/benedict-xvi/en/encyclicals/documents/hf_ben-xvi_enc_20071130_spe-salvi.html.

Benjamin, Harry. *The Transsexual Phenomenon: A Scientific Report on Transsexualism and Sex Conversion in the Human Male and Female*. New York: Julian, 1966.

Benner, David G. *Soulful Spirituality: Becoming Fully Alive and Deeply Human*. Grand Rapids: Brazos, 2011.

Biggs, Michael. "Tavistock's Experimentation with Puberty Blockers: Scrutinizing the Evidence." Transgender Trend, March 2, 2019. https://www.transgendertrend.com/tavistock-experiment-puberty-blockers/.

Blanchard, Ray. "The Classification and Labeling of Nonhomosexual Gender Dysphorias." *Archives of Sexual Behavior* 18, no. 4 (1989): 315-34.

———. "Clinical Observations and Systematic Studies of Autogynephilia." *Journal of Sex & Marital Therapy* 17, no. 4 (1991): 235-51.

———. "The Concept of Autogynephilia and the Typology of Male Gender Dysphoria." *Journal of Nervous and Mental Disease* 177, no. 10 (1989): 616-23.

———. "Early History of the Concept of Autogynephilia." *Archives of Sexual Behavior* 34, no. 4 (2005): 439-46.

———. "Nonhomosexual Gender Dysphoria." *Journal of Sex Research* 24, no. 1 (1988): 188-93.

Blanchard, Ray, Leonard Clemmensen, and Betty Steiner. "Heterosexual and Homosexual Gender Dysphoria." *Archives of Sexual Behavior* 16, no. 2 (1987): 139-52.

Boghani, Priyanka. "When Transgender Kids Transition, Medical Risks Are Both Known and Unknown." *Frontline*, June 30, 2015. https://www.pbs.org/wgbh/frontline/article/when-transgender-kids-transition-medical-risks-are-both-known-and-unknown/.

Brooks, Jon. "A New Generation Overthrows Gender." *MPR News*, May 2, 2017. https://www.mprnews.org/story/2017/05/02/npr-new-generation-overthrows-gender.

Brown, Brené. *Daring Greatly: How the Courage to Be Vulnerable Transforms the Way We Live, Love, Parent, and Lead.* New York: Gotham, 2012.

Cantor, James. "American Academy of Pediatrics Policy and Trans-Kids: FactChecking." *Sexology Today*, October 17, 2018. http://www.sexologytoday.org/2018/10/american-academy-of-pediatrics-policy.html.

_____. "Do Trans-Kids Stay Trans- When They Grow Up?" *Sexology Today*, January 11, 2016. http://www.sexologytoday.org/2016/01/do-trans-kids-stay-trans-when-they-grow_99.html.

Chen, Angela. "New Therapist Guidelines Receive Criticism for Claim That Traditional Masculinity Harms Men." *The Verge*, January 11, 2019. https://www.theverge.com/2019/1/11/18178346/masculinity-therapist-guidelines-american-psychological-association-apa-mental-health.

Chu, Andrea Long. "My New Vagina Won't Make Me Happy: And It Shouldn't Have To." *New York Times*, November 24, 2018. https://www.nytimes.com/2018/11/24/opinion/sunday/vaginoplasty-transgender-medicine.html.

Cline, Sky. "The Transgender Delusion." EvangelicalBible.com. Accessed October 13, 2019. https://evangelicalbible.com/the-transgender-delusion/.

Conron, Kerith, Gunner Scott, Grace Sterling Stowell, and Stewart Landers. "Transgender Health in Massachusetts: Results from a Household Probability Sample of Adults." *American Journal of Public Health* 102, no. 1 (2012): 118-22.

Conway, Lynn. "Rogue Theories of Transsexualism: By Seeing a Collection of Such Theories Side-by-Side, We Grasp the Strangeness of Them All." Lynn Conway (personal website), June 18, 2006. http://ai.eecs.umich.edu/people/conway/TS/Rogue%20Theories/Rogue%20Theories.html.

Cretella, Michelle A., Christopher H. Rosik, and A. A. Howsepian. "Sex and Gender Are Distinct Variables Critical to Health: Comment on Hyde, Bigler, Joel, Tate, and van Anders." *American Psychologist* 74, no. 7 (2019): 842-44.

DeVries, Annelou, Thomas Steensma, Theo Doreleijers, and Peggy CohenKettenis. "Puberty Suppression in Adolescents with Gender Identity Disorder: A Prospective Follow-Up." *Journal of Sexual Medicine* 8, no. 8 (2011): 2276-83.

Diamond, Milton. "Transsexualism as an Intersex Condition." Pacific Center for Sex and Society, last updated May 20, 2017. https://www.hawaii.edu/PCSS/biblio/articles/2015to2019/2016-transsexualism.html.

Doward, Jamie. "Gender Identity Clinic Accused of Fast-Tracking Young Adults." *Guardian*, November 3, 2018. https://www.theguardian.com/society/2018/nov/03/tavistock-centre-gender-identity-clinic-accused-fast-tracking-young-adults.

Drescher, Jack. "Queer Diagnoses: Parallels and Contrasts in the History of

Homosexuality, Gender Variance, and the Diagnostic and Statistical Manual." *Archives of Sexual Behavior* 39 (2010): 427-60.

Dryden, Steven. "A Short History of LGBT Rights in the UK." British Library, accessed December 3, 2019. https://www.bl.uk/lgbtq-histories/articles/a-short-history-of-lgbt-rights-in-the-uk.

Dubay, Thomas. *Happy Are You Poor: The Simple Life and Spiritual Freedom*. San Francisco: Ignatius, 2003.

Ehrensaft, Diane. "Gender Nonconforming Youth: Current Perspectives." *Adolescent Health, Medicine and Therapeutics* 8 (2017): 57-67.

Fernández, Rosa, Antonio Guillamon, Joselyn Cortés-Cortés, Esther GómezGil, Amalia Jácome, Isabel Esteva, MariCruz Almaraz, Mireia Mora, Gloria Aranada, and Eduardo Pásaro. "Molecular Basis of Gender Dysphoria: Androgen and Estrogen Receptor Interaction." *Psychoneuroendocrinology* 98 (December 2018): 161-67.

Firestone, Shulamith. *The Dialectic of Sex: The Case for Feminist Revolution*. New York: William Morrow, 1971. https://teoriaevolutiva.files.wordpress.com/2013/10/firestone-shulamith-dialectic-sex-case-feminist-revolution.pdf.

Flores, Andrew R., Jody L. Herman, Gary J. Gates, and Taylor N. T. Brown. "How Many Adults Identify as Transgender in the United States?" Williams Institute, June 2016. https://williamsinstitute.law.ucla.edu/wp-content/uploads/How-Many-Adults-Identify-as-Transgender-in-the-United-States.pdf.

Francis. *Christus Vivit: To Young People and to the Entire People of God*. Huntington, IN: Our Sunday Visitor, 2019. http://w2.vatican.va/content/francesco/en/apost_exhortations/documents/papa-francesco_esortazione-ap_20190325_christus-vivit.html.

_____. *Evangelii Gaudium: The Joy of the Gospel*. Dublin: Veritas Publications, 2013.

Gamerman, Ellen. "Everybody's an Art Curator: As More Art Institutions Outsource Exhibits to the Crowd, Is It Time to Rethink the Role of the Museum?" *Wall Street Journal*, October 23, 2014. https://www.wsj.com/articles/everybodys-an-art-curator-1414102402.

Gates, Gary. "How Many People Are Gay, Bisexual, and Transgender?" Williams Institute, April 2011. http://williamsinstitute.law.ucla.edu/wp-content/uploads/Gates-How-Many-People-LGBT-Apr-2011.pdf.

Gender Revolution: A Journey with Katie Couric. Aired February 6, 2017, on National Geographic. http://natgeotv.com/ca/gender-revolution.

Ghezzi, Bert, ed. *Think Right, Live Well: Daily Reflections with Archbishop Fulton J. Sheen*. Huntington, IN: Our Sunday Visitor, 2017.

GLAAD. "New GLAAD Study Reveals Twenty Percent of Millennials Identify as LGBTQ." GLAAD, March 30, 2017. https://www.glaad.org/blog/new-glaad-study-reveals-twenty-percent-millennials-identify-lgbtq.

Graham, Dustin. "Non-Conforming, Part 1: ICD-11." *Lancet* 6, no. 6 (June 2019). https://www.thelancet.com/journals/lanpsy/article/PIIS2215-0366(19)3 0168-3/fulltext.

Greenberg, Julie. "Legal Aspects of Gender Assignment." *Endocrinologist* 13, no. 3 (2003): 277-86.

Grinker, Roy Richard. "Being Trans Is Not a Mental Disorder: When Will the American Psychiatric Association Finally Stop Treating It Like It Is?" *New York Times*, December 6, 2018. https://www.nytimes.com/2018/12/06/opinion/trans-gender-dysphoria-mental-disorder.html.

Guillamon, Antonio, Carme Junque, and Esther Gómez-Gil. "A Review of the Status of Brain Structure Research in Transsexualism." *Archives of Sexual Behaviors* 45, no. 7 (October 2016): 1615-48.

Hacking, Ian. "The Looping Effects of Human Kinds." In *Causal Cognition: A Multidisciplinary Debate*, ed. Dan Sperber, David Premack, and Ann James Premack, 351-83. Oxford: Oxford University Press, 1995.

_____. "Making Up People." In *Reconstructing Individualism: Autonomy, Individuality, and the Self in Western Thought*, ed. Thomas C. Heller, Morton Sosna, and David E. Wellbery, 222-36. Stanford, CA: Stanford University Press, 1986.

_____. "Making Up People." *London Review of Books* 28, no. 16 (2006): 23–26. https://www.lrb.co.uk/v28/n16/ian-hacking/making-up-people.

_____. "Representing and Intervening: Introductory Topics in the Philosophy of Natural Science." *Journal of the History of Science Society* 77, no. 1 (1986): 234.

_____. *The Social Construction of What?* Cambridge, MA: Harvard University Press, 1999.

Hahn, Scott. *The Fourth Cup: Unveiling the Mystery of the Last Supper and the Cross.* New York: Crown, 2018.

Haslam, Nick. "Looping Effects and the Expanding Concepts of Mental Disorder." *Journal of Psychopathology* 22 (2016): 4–9.

He, Chaoyi. "Authoritarian vs. Authoritative Parenting." Working paper, UCLA Center for MH in Schools. http://smhp.psych.ucla.edu/pdfdocs/parent.pdf.

Ho, Felicity, and Alexander Mussap. "The Gender Identity Scale: Adapting the Gender Unicorn to Measure Gender Identity." *Psychology of Sexual Orientation & Gender Diversity* 6, no. 2 (2019): 217–31.

Hyde, Janet S., Rebecca S. Bigler, Daphna Joel, Charlotte C. Tate, and Sari M. van Anders. "The Future of Sex and Gender in Psychology: Five Challenges to the Gender Binary." *American Psychologist* 74, no. 2 (2018): 171–93.

Hyde, Janet, and Janet Mertz. "Gender, Culture, and Mathematics Performance." *Proceedings of the National Academy of Sciences* 106, no. 22 (2009): 8801–7.

Jacobs, Alan. "Children's Crusades." *Snakes and Ladders* (blog), March 28, 2018. https://blog.ayjay.org/childrens-crusades/.

Joel, Daphna, Zohar Berman, Ido Tavor, Nadav Wexler, Osama Gaber, Yaniv Stein, Nisan Shefi, et al. "Sex beyond the Genitalia: The Human Brain Mosaic." *Proceedings of the National Academy of Sciences* 112, no. 50 (2015): 15468–73.

John Paul II. *Salvifici Doloris: Apostolic Letter on the Christian Meaning of Suffering.* Rome, Italy: Libreria Editrice Vaticana, 1984. http://w2.vatican.va/content/john-paul-ii/en/apost_letters/1984/documents/hf_jp-ii_apl_11021984_salvifici-doloris.html.

Johns, Michelle M., Richard Lowry, Jack Andrzejewski, Lisa C. Barrios, Zewditu Demissie, Timothy McManus, Catherine N. Rasberry, Leah Robin, and Michael Underwood. "Transgender Identity and Experiences of Violence Victimization,

Substance Use, Suicide Risk, and Sexual Risk Behaviors among High School Students—19 States and Large Urban School Districts, 2017." *Morbidity and Mortality Weekly Report*, January 25, 2019. https://www.cdc.gov/mmwr/volumes/68/wr/pdfs/mm6803a3-H.pdf.

Johnson, Veronica, and Mark A. Yarhouse. "Shame in Sexual Minorities: Stigma, Internal Cognitions, and Counseling Considerations." *Counseling & Values* 58, no. 1 (2013): 85–103.

Kaltenbach, Caleb. *Messy Grace: How a Pastor with Gay Parents Learned to Love Others without Sacrificing Conviction.* Colorado Springs: Waterbrook, 2015.

Koh, Jun. "The History of the Concept of Gender Identity Disorder" [in Japanese]. *Seishin Shinkeigaku Zasshi* 114, no. 6 (2012): 673–80.

Kreeft, Peter. *Making Sense out of Suffering.* Ann Arbor, MI: Servant Books, 1986.

Kuharski, Mary. *Prayers for Life: Forty Daily Devotions.* Notre Dame, IN: Ave Maria Press, 2014.

Langer, S. J. *Theorizing Transgender Identity for Clinical Practice: A New Model for Understanding Gender.* Philadelphia: Jessica Kingsley, 2019.

Lawrence, Anne A. "Sexual Orientation versus Age of Onset as Bases for Typologies (Subtypes) for Gender Identity Disorder in Adolescents and Adults." *Archives of Sexual Behavior* 39 (2010): 514–45.

Lewis, C. S. *A Grief Observed.* San Francisco: HarperCollins, 2001.

_____. *Mere Christianity.* In *The Complete C. S. Lewis Signature Classics.* San Francisco: HarperSanFrancisco, 2002.

Littman, Lisa. "Correction: Parent Reports of Adolescents and Young Adults Perceived to Show Signs of a Rapid Onset of Gender Dysphoria." *PLOS ONE*, March 19, 2019. https://journals.plos.org/plosone/article?id=10.1371/journal.pone.0214157.

_____. "Parent Reports of Adolescents and Young Adults Perceived to Show Signs of a Rapid Onset of Gender Dysphoria." *PLOS ONE*, August 16, 2018. https://journals.plos.org/plosone/article?id=10.1371/journal.pone.0202330.

_____. "Rapid-Onset Gender Dysphoria in Adolescents and Young Adults: A Study of Parental Reports." *PLOS ONE*, August 16, 2018. http://journals.plos.org/plosone/article?id=10.1371/journal.pone.0202330.

Lyons, Kate. "Gender Identity Clinic Services under Strain as Referral Rates Soar." *Guardian*, July 10, 2016. https://www.theguardian.com/society/2016/jul/10/transgender-clinic-waiting-times-patient-numbers-soar-gender-identity-services.

Malone, William J. "No Child Is Born in the Wrong Body . . . and Other Thoughts on the Concept of Gender Identity." 4thWaveNow, August 19, 2019. https://4thwavenow.com/2019/08/19/no-child-is-born-in-the-wrong-body-and-other-thoughts-on-the-concept-of-gender-identity/.

Marsden, Paul. "Memetics and Social Contagion: Two Sides of the Same Coin?" In *A Memetics Compendium*, ed. Robert Finkelstein, 1145–60. Selfpublished, 2008. http://citeseerx.ist.psu.edu/viewdoc/download?doi=10.1.1.731.4497&rep=rep1&type=pdf#page=1145.

McCall, Thomas. *Forsaken: The Trinity and the Cross, and Why It Matters*. Downers Grove, IL: IVP Academic, 2012.

McGill, Arthur C. *Suffering: A Test of Theological Method*. Philadelphia: Geneva Press, 1968.

Meadow, Tey. *Trans Kids: Being Gendered in the Twenty-First Century*. Oakland: University of California Press, 2018.

Merton, Thomas. *No Man Is an Island*. New York: Harcourt, 1955.

Moser, Charles. "Blanchard's Autogynephilia Theory: A Critique." *Journal of Homosexuality* 50, no. 6 (2010): 790–809.

Mother Mary Francis. *Come, Lord Jesus: Meditations on the Art of Waiting*. San Francisco: Ignatius, 2010.

Mouw, Richard. *Consulting the Faithful: What Christian Intellectuals Can Learn from Popular Religion*. Grand Rapids: Eerdmans, 1994.

———. *Restless Faith: Holding Evangelical Beliefs in a World of Contested Labels*. Grand Rapids: Brazos, 2019.

Murib, Zein. "Transgender: Examining an Emerging Political Identity Using Three Political Processes." *Politics, Groups, and Identities* 3, no. 3 (2015): 381–97.

Navasky, Miri, and Karen O'Connor, dirs. *Frontline*. Season 33 (2015), episode 1, "Growing Up Trans." https://www.pbs.org/wgbh/frontline/film/growing-up-trans/.

Nouwen, Henri. *The Life of the Beloved: Spiritual Living in a Secular World.* New York: Crossroad, 2002.

_____. *The Return of the Prodigal Son: A Story of Homecoming.* New York: Doubleday Dell, 1994.

Olmsted, Thomas J. "Complete My Joy." Catholicculture.org, December 30, 2018. https://www.catholicculture.org/culture/library/view.cfm?recnum=12046.

Paris, Jenell. *The Good News about Conflict: Transforming Religious Struggle over Sexuality.* Eugene, OR: Wipf & Stock, 2016.

Philippe, Jacques. *Interior Freedom.* New York: Scepter, 2002.

_____. *The Way of Trust and Love.* New York: Scepter, 2012.

Priest, Maura. "Transgender Children and the Right to Transition: Medical Ethics When Parents Mean Well but Cause Harm." *American Journal of Bioethics* 19, no. 2 (2019): 45–59.

Rafferty, Jason. "Ensuring Comprehensive Care and Support for Transgender and Gender-Diverse Children and Adolescents." *Pediatrics* 142, no. 4 (October 2018). http://pediatrics.aappublications.org/content/142/4/e20182162.

Rosenthal, Stephen M. "Transgender Youth: Current Trends." *Annals of Pediatric Endocrinology and Metabolism* 21, no. 4 (2016): 185–92.

Ruttimann, Jacqueline. "Blocking Puberty in Transgender Youth." *Endocrine News*, January 2013. https://endocrinenews.endocrine.org/blocking-puberty-in-transgender-youth/.

Ruzicka, Diana L. *Redemptive Suffering in the Life of the Church: Offering Up Your Daily Suffering to Cooperate with Christ in Redeeming the World.* Selfpublished, 2015.

Sheen, Fulton. *The Power of Love.* New York: Image Books, 1968.

Solovitch, Sara. "When Kids Come in Saying They Are Transgender (or No Gender), These Doctors Try to Help." *Washington Post*, January 21, 2018. https://www.washingtonpost.com/national/health-science/when-kids-come-in-saying-they-are-transgender-or-no-gender-these-doctors-try-to-help/2018/01/19/f635e5fa-dac0-11e7-a841-2066faf731ef_story.html.

South, Susan, Amber M. Jarnecke, and Colin E. Vize. "Sex Differences in the Big Five Model Personality Traits: A Behavior Genetics Exploration." *Journal of Research in Personality* 74 (2018): 158–65.

Sri, Edward. *Pope Francis and the Joy of the Gospel: Rediscovering the Heart of a Disciple.* Huntington, IN: Our Sunday Visitor, 2014.

Stackhouse, John, Jr. *Can God Be Trusted?* 2nd ed. Downers Grove, IL: InterVarsity, 2009.

Stein, Edith. *Essays on Woman.* Translated by Freda Mary Oben. 2nd ed. Washington, DC: ICS Publications, 1966.

Stryker, Susan. *Transgender History: The Roots of Today's Revolution.* 2nd ed. New York: Seal Press, 2017.

Talbot, Mark. *When the Stars Disappear: Help and Hope from the Stories of Suffering in the Scripture.* Suffering and the Christian Life 1. Carol Stream, IL: Crossway, 2020.

Tanner, Lindsey. "More U.S. Teens Identify as Transgender, Survey Finds." *USA Today*, February 5, 2018. https://www.usatoday.com/story/news/nation/2018/02/05/more-u-s-teens-identify-transgender-survey-finds/306357002/.

Thompson, Curt. *The Soul of Shame.* Downers Grove, IL: InterVarsity, 2015.

Tushnet, Eve. "The Botany Club: Gay Kids in Catholic Schools." *American Conservative*, May 30, 2012. https://www.theamericanconservative.com/2012/05/30/the-botany-club-gay-kids-in-catholic-schools/.

_____. "Pope Francis Wants the Church to Apologize to Gay People. Here's What That Could Look Like." Vox, July 1, 2016. https://www.vox.com/2016/7/1/12070954/pope-francis-lgbt-apology.

Wadman, Meredith. "New Paper Ignites Storm over Whether Teens Experience 'Rapid Onset' of Transgender Identity." *Science*, August 30, 2018. http://www.sciencemag.org/news/2018/08/new-paper-ignites-storm-over-whether-teens-experience-rapid-onset-transgender-identity.

Weisberg, Yanna J., Colin DeYoung, and Jacob Hirsh. "Gender Differences in Personality across the Ten Aspects of the Big Five." *Frontiers in Psychology* 2, no. 178 (2011): 1–11. https://www.ncbi.nlm.nih.gov/pmc/articles/PMC3149680/pdf/fpsyg-02-00178.pdf.

White, Randy. *Encounter God in the City: Onramps to Personal and Community Transformation.* Downers Grove, IL: InterVarsity, 2009.

Whittle, Stephen. "A Brief History of Transgender Issues." *Guardian*, June 2, 2010.

https://www.theguardian.com/lifeandstyle/2010/jun/02/brief-history-transgender-issues. World Health Organization. *International Classification of Diseases*. 11th ed. Geneva: World Health Organization, 2018. https://icd.who.int/browse11/l-m/en.

Yarhouse, Mark A. *Understanding Gender Dysphoria: Navigating Transgender Issues in a Changing Culture*. Downers Grove, IL: InterVarsity, 2015.

Yarhouse, Mark A., and Dara Houp. "Transgender Christians: Gender Identity, Family Relationships, and Religious Faith." In *Transgender Youth: Perceptions, Media Influences, and Social Challenges*, ed. Sheyma Vaughn, 51-65. New York: Nova Science Publishers, 2016.

Yarhouse, Mark A., and Julia Sadusky. "A Christian Survey of Sex Reassignment Surgery and Hormone Therapy." Center for Faith, Sexuality, and Gender. 2018. https://www.centerforfaith.com/resources.

_____. "The Complexities of Gender Identity: Toward a More Nuanced Approach to the Transgender Experience." In *Understanding Transgender Identities: Four Views*, ed. James K. Beilby and Paul R. Eddy, 101-30. Grand Rapids: Baker Academic, 2019.

_____. "Gender Dysphoria and the Question of Distinctively Christian Resources." *In All Things*, January 30, 2018. https://inallthings.org/introduction-to-gender-dysphoria/.

트랜스젠더 경험 이해하기
젊은이들의 성별 위화감을 어떻게 도울 수 있는가?

Copyright ⓒ 새물결플러스 2024

1쇄 발행 2024년 5월 9일

지은이 마크 야하우스, 줄리아 새더스키
옮긴이 홍수연
펴낸이 김요한
펴낸곳 새물결플러스

편 집 왕희광 정인철 노재현 이형일 나유영 노동래
디자인 황진주 김은경
마케팅 박성민
총 무 김명화 이성순
영 상 최정호
아카데미 차상희

홈페이지 www.holywaveplus.com
이메일 hwpbooks@hwpbooks.com
출판등록 2008년 8월 21일 제2008-24호
주 소 (우) 04114 서울시 마포구 신촌로28가길 29
전 화 02) 2652-3161
팩 스 02) 2652-3191

ISBN 979-11-6129-278-6 03230

책값은 뒤표지에 있습니다.